普通高等教育"十二五"规划教材

证券投资实务

闫金秋 付亚晨 张丽丽／主编

韩党琴 李 新 黄钰华／副主编

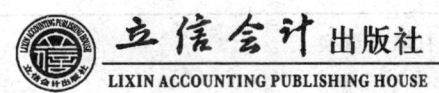
立信会计 出版社

LIXIN ACCOUNTING PUBLISHING HOUSE

图书在版编目(CIP)数据

证券投资实务 / 闫金秋,付亚晨,张丽丽主编. —上海：立信会计出版社,2015.6
普通高等教育"十二五"规划教材
ISBN 978-7-5429-4573-0

Ⅰ.①证… Ⅱ.①闫… ②付… ③张… Ⅲ.①证券投资—高等学校—教材 Ⅳ.①F830.91

中国版本图书馆 CIP 数据核字(2015)第 127267 号

策划编辑	赵新民 郭 光
责任编辑	郭 光
封面设计	周崇文

证券投资实务

出版发行	立信会计出版社

地 址	上海市中山西路 2230 号	邮政编码	200235
电 话	(021)64411389	传 真	(021)64411325
网 址	www.lixinaph.com	电子邮箱	lxaph@sh163.net
网上书店	www.shlx.net	电 话	(021)64411071
经 销	各地新华书店		

印 刷	常熟市梅李印刷有限公司
开 本	787 毫米×1092 毫米 1/16
印 张	14.25
字 数	324 千字
版 次	2015 年 6 月第 1 版
印 次	2018 年 3 月第 3 次
印 数	4601—6100
书 号	ISBN 978-7-5429-4573-0/F
定 价	32.00 元

如有印订差错,请与本社联系调换

前　言

随着经济的发展,投资活动日趋活跃。投资分为实物投资和证券投资。由于证券投资的标的标准化高、流动性强,使得证券投资比实物投资更加便捷与灵活。进入 21 世纪,更是我国证券业的新纪元,也为证券投资带来了新的机遇与挑战。

目前,我国大陆的股市已成为仅次于日本的亚洲第二大股市,证券市场飞速发展,新情况、新问题、新案例层出不穷,这就为我们从事证券投资的教育者提出了更高的要求。本教材综合考虑普通高等教育的知识结构和技能需求,从实际出发,以让学生真正掌握实践技能为目的,更加注重理论与实践的结合,以必需、够用为原则,不拘泥于理论的系统性、完整性,厘清概念、政策,更以强化应用为重点。

本教材作为普通高等教育"十二五"规划教材,体现教学与科研、理论联系实践的原则,穿插大量的实际案例、专栏以及每章后的练习题。本教材内容编排的思路是以学生实际操作为主线,从最基本的看行情入手,逐步深入,并依托于实训教研室等行情系统,通过教材中章节的安排,实现以学生操作为主、以活动为驱动、以真实的行情系统为依托、以完全仿真的模拟炒股系统为检验和兴趣激发点的课程设计理念,着力提高学生的证券行情系统操作能力和证券投资分析能力。

本教材由闫金秋、付亚晨、张丽丽为主编,韩党琴、李新、黄钰华为副主编。其中:第4、第5、第6、第7章由吉林建筑大学城建学院闫金秋老师编写;第1、第8章由吉林建筑大学城建学院张丽丽老师编写,长春工业大学人文学院付亚晨教授指导;第2、第3章由吉林建筑大学城建学院李新老师、河北北方学院附属第二医院韩党琴、上海立信会计金融学院黄钰华老师共同编写。另外,杨牧川、柳冬冬、闫金波、余秋伊、欧岩、于笛对本书的编写亦有一定的贡献,在这里为大家的付出一并表示感谢!

在本教材编写过程中,编者参考了大量的文献资料,在此谨向所有文献的作者致谢。由于编者知识水平有限,本教材难免有疏漏和不足之处,敬请读者批评指正。

编　者
2017 年 7 月

目　录

第1章　证券投资基础

 **学习目标**

1. 了解投资的基本概念、分类
2. 掌握股票、债券的基本概念、分类
3. 掌握普通股、优先股的基本概念、特征及区别
4. 掌握股票价格指数的含义、作用和分类
5. 掌握证券投资基金的概念、分类
6. 了解中国证券基金的发展历程

1.1　投资的概念与分类

1.1.1　投资的基本概念

投资作为现代人类社会的基本的经济活动已经并且继续发挥重要的作用。在现实生活中,投资活动几乎无处不在,投资概念对经济学学科来说是十分基本的。但是,在很多经济学教材中,投资的概念被大家当做已然理解的概念来使用。而实际上,如果给"投资"下定义的话,每个人对于概念的理解也不同,不同的理解就意味着不同的定义。国内外理论界对于投资有不同角度的表述。如从投资和消费的关系来界定:诺贝尔经济学家获得者威廉·夏普将投资定义为"为了将来可能的不确定的消费而牺牲现在的消费的价值"。从投资的基本过程来界定:权威的《简明不列颠百科全书》将投资定义为"投资是指一定时期内期望在未来能产生收益而将收入变换为资产的过程"。美国著名投资学家德威尔在其《投资学》中将投资区分为广义和狭义的概念。"广义的投资是指以获利为目的的资本的使用,包括购买股票和债券,也包括运用资金以建筑厂房、购置设备和原材料等从事扩大生产流通事业;狭义的投资是指投资人购买各种证券,包括政府公债、公司股票和金融债券等。"

不同学者分析角度不同,投资的定义各有不同,本教材采用的投资概念是指经济主体(国家、企业、家庭、个人)以获得未来货币增值或收益为目的,预先投入一定量的货币或实物,经营某项事业的经济行为,是一种跨期的高级资源配置行为。投资的核心问题是衡量风险与收益。通常而言,收益与风险成正比,风险越高,要求的收益就越高。对于投资,我们可

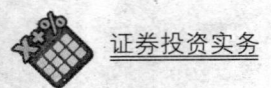

以从以下几方面来进一步认识：

（1）投资是现在投入一定价值量的经济活动。从静态角度来讲，投资是现在垫付一定量的资金；从动态角度来讲，投资是为了获得未来的报酬而采取的经济行为。

（2）投资具有时间性。即投资的价值或牺牲的消费是现在的，而获得的价值或消费是将来的，也就是说，从现在投入到将来获得报酬，在时间上长或短，总要经过一段时间的间隔。这表明投资是一个行为过程，这个过程越长，发生不可预测的事件的可能性就越大，未来报酬的获得就越不稳定。

（3）投资的目的在于得到报酬。投资活动是以牺牲现在价值为手段，以赚取未来价值为目标。未来价值超过现在价值，投资方能获得正报酬。投资的报酬可以是各种形式的收入，如利息、股息，可以是价格变动的资本利得，也可以是本金的增值，还可以是各种财富的保值或权利的获得。

（4）投资具有风险性，即不确定性。现在投入的价值是确定的，而未来可能获得的收益是不确定的，这种收益的不确定性即为投资的风险。

根据投资的定义，投资一般包括投资主体、投资客体、投资目的和投资方式四个方面的要素，四者缺一不可。投资主体指投资者，可以是自然人、法人或者国家；投资客体指投资对象，可以是建设项目或有价证券及其他；投资目的是指投资者的意图及所要获得的效果，如通过投资的保值、增值以获取经济或社会效益；投资方式是指资金运用的形式与方法，如购买厂房、机器设备等的实业投资，购买有价证券的证券投资等。

1.1.2 投资的分类

（1）根据投资的内涵和外延，投资可以分为广义投资与狭义投资。广义的投资是指为了获得未来报酬或收益而预先投入资本及货币的各种经济行为。例如，创办公司、购买股票、债券等。狭义的投资是指投资于各种有价证券的投资行为。从事有价证券的投资，一般也可以称为证券投资，例如购买股票、债券、基金等。

（2）根据资金投入的层级程度，投资可以分为直接投资和间接投资。直接投资是指投资者将货币性资金直接投到相关的投资项目，形成实物资产，或组建企业，并参与经营管理活动的行为。这种投资活动中，投资者可以以股份形式拥有全部或一定数量的企业所有权，从而拥有被投资企业的全部或部分控制权，直接参与投资项目的经营管理。直接投资包括对厂房、机器、设备、通信等各种有形资产的投资，以及对专利、商标、咨询服务等无形资产的投资。间接投资是指投资者以其资本购买政府公债、公司债券、公司股票等，以获取一定预期收益的投资行为。由于间接投资形式主要是购买各种各样的有价证券，因而也被称为证券投资。与直接投资相比较，间接投资的投资者除股票投资外，一般只享有预期获得一定收益的权利，而无权干预所投资的项目或企业的实际经营决策。间接投资的资本运用比较灵活，可以随时调用转卖、变换其他资产，以谋求更大的收益或因经济政策改变而减少投资风险。

（3）根据投资对象不同，投资可以分为实物投资和金融投资。实物投资是指投资于具有实物形态的资产，如黄金、房产等。一般来说，实物投资涉及的是实体经济领域内的资产。

实物投资不仅涉及人与人之间的关系，而且还涉及人与自然的关系。金融投资则是指投资于以货币价值形态表示的金融领域的资产，如股票、债券、银行存款等。金融投资不涉及人与自然界的关系，只涉及人与人之间的财务交易关系。

（4）根据投资主体不同，分为机构投资和个人投资。机构投资是指投资主体是一些机构，包括政府、银行、企业、基金等机构。如资本市场中的证券投资基金、保险基金等。个人投资是指投资主体是个人或家庭。随着市场的不断发展，个人投资者的比例不断下降，投资机构的比重不断上升。

拓展阅读 1-1　　　　　　　**投机与投资**

投机是指根据对市场的判断，把握机会，利用市场出现的价差进行买卖，并从中获利的交易行为。投机者可以"买空"，也可以"卖空"。因此，投机可以说是投资机会，没有机会就不进行交易，所以投机的目的是获取短期的差价利润，但投机是有风险的。

投资是指在市场上买入后持有较长时间的行为。投资者看好有潜质的资产，作为长线投资，既可以趁高价卖出，又可以享受每年的红利；而投机者热衷于短线。

投机与投资的主要区别是投机的目的在于获取短期利润差，而投资的目的则是获取本金保障、资本增值或经常性收入等，因此，投机的风险更大、期限更短，但同时获利可能更高。

1.2　股　票　投　资

1.2.1　股票的概念及特征

1. 股票的概念

股票是股份有限公司在筹集资本时向出资人或投资者发行的股份凭证，代表其持有者（即股东）对股份公司的所有权。这种所有权是一种综合权利，如参加股东大会、投票表决、参与公司的重大决策、收取股息或分享红利等。股票持有者凭股票从股份公司取得的收入是股息，股息的发配取决于公司的股息政策。优先股股东可以获得固定金额的股息，而普通股股东的股息是与公司的利润相关的。普通股股东股息的发派在优先股股东之后，必须所有的优先股股东满额获得他们曾被承诺的股息之后，普通股股东才有权利发派股息。股票只是对一个股份公司拥有的实际资本的所有权证书，是参与公司决策和索取股息的凭证，不是实际资本，它只是间接地反映了实际资本运动的状况，从而表现为一种虚拟资本。由此，从股票概念来看，主要包括以下几个方面的内容：

（1）股票是一种出资证明，当一个自然人或法人向股份有限公司参股投资时，便可以获得股票作为出资的凭证。

（2）股票的持有者凭借股票来证明自己的股东身份，参加股份公司的股东大会，并对股份公司的经营发表意见。

（3）股票持有者凭借股票参加股票发行企业的利润分配,并在企业破产清算时,可以享受剩余财产分配权。

2. 股票的特征

（1）不可偿还性。股票是一种无偿还期限的有价证券,投资者认购了股票后,就不能再要求退股,只能到二级市场卖给第三者。股票的转让只意味着公司股东的改变,并不减少公司资本。从期限上看,只要公司存在,它所发行的股票就存在。

（2）参与性。股东有权出席股东大会,选举公司董事会,参与公司重大决策。股票持有者的投资意志和享有的经济利益,通常是通过行使股东参与权来实现的。股东参与公司决策的权利大小,取决于所持的股份多少。从实践中看,只要股东持有的股票数量达到可以左右决策结果所需的实际多数时,就能掌握公司的决策控制权。

（3）收益性。股东凭其持有的股票,有权从公司领取股息或红利,获取投资的收益。股息或红利的大小,主要取决于公司的盈利水平和公司的盈利分配政策。股票的收益性,还表现在股票投资者可以获得价差收入来实现资产保值增值。通过低价买入和高价卖出股票,投资者可以赚取价差利润。以美国可口可乐公司的股票为例,如果在 1990 年投资 1 000 美元买入该公司股票,到 2006 年 7 月便可以超过 11 000 美元的市场价格卖出,可获取十多倍的利润。在通货膨胀时,股票价格会随着公司原有资产重置价格的上升而上涨,从而避免了资产贬值。

（4）流通性。股票的流通性是指股票在不同投资者之间的可交易性。流通性通常以流通的股票数量、股票成交量以及股价对交易量的敏感程度来衡量。可流通股数越多,成交量越大,价格对成交量越不敏感（价格不会随着成交量一同变化）,股票的流通性就越好,反之就越差。股票的流通,使投资者可以在市场上卖出所持有的股票,以取得现金。通过股票的流通和股价的变动,可以看出,人们对于相关行业和上市公司的发展前景及盈利潜力的判断。那些在流通市场上吸引大量投资者、股价不断上涨的行业和公司,可以通过增发股票,不断吸收大量资本进入生产经营活动,进而收到优化资源配置的效果。

（5）价格的波动性和风险性。股票在交易市场上作为交易对象,与商品一样,有自己的市场行情和市场价格。由于股票价格要受到诸如公司经营状况、供求关系、银行利率、大众心理等多种因素的影响,其波动有很大的不确定性。正是这种不确定性,有可能使股票投资者遭受损失。价格波动的不确定性越大,投资风险也越大。因此,股票是一种高风险的金融产品。例如,称雄于世界计算机产业的国际商用机器公司（IBM）,当其业绩不凡时,每股价格曾高达 170 美元,但在其地位遭到挑战,出现经营失策而招致亏损时,股价又下跌到每股40 美元。如果不合时机地高价位买进该股,投资者就会遭受严重损失。

1.2.2 股票分类

1. 按上市地区划分

（1）A 股。A 股的正式名称是人民币普通股票。它是由我国境内的公司发行,供境内机构、组织和个人以及境外合格投资者（QFII）以人民币认购和交易的普通股股票。

（2）B 股。B 股也称人民币特种股票。它是指那些在中国境内注册、在中国内地上市的

特种股票、以人民币标明面值，只能以外币认购和交易的股票。

(3) H 股。H 股是境内公司发行的以人民币标明面值，供外币投资者用外币认购，在香港联合交易所上市的股票。

(4) N 股。N 股是境内公司发行的以人民币标明面值，供境外投资者用外币认购，在纽约证券交易所上市的股票。但在实践当中，大多数外国公司（即非美国公司，但不包括加拿大公司）都采用存托凭证（ADR）形式而非普通股的方式进入美国股票市场。存托凭证是一种以证书形式发行的可转让证券，通常代表一家外国公司的已发行股票。

(5) S 股。S 股是境内公司发行的以人民币标明面值，供境外投资者用外币认购，在新加坡交易所上市的股票。这些企业生产、经营等核心业务和注册地都在中国内地。

2. 按股东享有的权利划分

(1) 普通股。普通股是最普通、最重要、发行量最大的股票种类，它构成了股份公司的资本基础。其有效性与公司存续期间相一致，也是风险最大的股票，具备股票最一般的特征，目前我国上海证券交易所和深圳证券交易所上市交易的股票都是普通股。

普通股股东按其所持有的股份比例享有以下基本权利：

① 普通股股票持有者按其所持股份比例享有权利。股东大会是股份有限公司的权力机构。普通股股东有权出席股东大会，其所持每一股有一表决权。而优先股股东不享有这一权力。股东大会通常定期召开，一般每一年或半年召开一次，任何普通股股东都可以通过股东大会参与公司决策性活动。但是，对于广大中小股东而言，由于他们的表决权有限，且参与公司决策的费用太高，所以一般很少行使表决权，因此，有关公司经营决策的重大事项实际上是由公司的一些大股东决定的。这就是所谓的中小股东的“免费搭车”问题（但近几年，由于互联网技术的发展，更多公司通过网络投票的形式，使中小股东一样可以行使股东权利。）

② 利润分配权。普通股股东有权从公司利润分配中得到股息。普通股的股息不固定，由公司盈利状况及其分配政策决定。其所获红利随着公司经营业绩和分配政策而浮动，在利润分配顺序上，普通股股东必须在优先股股东取得固定股息之后才有权享受股息分配权。

③ 优先认股权。优先认股权是指当股份有限公司为增加公司资本而增加发行新的普通股时，原有普通股老股东享有按照其持股比例优先认购股票的权力，而且股票的认购价格一般低于市场价格。认购优先权可以使原股东保持其在公司所占股份的比例不变，保护原股东的利益和持股比例致使股权不被稀释。例如，某公司普通股股东持有公司股票总额的万分之一，公司发行新股时，这个股东就有权按照原有比例再认购新发行股票总额的万分之一，这样来保持他持有公司股份总额的万分之一的权利和收益。当公司增资扩股后，公司通过出售股票而收进的新资本的一段时间内不可能立即产生利润，在短期内每股净资产和每股税后净利会因此而摊薄，原普通股股东以优惠价格购买一定数量的新股，可以从中得到补偿或取得收益。具有优先认股权的股东既可以行使其优先认股权，认购新增发的股票，也可以出售、转让其认股权。当股东认为购买新股或出售认股权无利可图时，可以让优先认股权过期而失效。由于认股权可以转让，这样使它有了价格，由此派生了新的投资类型，即股权

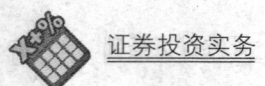

证交易。公司提供认股权时，一般规定股权登记日期，股东只有在该日期内登记并缴付股款，才能取得认股权而优先认购新股。

④ 分配索偿权。分配索偿权包括盈余分配索偿权、剩余财产分配索偿权和建业股息分配请求权。盈余分配索偿权是指普通股股东有权从公司利润分配中获得股利。但普通股股东必须在优先股股东取得固定股息之后，才享有这种股利分配权；剩余财产分配索偿权是指当公司因破产进行清算时，普通股股东有权分得公司剩余资产，但普通股股东必须在拨付清算费用、支付公司员工的工资、支付国家税款、支付银行贷款、偿还公司的债务之后，如果还有剩余资产，按照股份数额的比例分配财产；建业股息的分配则比较特殊，又称建设股息，是指在经营铁路、港口、水电、机场等业务的股份公司，由于其建设周期长，不可能在短期内开展业务并获得盈利，为了筹集所需资金，在公司章程中明确规定并获得批准后，公司可以将一部分股本还给股东作为股息。建业股息不同于其他股息，它不是来自公司的盈利，而是对公司未来盈利的预支分享，实际上是一种负债分配，也是无盈利无股息原则的一个例外。

(2) 优先股。优先股是国际通行的另一种基本股份种类，由股份有限公司发行的，与普通股相对称的，在公司利润分享和破产清偿时享有优先权的一种特殊类型的股份。优先股兼具了债券和股票的某些性质。优先股票作为一种股权证书，代表着对公司的所有权，这一点与普通股票一样，但优先股股东又不具备普通股股东所具有的基本权利，优先股股东的优先权利是优先的，有些权利又受到限制。公司发行优先股，可以在不增加投票权、不分散对公司控制权的情况下进行筹资，优先股金也是公司的股本，公司可以长期使用。优先股的股息收益是事先确定的，按固定比率领取股息，所以优先股的风险低、收入稳定。但是优先股分享收益是以丧失其他权利为代价的，如公司的经营管理权、表决权、选举权和被选举权、公司盈利分配权、公司的重大经营事件投票权等。操纵股份有限公司的实际上是普通股的股东。

公司发行优先股的意义在于：一是优先股的股息固定，一般高于银行同期存款利息和债息，对投资者有吸引力，同时公司可以筹集长期稳定的公司股本，降低了公司到期偿还本金的财务风险；二是优先股没有表决权，可以避免公司经营决策权的分散和改变。优先股是一种特殊的股票，虽然它不是股票的主要种类，但是对于投资者和上市公司来说具有一定的意义。优先股具有财务杠杆作用。在一家公司中有没有优先股以及优先股的多少，对普通股的收益影响很大。

优先股股东有以下两种基本权利：

① 优先分配权。在公司分配利润时，拥有优先股的股东与持有普通股的股东相比，分配在先（例如，如果公司不对优先股股东进行股利分配，则不能对普通股股东进行股利分配，因为优先股股东优先于普通股股东分配股利），且享受固定比例的股利，即优先股的股利是相对固定的。

② 剩余财产优先分配权。若公司清算，在分配剩余财产时，优先股在普通股之前分配。在很多国家，当公司决定连续几年不分配股利时，优先股股东可以进入股东大会来表述他们的意见，以保护他们自己的权利。

拓展阅读 1-2　　　　　　　优先股与普通股的区别

1. 股息。优先股相对于普通股可优先获得股息。

2. 剩余财产优先分配权。当企业宣布破产时，在企业资产变卖后，在全面偿还优先股股东后，剩下的才由普通股股东分享。

3. 投票权。优先股股东没有参与企业决策的投票权，但企业长期无法派发股息时，优先股股东有权派代表加入董事会，以改善企业财务状况。

4. 优先购股权。普通股股东在企业发行新股时，可获优先购买与持股量相称的新股，以防止持股比例被稀释，但优先股股东无权获得优先发售。

3. **按股票是否记名划分**

(1) 记名股票。记名股票必须将股东姓名记载于股票和股东名册上。记名股票的股东权利属于记名股东；基于记名股票所确定的股份公司与记名股东之间的特定关系，记名股票的转让相当复杂和受限制，转让必须依据法律和公司章程规定的程序进行，而且要服从规定的转让条件，将受让人记在公司股东名册上，按法定程序办理过户手续，不得私自转让。

(2) 无记名股票。无记名股票，是在股票上不记载股东的姓名，如需转让通过交付即可生效。但对无记名股票的发行往往有限制性的规定。持有者凭所附息票领取股息。

4. **按照股票是否载明金额划分**

(1) 有票面价值股票是指票面上记载着每股股金的股票，股东可以根据所持有股票的面额总值和公司发行股票的面额总值来确立自己在公司所占的股份比例，以及所拥有的股权大小。有票面价值股票明确表示了每一股所代表的股权比例，而且是确定发行价格的依据之一，票面金额事实上是发行价格的最低界限。

(2) 无票面价值股票只是记明股票和公司资本总额，在股票票面上不载明金额，只标明每股占公司资本总额的比例。这种股票的价值随着公司财产价值的增减而变化，发行价格灵活自由，便于股份分割，流通性强。无面额股票虽然没有票面价值，但是有账面价值，其价值反映在发行公司的账面上。

5. **按照投资主体划分**

(1) 国家股。国家股是指有权代表国家投资的政府部门或机构，以国有资产投入公司形成的股份，或依法定程序取得的股份，包括以公司现有国有资产折算成的股份，由国家投资持有的股份。

(2) 法人股。法人股是指企业法人或具有法人资格的事业单位和社会团体，以其依法可经营的资产向社会非上市流通股权部分投资所形成的股份或原集体性质企业资产重估后折算成的股份。也有原企业改组为股份公司时，将原企业结余未发的职工奖励基金转作的职工共有股份和按规定可持股的银行或其他金融机构投资所持有的股份。

(3) 公众股。公众股即个人股，指我国境内个人和机构，以其合法财产投入股份公司所形成的股份，包括内部职工股和社会公众股。

以上 3 类股票是由我国境内的公司发行,供境内机构、组织或个人以人民币认购和交易的股票,成为人民币普通股票,简称 A 股。

(4) 外资股。外资股是指外国和我国香港、澳门、台湾地区的投资者,以及定居在国外的中国公民,以购买人民币特种股票的形式,向股份公司投资所形成的股份。可以分为境内上市外资股和境外上市外资股。

6. 其他分类

(1) 单一股票和复数股票。这主要是根据股票上表示的份数来划分的。单一股票是指每张股票表示一股。复数股票是指每张股票表示数股。

(2) 有表决权股票和无表决权股票。这主要是根据股票持有者有无表决权来划分的。普通股票持有者都有表决权,优先股票是在某些方面享有特别利益的持有者,在表决权上常受到限制或者无表决权,不能参与公司决策。

拓展阅读 1-3　　　　一线股　二线股　三线股

根据股票交易价格的高低,我国投资者还直观地将股票分为一线股、二线股和三线股。

一线股通常指股票市场上价格较高的一类股票。这些股票业绩优良或具有良好的发展前景,股价高于其他股票。大致上,一线股等同于绩优股和蓝筹股。一些高成长股,如我国证券市场中的一些高科技股,由于投资者对其发展前景充满憧憬,它们也位于一线股之列。一线股享有良好的市场声誉,为机构投资者和广大中小投资者所熟知。

二线股是价格中等的股票。这类股票在市场上的数量最多。二线股的业绩参差不齐,但从整体上看,它们的业绩也同股价一样在全体上市公司中居中游。

三线股指价格低廉的股票。这些公司大多业绩不好,有的甚至到了亏损的境地。也有少数上市公司,因为发行量大,或者身处夕阳行业,缺乏高速增长的可能,难以塑造出好的投资概念来吸引投资者,这些公司虽然业绩尚可,但股价却徘徊不前。

1.2.3　股票的投资收益和价值

1. 股票投资收益的构成

(1) 股息。股息是股份公司从净盈利中分配给股东作为投资回报的收益,是股份公司按股票份额一定比例支付给股票持有者的收入。

(2) 资本利得。资本利得是指投资者卖出股票与买入股票的差价收益,也叫资本收益,表现为或正或负。

2. 股票投资收益率

股票投资收益率是指在一定时期内,通常为 1 年,每股股票收益与每股股票购买价格的比率。常用来衡量投资股票收益的大小,常用持有期收益率来衡量,计算公式为:

$$股票投资收益率 = \frac{(股利+资本利得) \times \dfrac{365}{待偿天数}}{购买价格} \times 100\%$$

3．股票的价值

（1）票面价值。股票的票面价值又称面值，是股份公司在所发行的股票票面上标明的票面金额，其作用是用来标明每一张股票所包含的资本数额。

（2）账面价值。账面价值又称股票的净值或每股净资产，是用会计统计的方法计算出来的每股股票所包含的资产净值。其计算方法是用公司的净资产，除以总股本。股份公司的账面价值越高，则股东实际拥有的资产就越多。由于账面价值是财务统计计算的结果，数据较精确而且可信度很高，所以它是股票投资者评估和分析上市公司实力的重要依据之一。

（3）清算价值。清算价值是指公司清算时每一股份所代表的实际价值。从理论上讲，股票的每股清算价值应与股票的账面价值相一致，但企业在破产清算时，其财产是以实际的销售价格来计算的，而在进行财产处置时，其售价一般都会低于实际价值。所以股票的清算价值就会与股票的账面价值不相一致。

（4）内在价值。股票的内在价值即理论价值，也是股票未来收益的现值，取决于股息收入和市场收益率。股票的内在价值或者说理论价值决定股票的市场价格，股票的市场价格总是围绕着股票的内在价值波动。但市场价格又不完全等于其内在价值，因为股票的市场价格受供求关系及其他许多因素的影响。

4．股票的交易价格

股票的交易价格是指股票在交易市场上流通转让时的价格。它不同于股票的发行价格，是股票持有者和购买者在交易市场中买卖股票时成交的价格。股票的交易价格事先是不确定的，由交易双方随行就市而定。股票的买卖双方在不同时期、不同条件下进行股票交易时，所确定的股票买卖价格也是经常变化的。即使同一时间、同一价格发行的不同股票，在市场中可能以完全不同的价格进行买卖。基于同样理由，股票的交易价格与股票的票面价值也不一致。影响股票价格的因素很多。一般来说，股票交易价格的形成要考虑预期收益和银行利率，两者的比较收益是投资者决策的重要依据。因此，确定股票理论价格的常用公式为：

$$股票价格 = \frac{预期收益}{市场收益率}$$

5．股票价格的修正——除息和除权

（1）区别几个日期：股息宣布日、股权登记日、除息（权）日和股息发放日。董事会首先提出股利分配方案，提交股东大会审议通过后执行。

（2）除权（息）价的计算，除息价的计算公式为：

$$除息价 = 股息登记日的收盘价 - 每股所分红利现金额$$

【例 1-1】　某股票股权登记日的收盘价是 5.27 元，每股送红利现金 0.07 元，则其除息价＝5.27－0.07＝5.2（元）。

除权价的计算：

① 送红股后的计算

$$送红股权股后的除权价 = \frac{股权登记日的收盘价}{1 + 每股送红股数}$$

【例 1-2】　某股票股权登记日的收盘价是 42.45 元，每 10 股送 2 股，则每股送红股数为

0.2,则其除权价＝42.45÷(1＋0.2)＝35.21(元)。

② 配股后的除权价计算

$$配股后的除权价 = \frac{股权登记日的收盘价 + 配股价 \times 每股配股数}{1 + 每股配股数}$$

【例 1-3】 某股票股权登记日的收盘价是 20 元,每 10 股配 2 股,即每股配股数为 0.2,配股股价为 10 元,则其除权价＝(20＋10×0.2)÷(1＋0.2)＝18.33(元)。

1.2.4 股票价格指数

1. 股票价格指数

股票价格指数一般是通过选择若干具有代表性的上市公司的股票经过计算其每日成交价格而编制出的一种股票价格平均数,简称股价指数。股票价格指数是由证券交易所或金融服务机构编制的,用来衡量证券市场行情变化,反应股市变动的相对指标。

2. 股票价格指数的作用

(1) 股票价格指数的升降变化,能及时、全面地反映股票市场股价平均涨落变化的情况和幅度,证券市场的整体动态和发展趋势,也是市场经济的"晴雨表"。

(2) 股票价格指数可以用来估算证券的风险。以指数为基础,产生了各种金融衍生工具,如指数期货、指数期权等,常用来规避风险,进行套期保值或投机操作。

(3) 作为监督机构的参考。通过股票价格指数,可以判断或评价证券市场的运行状况,实时掌握证券市场的变动情况,及时采取相应措施。

3. 股票价格指数的编制方法

在海外,股票价格指数是由证券交易市场和金融机构等编制和发布的,指数编制方法虽有不同,但也基本形成了若干比较普遍的原则和方法。我国股票市场的发展虽然只有短短二十几年的历史,但具有很强的中国特色,中国股票价格指数的编制在采取国外市场成熟的经验和方法的同时,也加入中国市场经济的特殊因素。

股票价格指数计算有不同的方法,一些常用的计算股票价格指数的方法有:

(1) 价格加权平均数法。价格加权平均数法是先将股票价格加总,再除以一个常数,以计算平均价的方法。价格加权平均指数法使得定价高的股票在决定市场指数的表现时具有更高的权重。道琼斯工业平均指数就是用这个方法计算的。

(2) 等权重指数法。等权重指数法是先计算每一种股票的相对指数,再加总求算数平均数的方法。

(3) 加权综合指数法。加权综合指数法是根据各期样本股票的相对重要性予以加权,其权数可以是成交股数、股票发行量等,若以发行量为权数,则称为市值加权指数。目前,世界上比较有代表性的股票价格指数都是采用市值加权指数法计算的,我国上海证券交易所和深圳证券交易所的指数也是市值加权指数。

4. 国内外股票价格指数

(1) 国际股票价格指数。世界各地的股票市场都有自己的股票指数,其中大多数股票价格指数都是采用市值加权法计算的。市值加权指数最大的优点是当市场发生股票分割

时,指数能自动做出调整。大多数证交所都编制了反映本交易所证券行情的系列指数,在一国有多家交易所的情形下,商业银行、投资银行以及其他金融服务机构往往会编制反映国内整体股票行情的指数。目前,世界范围影响最大的、最具有代表性的、被投资者广泛应用的股票价格指数如表 1-1 所示。

表 1-1 世界股票价格指数

股票价格指数	计算方法	基期	基准点数	股票采样
道琼斯工业平均数	价格加权	1928.10.01	100	30 种工业蓝筹股
标准普尔股价指数	市值加权	1941—1943	10	美国 500 种股票
纽约证券交易所股价指数	市值加权	1965.12.31	50	纽约证券交易所 1 570 种股票
NASDAQ 综合指数	市值加权	1971.02.05	100	NASDAQ4 000 多家公司
英国 FT100	市值加权	1984.01.03	1 000	伦敦股票交易所 100 种股票
日经 225 股票指数	价格加权	1949.05.16	176.21	东京证券交易所 225 种股票
加拿大多伦多指数	市值加权	1975.12.31	1 000	加拿大股市 300 种蓝筹股
德国 DAX	价格加权	1953.12.31	100	德国 30 种蓝筹股
法国 CAC40 指数	市值加权	1961.12.31	100	巴黎证交所市值最大的 40 种蓝筹股
香港恒生指数	市值加权	1964.07.31	100	香港股票市场 33 种股票

拓展阅读 1-4　　　　　　　股票指数小知识

恒生指数,又称"恒指",是根据 33 只蓝筹股(成分股)市值计算出来的,该成分股涵盖了香港股市市值七成以上。由于其涵盖范围大,该等成分股的升跌便对其余股票的走势有极大影响,故此市场习惯以恒生指数去预测整体大盘的走势。

恒生指数创立于 1969 年 11 月 24 日,由恒生指数服务公司编制、修改及发布。恒生指数以 1964 年 7 月 31 日为基准日,并把该日指数定为 100 点。恒生指数的点数变动,是采用市值加权平均法计算的,为清楚各行业股份的走势,恒生指数服务公司于 1985 年 1 月 2 日,在恒生指数之下,分出四个分类指数,包括:金融分类指数、公用分类指数、地产分类指数、工商分类指数,计算方法及公式与恒生指数相同。

恒生指数既以成分股市值评估大盘走势,所以个别市值较大的股份对恒生指数的走势具有举足轻重的影响。能够成为恒生指数的成分股,该股在个别行业通常都有相当重要的地位或代表性,而盈利能力也较为稳定。因此,恒生指数成分股交易得到基金或机构投资者的青睐。

(2) 我国主要的股票价格指数。

① 上证综合指数。上证综合指数是上海证券交易所股票价格综合指数的简称。该指数前身为上海静安指数,是由中国工商银行上海市分行信托投资公司静安证券业务部于 1987 年 11 月 2 日开始编制的。上证综合指数是上海证券交易所于 1991 年 7 月 15 日开始编制和公布的,以 1990 年 12 月 19 日为基期,基期值为 100,以全部的上市股票为样本,以股票发行量为权数进行编制。

随着上市品种的不断丰富,上海证券交易所在这一综合指数的基础上,从 1992 年 2 月起分别公布 A 股指数和 B 股指数;从 1993 年 5 月 3 日起正式公布工业、商业、地产业、公用事业和综合五大类分类股价指数。

② 深圳成分股指数。由于在实际运作和反映股市实际运行状态方面,深圳综合指数存在着比较明显的缺陷,深圳证券交易所自 1995 年 1 月 3 日开始编制深圳成分股指数,并于同年 2 月 20 日实时对外发布。

成分股指数是通过对所有上市公司进行考察,按一定标准选出一定数量有代表性的公司编制成分股指数,采用成分股的可流通股数作为权数,实施综合法进行编制。成分股指数按照股票种类分 A 股指数和 B 股指数。成分股指数及其分类指数的基日为 1994 年 7 月 20 日。成分股指数的基日指数指定为 1 000 点。该指数的发布内容包括前日收市、今日开市、最高指数、最低指数和当前指数。

③ 沪深 300 指数。这一指数是沪、深证券交易所第一次联合发布的反映 A 股市场整体走势的指数。沪深 300 指数样本覆盖了沪、深市场六成左右的市值,具有良好的市场代表性。目前,深市 121 只样本股中有 92 只来自深证 100,沪市 141 只样本股来自上证 180,入选率分别为 92% 和 78.3%。

沪深 300 指数覆盖了银行、钢铁、石油、电力、煤炭、水泥、家电、机械、纺织、食品、酿酒、化纤、有色金属、交通运输、电子器件、商业百货、生物制药、酒店旅游、房地产等数十个主要行业的龙头企业。沪深 300 指数以 2004 年 12 月 31 日为基日,以该日 300 只成分股的调整市值为基期,基期指数定为 1 000 点,自 2005 年 4 月 8 日起正式发布。

④ 上证 30 指数。上证 30 指数是由上海证券交易所编制,以在上海证券交易所上市的所有 A 股股票中最具市场代表性的 30 种样本股票为计算对象,并以流通股数为权数的加权综合股价指数,取 1996 年 1 月至 1996 年 3 月的平均流通市值为指数基期,基期指数定为 1 000 点。上证 30 指数以"点"为单位。

30 家样本股是根据既定的样本股选择原则,同时按照定性分析和定量分析相结合、总量分析与结构分析相结合的方法,通过对各种资料翔实分析后进行综合考虑,由专家委员会采用讨论的方式选出。

上证 30 指数自 2002 年 7 月 1 日起不再编制,但在其基础上编制了新的上证 180 指数。

⑤ 上证 180 指数。上证 180 指数是在原上证 30 指数基础上进行编制,以原上证 30 指数 2002 年 6 月 28 日的收盘点数为基值,自 2002 年 7 月 1 日起公布。上证 180 指数在继承原上证 30 指数编制优点的基础之上,进行了一系列创新。该指数的推出,目的在于建立一个能够反映上海证券市场运行状况、可以作为投资评价尺度及金融衍生产品基础的基准指数。

上证 180 指数的推出,解决了困扰市场已久的指数标的问题,为指数基金提供了一个可以借鉴的蓝本,对指数化投资有较强的可行性和指导性,是指数基金的理想选择。

在编制方法上,上证 180 指数的成分股选择考虑了样本空间、样本数量选样标准、行业分类和选样方法等因素。在行业分类方面,既以全球行业分类标准(GICS)为基础,又结合了我国上市公司的实际情况进行调整,将上市公司分为能源、材料、工业、金融、信息技术等

10 大行业。

上证 180 指数的加权方法由原上证 30 指数的流通股加权调整为股本加权,也就是根据流通比例对总股本进行一定的折算作为指数权重,类似于国际上广泛采用的自由流通量加权方式,体现了指数编制的国际化趋势。该加权方法能够较为科学、客观地综合反映上市公司的经济规模和流通规模,既不像用总股本加权那样忽视非流通股存在的现实问题,也不像采用流通股本加权那样完全不考虑非流通股的影响和公司经济规模。此外,这种加权方法对于潜在的国有股、法人股流通等流通股规模非常规扩容问题要容易处理一些,可以降低未来非流通股上市对指数编制的影响,可以较好地维护指数的连续性。

上证 180 指数对样本股的调整,依据样本稳定性和动态跟踪相结合的原则,每半年调整一次,每次调整比例一般不超过 10%,在特殊情况下也可能对样本临时调整。

⑥ 央视财经 50 系列指数。央视财经 50 系列指数,是由中央电视台财经频道发起,并联合中国上市公司协会、中国注册会计师协会、大公国际资信评估有限公司、北京大学经济学院金融系、复旦大学证券研究所、中国人民大学金融与证券研究所、南开大学公司治理研究中心、中央财经大学中国企业研究中心等机构,从"成长、创新、回报、治理、责任"五个维度对中国 2 400 多家上市公司进行评价,从中遴选出表现优异的上市公司建立的指数。央视财经 50 系列指数包括央视财经 50 指数(简称央视 50,指数代码为"399550")、央视财经 50 创新领先指数(简称央视创新,指数代码为"399551")、央视财经 50 成长领先指数(简称央视成长,指数代码为"399552")、央视财经 50 回报领先指数(简称央视回报,指数代码为"399553")、央视财经 50 治理领先指数(简称央视治理,指数代码为"399554")、央视财经 50 责任领先指数(简称央视责任,指数代码为"399555")。

央视财经 50 指数从"成长、创新、回报、治理、责任"5 个维度对上市公司进行评价,每个维度选出 10 家、合计 50 家 A 股公司构成样本股。在指数中,5 个维度具有相同的初始权重,均为 20%。在维度内,单只样本股的权重不超过 30%。

2012 年 6 月 6 日—2013 年 5 月 24 日,央视 50、央视创新、央视成长、央视回报、央视治理、央视责任指数的年化收益率分别为 9.74%、47.31%、8.42%、4.29%、9.29%、10.76%,均高于同期沪深 300 指数 1.6% 的年化收益率。

⑦ 恒生股票价格指数。恒生股票价格指数是由香港恒生银行编制以反映香港股票市场股票价格变动的指数,也是香港股票市场历史最为悠久、影响最大的一种股价指数。它从 1969 年 11 月 24 日开始发布,其基期为 1964 年 7 月 31 日,基期指数为 100,恒生股票价格指数挑选了 33 种有代表性的上市股票作为成分股,其计算方法为修正加权综合法。

1.3　债　券　投　资

1.3.1　债券的概念及基本要素

1. 债券的概念

债券是一种金融契约,是政府、金融机构、工商企业等机构直接向社会借债筹措资金,是向投资者发行,同时承诺按一定利率支付利息并按约定条件偿还本金的债权债务凭证。债券本质是债权债务的证明书,具有法律效力。债券购买者或投资者与发行者之间是一种债权债务关系,债券发行人即债务人,投资者或债券购买者即债权人。

由此,债券概念包含以下 4 层含义:

(1)债券发行人(政府、金融机构、企业等机构)是资金借入者。

(2)购买债券的投资者是资金借出者。

(3)发行人(借入者)需要在一定时期还本付息。

(4)债券是债权债务证明书,具有法律效力。债券购买者或投资者与发行者之间是一种债权债务关系,债券发行人即债务人,投资者或债券持有人即债权人。

2. 债券的基本要素

根据上述定义,债券是发行人依照法定程序发行的、约定在一定期限向债券持有人或投资者还本付息的有价证券。债券是一种债务凭证,反映了发行者与购买者间的债务债权关系。债券尽管种类多种多样,但内容上都要包含一些基本要素。这些要素是指发行的债券必须载明的基本内容,这是明确债权人和债务人权利和义务的主要约定,具体包括:

(1)债券面值。债券面值是指债券的票面价值,是发行人对债券持有人在债券到期后应偿还的本金数额,也是企业向债券持有人按期支付利息的计算依据。

(2)债券发行价,债券的票面金额会对债券的发行成本、发行数额产生影响,也就是说债券面值与债券实际发行价格不一定一样,发行价格大于面值称为溢价发行,小于面值称为折价发行,等于面值称为等价发行。

(3)票面利率。债券的票面利率是指债券利息与债券面值的比率,是发行人承诺以后一定时期支付给债券持有人报酬的计算标准。通常以年利率表示。债券票面利率的确定主要受到银行利率、发行者的资信状况、偿还期限和利息计算方法以及当时资金市场上资金供求情况等因素的影响。一般情况下,若市场利率水平低、资金供应充足、债券发行者的等级信用高、债券偿还期限短,则债券发行票面利率可定得低一些,反之,债券的票面利率就会定得高一些。它一方面决定了投资者收益的高低,一方面关系到债券能否顺利发行。

(4)付息期。债券的付息期是指企业发行债券后的利息支付时间。它可以是到期一次支付,或一年、半年、每季度支付一次。在考虑货币时间价值和通货膨胀因素情况下,付息期对债券投资者的实际收益有很大影响。到期一次付息的债券,其利息通常按单利计算;而年内分期付款的债券,其利息按复利计算。

(5)偿还期。债券的偿还期是指债券载明的偿还本金的期限,即债券发行日至到期日之间的时间间隔。公司要结合自身资金周转及外部资本市场各种影响因素来确定公司债券偿还。偿还期限长短,主要取决于发行主体对资金需求的时限、未来市场利率的变化趋势和债券交易市场的活跃程度等因素。如果未来市场利率是下降的趋势,发行者则会偏向发行短期债券,因为在将来利率下降后,可以以更低的利率筹资;反之,利率上升,发行者偏向发行长期债券,这样可以降低筹资资本。如果债券市场交易活跃,债券的流动性强,投资者会乐意接受长期债券。

1.3.2　债券的特征

1. 债券投资特点

债券作为一种债权债务的凭证，与其他有价债券一样，也是一种虚拟资本，而非真实资本（如后面提到的股票、期货、期权等）。债券作为一种重要融资手段和金融工具，有如下特征：

（1）偿还性。债券一般都规定有偿还期限，发行人必须按约定条件偿还本金并支付利息。

（2）流通性。债券一般都可以在流通市场上自由转让。在偿还期满前，持有者可以在流通市场上卖出变为现金，也可以持有未到期债券到金融机构作抵押取得贷款。

（3）安全性。与股票相比，债券通常规定有固定利率，与企业绩效没直接联系。收益稳定，风险小。此外，在企业破产时，相对股票持有者，债券持有者享有对企业剩余资产的优先索取权。发行债券有一套资格审查制度和法律程序，由担保、抵押条件保障，到期能够保证本金和利息的偿付。债券的发行量也有一定的限制，能有效防止溢发。但在通货膨胀时，债券对投资者的损失就很大。债券作为一种投资工具，风险是客观存在的。债券投资风险主要体现在：一是因债务人破产不能全部收回债券本息而遭受损失；二是因市场利率上升导致债券价格下跌而遭受损失；三是通货膨胀风险，由于债券的利率固定，在出现通货膨胀时，实际的利息收入下降。

（4）收益性。债券的收益性主要表现在两个方面：一是投资债券会给投资者带来预期确定的利息收入；二是投资者可以利用债券价格变动，通过买卖债券赚取差额。债券的收益是对债权人暂时让渡资金使用权和承担投资风险的补偿。

2. 债券筹资特点

（1）债券筹资的优点。对于企业而言，通过债券进行融资具有以下主要优点：

① 资本成本低。债券的利息可以税前列支，具有抵税作用；另外，债券投资人比股票投资人承担的风险低，因此其要求的报酬率也较低，故公司债券的资本成本也要低于普通股。

② 具有财务杠杆作用。债券的利息是固定的费用，债券持有人除获取利息外，不能参与公司净利润的分配，因而具有财务杠杆作用。在息税前利润增加的情况下，会使股东收益以更快的速度增加。

③ 所筹集资金属于长期资金。发行债券所筹集的资金一般属于长期资金，可供企业在1年以上的时间内使用，这就为企业安排投资项目提供了有力的资金支持。

④ 债券筹资的范围广、金额大。债券筹资的对象十分广泛，它既可以向各类银行或非银行金融机构筹资，也可以向其他法人单位、个人筹资，因此筹资比较容易，并可筹集较大金额的资金。

（2）债券筹资的缺点。对于企业而言，通过债券进行融资具有以下缺点：

① 财务风险大。债券有固定到期日和固定的利息支出，当企业资金周转出现困难时，易使企业陷入财务困境，甚至破产清算。因此筹资企业在发行债券筹资时，必须考虑用债券筹资方式所筹集资金开展的投资项目未来收益的稳定性和增长性的问题。

② 限制性条款多。资金使用缺乏灵活性。因为债权人没有参与企业管理的权利,为了保障债权人债权的安全,通常会在债权合同中加上各种限制性条款,这些限制性条款会影响企业资金使用的灵活性。

1.3.3　债券的分类

1. 根据是否约定利息划分

(1) 零息债券。未约定支付利息,一般低于面值发行。

(2) 附息债券。约定半年或一年支付一次利息,按利率是否固定又可分为固定利率债券和浮动利率债券。

(3) 息票累积债券。债券到期一次性归还本息,期间不支付利息。

2. 根据债券的券面形态划分

(1) 实物债券。具有标准格式实物券面的债券。在债券券面上,一般印刷了债券面额、债券利率、债券期限、债券发行人全称、还本付息方式等各种债券票面要素,不记名、不挂失,可上市流通。

(2) 凭证式债券。债权人认购债券的收款凭证,而不是债券发行人制定的标准格式的债券。

(3) 国家储蓄债-凭证式国债收款凭证。可记名、挂失、不可上市流通。持有期提前支取,按持有天数支付利息。

(4) 记账式债券。无实物形态的票券,利用账户通过电脑系统完成债券发行、交易及兑付全过程,我国 1994 年开始发行。记账式债券可记名、挂失,可上市流通,安全性好。

3. 根据发行主体划分

(1) 政府债券。政府债券是国家为筹集资金而向投资者出具的、承诺在一定时期内支付利息和到期偿还本金的债务凭证,由于发行主体是国家,所以它具有最高信用度,被公认为最安全的投资工具。

(2) 金融债券。银行等金融机构作为筹资主体为筹措资金而向投资者发行的一种有价证券。

(3) 公司债券。公司债券是由公司依照法定程序发行,约定在一定期限还本付息的有价证券。

4. 根据是否有财产担保划分

(1) 抵押债券。抵押债券是以企业财产作为担保的债券,按抵押品的不同又可分为一般抵押债券、不动产抵押债券、动产抵押债券和证券信用抵押债券。抵押债券可分为封闭式和开放式两种。"封闭式"公司债券发行额会受限制,即不能超过其抵押资产的价值;"开放式"公司债券发行额不受限制。抵押债券的价值取决于担保资产的价值。抵押品的价值一般超过它所提供担保债券价值的 25%～35%。

(2) 信用债券。信用债券是不以任何公司财产作为担保,完全凭信用发行的债券。其持有人只对公司的非抵押品有追索权,企业的盈利能力是这些债券投资人的主要担保。因为信用债券没有财务担保,所以在债券契约中都要加入保护性条款,如不能将资产抵押给其

他债权人、不能兼并其他企业、未经债权人同意不得出售资产、不能发行其他长期债券等。

5. 根据是否能转换公司股票划分

（1）可转换债券。可转换债券是指在特定时期内可以按某一固定比例转换成普通股的债券，它具有债券与股票的双重属性，属于一种混合性筹资方式。由于可转换债券赋予债券持有人将来成为股东的权利，因此其利率通常低于不可转换债券。若将来转换成功，在转换前发行企业达到了低成本筹资的目的，转换后又可节省股票发行成本。根据《中华人民共和国公司法》规定，发行可转换债券应由我国债券监管部门批准，发行公司应同时具备发行公司债券和发行股票的资格。

（2）不可转换债券。不可转换债券是指不能转换普通股的债券，又称为普通债券。由于其没有赋予债券持有人将来成为股东的权利，所以其利率一般高于可转换债券。

6. 根据利率是否固定划分

（1）固定利率债券。固定利率债券是将利率印在票面上并按期向债券所有人支付利息的债券。该利率不随市场利率变化调整，因而固定利率债券可以较好地抵制通货紧缩风险。

（2）浮动利率债券。该债券的利率是随市场利率变动而调整的利率。因为浮动利率债券的利率同当前市场利率挂钩，而当前市场利率又考虑了通货膨胀率的影响，所以浮动利率债券可以较好地抵制通货膨胀风险。

7. 根据是否能够提前偿还划分

（1）可赎回债券。可赎回债券是指在债券到期前，发行人可以事先约定的赎回价格收回的债券。公司发行可赎回债券主要是考虑到公司未来的投资机会和回避利率风险等问题，以增加公司资本结构调整的灵活性。发行可赎回债券最关键的问题是赎回期限和赎回价格的制定。

（2）不可赎回债券。不可赎回债券是指不能在债券到期前收回的债券。

8. 根据偿还方式不同划分

（1）一次到期债券。一次到期债券是发行公司于债券到期日一次偿还全部债券本金的债券。

（2）分期到期债券。分期到期债券是指在债券发行的当时就规定有不同到期日的债券，即分批偿还本金的债券。分期到期债券可以减轻发行公司集中还本的财务负担。

1.3.4　债券的收益率计算

人们投资债券时，最关心的就是债券收益有多少。为了精确衡量债券收益，一般使用债券收益率这个指标。债券收益率是债券收益与其投入本金的比率，通常用年率表示。债券收益不同于债券利息。债券利息仅指债券票面利率与债券面值的乘积。但是，由于人们在债券持有期内还可以在债券市场进行买卖，以赚取价差，因此债券收益除利息收入外，还包括买卖盈亏差价。

决定债券收益率的主要因素有债券的票面利率、期限、债券面值和购买价格。最基本的债券收益率计算公式为：

$$债券收益率 = \frac{到期本息和 - 发行价格}{发行价格 \times 偿还期限} \times 100\%$$

由于债券持有人可能在债券偿还期内转让债券,因此,债券的收益率还可以分为债券出售者的收益率、债券购买者的收益率、债券持有期间的收益率。各自的计算公式如下:

$$债券出售者的收益率 = \frac{卖出价格 - 发行价格 + 持有期间的利息}{发行价格 \times 持有年限} \times 100\%$$

$$债券购买者的收益率 = \frac{到期本息和 - 买入价格}{买入价格 \times 剩余期限} \times 100\%$$

$$债券持有期间的收益率 = \frac{卖出价格 - 买入价格 + 持有期间的利息}{买入价格 \times 持有年限} \times 100\%$$

【例 1-5】 李某于 2009 年 1 月 1 日以 105 元的价格购买了一张面值为 100 元、利率为 8%、每年 1 月 1 日支付一次利息的 2005 年发行的 5 年期国库券,并持有到 2010 年 1 月 1 日到期,分别计算债券购买者和出售者的收益率。

解:

$$债券购买者的收益率 = \frac{100 + 100 \times 8\% - 105}{105 \times 1} \times 100\% = 2.86\%$$

$$债券出售者的收益率 = \frac{105 - 100 + 100 \times 8\% \times 4}{100 \times 4} \times 100\% = 9.25\%$$

【例 1-6】 王某于 2005 年 1 月 1 日以 120 元的价格购买了一张面值为 100 元、利率为 10%、每年 1 月 1 日支付一次利息的 2004 年发行的 10 年期国库券,并在 2008 年 1 月 1 日以 140 元的价格卖出,计算债券持有期间的收益率。

解:

$$债券持有期间的收益率 = \frac{140 - 120 + 100 \times 10\% \times 3}{120 \times 3} \times 100\% = 13.9\%$$

以上计算公式没有考虑把获得的利息进行再投资的因素。若将所获利息的再投资收益计入债券收益,据此计算出来的收益率,即为复利收益率。

1.4 证券投资基金

1.4.1 证券投资基金概念及特点

1. 证券投资基金

证券投资基金是一种实行组合投资、专业管理、利益共享、风险共担的集合投资方式。与股票、证券不同,证券投资基金是一种间接投资工具,基金投资者、基金管理人和基金托管人是基金运作中的主要当事人。

证券投资基金通过发行基金份额的方式募集资金,个人投资者和机构投资者通过购买一定数量的基金份额参与基金投资。基金所募集的资金在法律上具有独立性,由选定的基金托管人保管,并委托基金管理人进行股票、债券的分散化组合投资。基金投资者是基金的

所有者。基金投资收益在扣除由基金管理人和基金托管人所承担费用后的盈余全部归基金投资者所有,并依据各个投资者所购买的基金份额的多少在投资者之间进行分配。

与直接投资股票和债券不同,债券投资基金是一种间接投资工具。一方面,证券投资基金以股票、债券等金融有价证券为投资对象;另一方面,基金投资者通过购买基金份额的方式间接地进行证券投资。

世界上不同国家和地区对证券投资基金的称谓有所不同。在美国,公司型开放式投资基金被称为"共同基金",在英国和中国香港特别行政区被称为"单位信托基金",在欧洲一些国家被称为"集合投资基金"或"集合投资计划",在日本和中国台湾地区则被称为"证券投资信托基金"。投资基金的运作如图 1-1 所示。

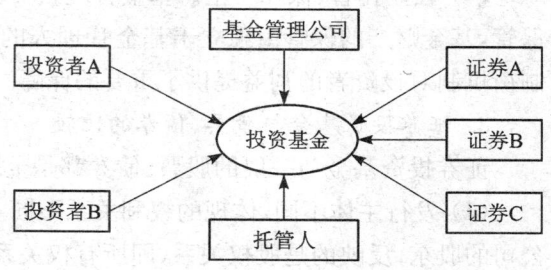

图 1-1　投资基金的运作结构图

2. 证券投资基金的特点

(1) 集合理财、专业管理。基金将众多投资者的资金集中起来,委托基金管理人进行共同投资,表现出一种集合理财的特点。通过汇集众多投资者的资金,积少成多,有利于发挥资金规模优势、降低投资成本。基金由基金管理人进行投资管理和运作。基金管理人一般拥有大量的专业投资研究人员和强大的信息网络,能够更好地对证券市场进行全方位的动态跟踪与深入分析。中小投资者将资金交给基金管理人管理,使其也享受到专业化的投资管理服务,克服了业余人员专业知识和时间精力上的不足,提高资产的运作效率。

(2) 组合投资、分散风险。为降低投资风险,一些国家的法律通常规定基金必须以组合投资的方式进行基金的投资运作,从而使"组合投资、分散风险"成为基金的一大特色。中小投资者由于资金量小,一般无法通过购买数量众多的股票来分散投资风险。基金通常会购买几十种甚至上百种股票,投资者购买基金就相当于用很少的资金购买了一揽子股票。在多数情况下,某些股票下跌造成的损失可以用其他股票上涨的盈利来弥补,因此投资者可以充分享受到投资组合、分散风险的好处。

(3) 利益共享、风险共担。证券投资基金实行"利益共享、风险共担"的原则。基金投资者是基金的所有者。基金投资收益在扣除由基金承担的费用后的盈余全部归基金投资者所有,并根据各个投资者所持有的基金份额比例进行分配。为基金提供服务的基金托管人、基金管理人只能按规定收取一定比例的托管费、管理费,并不参与基金收益的分配。

(4) 交易简便、流通性强。证券投资基金的流动性不亚于股票,无论是买入还是卖出基金份额,交易手续都非常简便、快速。封闭式基金可以在证券交易所内进行买卖,而开放式基金,基金管理公司每天公开买入价和卖出价,投资者可以随时按价买卖,变现风险小。另外,投资基金在买卖基金份额时,价格波动小。在正常情况下,即使进行大额投资基金的买卖,对其市场价格的影响也是微乎其微的,不会造成价格上的巨大变动而影响投资者的最终收益。

(5) 严格监管、信息透明。为切实保护投资者的利益,增强投资者对基金投资的信心,

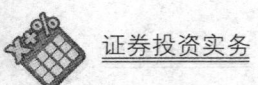

各国(地区)基金监管机构都对基金业实行严格的监管,对各种有损于投资者利益的行为进行严厉的打击,并强制要求基金及时、准确、充分地披露信息。在这种情况下,严格监管与信息透明也就成为证券投资基金的另一个显著特点。

(6) 独立托管、保障安全。基金管理人负责基金的投资操作,本身并不参与基金财产的保管,基金财产的保管由独立于基金管理人的基金托管人负责,这种相互制约、相互监督的制衡机制对投资者的利益提供了重要的保障。

3. 证券投资基金与股票、债券的比较

证券投资基金与一般的股票、债券都是金融投资工具,但它们之间又存在着一些差异。

(1) 发行主体不同,体现的权利关系不同。股票是股份有限公司发行的,持有人是股份公司的股东,反映的是股权关系,即所有权关系。债券是由政府、金融机构或企业发行的,体现的是债权、债务关系。证券投资基金是由基金发起人发行的,按契约形式发起的投资基金,持有人与发起人之间是契约关系。发起人与管理人、托管人之间是一种信托契约关系。

(2) 所筹资金的投向不同。股票和债券是融资工具,筹资的资金主要是投向实业,而证券投资基金主要投向其他有价证券等金融产品。

(3) 风险水平不同。股票的直接收益取决于发行公司的经营效益,具有很强的不确定性,所以投资股票有较大风险。债券的直接效益取决于事先确定的债券利率,因而投资风险较小。证券投资基金主要投资于有价证券,而且其投资选择适当灵活多样,从而使投资基金的收益有可能高于债券,而风险又可能小于股票。因此,证券投资基金能满足那些不能或不适宜于直接参与股票、债券投资的个人或机构的需要。

(4) 存续时间不一致。股票的存续时间等同于其发行公司的存续期间,债券的存续时间为其票面期限,证券投资基金根据其种类而具有不同的存续时间。契约型基金通常具有一定的存续期,期满即终止,若具备所规定的条件时也可提前终止或申请延期;开放型基金则没有存续期的限制,可以随时增加或减少投资基金的份额,持有人可以按投资基金的资产净值向公司要求申购或赎回其所持有的基金单位。

1.4.2 证券投资基金的分类

根据证券投资基金的组织形式、投资渠道、资金募集方式的不同,可对其进行不同的分类。

1. 按照证券投资基金的组织形式划分,可分为契约型基金和公司型基金

契约型基金是指以信托法为基础,根据当事人各方之间订立的信托契约,由基金发起人发起设立的基金,基金发起人向投资者发行基金筹集资金。契约型基金也被称为信托型基金。此类型的投资基金起源于英国,目前我国的投资基金都是契约型基金。

公司型基金是指利用信托原理和公司结构形态构建的特殊公司,是按公司法组成的,以赢利为目的,通过发行投资基金股份募集资金而组建的投资基金,在组织形式上与股份有限公司相似。公司型基金由一些银行、证券公司、信托公司等机构作为基金发起人,设定投资基金的类型,对外发行股份,发起人通过持有一定比例的股份来控制投资公司。

公司型基金与契约型基金的主要区别在于以下几点:

（1）设立的法律依据不同。公司型基金组建的依据是《公司法》,公司具有法人资格;契约型基金的组建是依据《信托法》,无法人资格。所以,公司型基金在运作管理中比契约型基金多了一层公司投资基金组织。但无论是公司型基金还是契约型基金,都涉及三方当事人,即基金投资人、基金管理人、基金托管人。

（2）运作的依据不同。公司型基金依据公司章程、委托管理契约和委托保管契约等文件运用投资基金的资产,契约型基金凭借信托契约来经营信托资产,投资基金三方当事人之间靠基金契约来调整各自的权利义务关系。

（3）发行的投资基金凭证不同。公司型基金发行的是股票,它既是一种所有权凭证,又是一种信托关系;而契约型基金发行的是收益凭证（基金单位）,它反映的仅仅是一种信托关系。

（4）投资者在投资基金中的地位不同。公司型基金的投资者作为公司股东,有权对公司重大决策发表自己的意见,可以参加股东大会,行使股东权利并以股息形式获取投资收益,基金的持有人对投资基金的管理有更大程度的参与。契约型基金的投资者购买收益凭证后就成了受益人,日常运作中对资金的运用没有发言权。

（5）融资渠道不同。公司型基金具有法人资格,在有必要时可以向银行借款,便于公司扩大资产规模或解决资产的短期流动性问题。契约型基金不具备法人资格,投资基金管理公司一般不能通过银行借款来扩大投资基金的规模。

（6）运作方式不同。契约型基金的管理公司一般自己发行并经营投资基金,不对外聘请投资顾问公司等来经营投资基金,基金管理公司通常既是发起人又是投资基金的管理人。公司型基金则一般从外部甚至可以同时从外部聘请多个投资顾问公司来充当基金管理人对基金进行经营。

（7）运营期限不同。公司型基金类似于一般的股份公司,除非公司破产、清算或者经持有人大会同意提前终止,否则投资基金存续期一直存在。契约型基金则依据基金契约建立并运作,契约期满后投资基金的运营也相应终止。

2. 按照基金单位是否变动划分,可分为封闭式基金和开放式基金

封闭式基金是指基金的单位数目在基金设立时就已确定,在基金存续期内基金单位的数目一般不会发生变化,但出现基金扩募的情况除外。尽管封闭式基金的基金单位数不变,但基金的资产规模随单位资产净值的变化而变化。由于封闭式基金发行的是不可赎回证券,基金不必随时准备将基金资产变现以应对投资者赎回的请求。

开放式基金是指基金股份总数是可以变动的基金,它既可以向投资者销售任意多的基金单位,也可以随时应投资者要求赎回已发行的基金单位。基金单位总数的变动必然带来基金资产的变化。如果基金向投资者发行新的股份,基金就可以用新筹集的资金进行投资,基金的资产也相应增加;如果投资者赎回基金股份,基金则将投资组合中的现金或非现金资产变现用于支付。

开放式基金与封闭式基金的区别在于以下几点:

（1）基金规模的可变性不同。封闭式基金有明确的存续期限,在此期限内已发行的基金单位不能被赎回。虽然特殊情况下此类基金可以进行扩募,但扩募应具备严格的法定条件。因此,在正常情况下,基金规模是固定不变的。而开放式基金所发行的基金单位是可赎回的,而且投资者在基金的存续期间内也可以随意申购基金单位,导致基金的资金总额每日均不断地变化。换句话说,它始终处在"开放"的状态。这是封闭式基金和开放式基金的根本区别。

(2)基金单位的买卖方式不同。封闭式基金发起设立时,投资者可以向基金管理公司或销售机构认购;当封闭式基金上市交易时,投资者可以委托证券商在证券交易所按市价买卖。而投资者投资开放式基金时,他们可以随时向基金管理公司或销售机构申购或赎回。

(3)基金单位的买卖价格形成方式不同。由于封闭式基金不能赎回,只能通过在交易所的买卖转让给其他投资者,其买卖价格受市场供求关系影响较大。而开放式基金的买卖价格则是以基金单位的资产净值为基础计算的,可直接反映基金单位的资产净值的高低。开放式基金的买卖价格即申购和赎回价格完全取决于基金净值。

(4)交易的费用不同。投资者在买卖基金时的费用,与买卖股票是一样的,也要在价格之外付出一定比例的证券交易税和手续费。而开放式基金的投资者需缴纳的相关费用则包含在基金价格之中。一般而言,买卖封闭式基金的费用要高于开放式基金。

(5)基金的投资策略不同。开放式基金为应付投资者赎回的需要,保留现金更多,一般投资于变现能力强的资产,封闭式基金流动性要求相对较低,可进行长期投资策略。

(6)对基金管理人的约束程度不同。开放式基金由于受到流动性限制,对基金管理人的约束能力较强,封闭式基金对基金管理人的约束相对较弱。

除了前面提到的公司型投资基金和契约型投资基金,开放式基金和封闭式基金外,证券投资基金还可以根据其他标准分为其他多种类型。

3. 按照投资对象划分可以分为股票基金、债券基金、货币市场基金和混合型基金

证券投资基金的投资对象主要有三类:股票、债券和货币产品,根据投资对象或投资范围可以划分为股票基金、债券基金、货币市场基金和混合型基金。

股票基金是最主要的基金品种,以股票作为投资对象,其风险和收益较高。投资股票基金可以规避货币贬值的风险,但因为它不是短线投资,快进快出将带来资金成本的大幅增加,对流动性要求高的资金不应进入。

债券基金是一种以债券为投资对象的证券投资基金。由于债券是一种收益稳定、风险较小的有价证券,因此,债券基金适合于想获得稳定收入的投资者。债券基金基本上属于收益型基金,一般会定期派息,具有低风险且收益稳定的特点。但债券基金的价格也受到市场利率、汇率、债券本身等因素的影响,其波动程度比股票基金低。

货币市场基金是以银行存款、短期债券、回购协议和商业票据等安全性极高的货币市场工具为投资对象的投资基金。由于货币市场一般适合大额投资者参与,所以货币市场基金的出现为小额投资者进入货币市场提供了机会。货币基金具有投资成本低、流动性强、风险小等特点。投资者常常在股票基金业绩表现不佳时,将股票基金转换为货币市场基金,以避开"风浪",等待时机再选择认购股票基金或别的基金品种,因此货币市场基金也称为停泊基金。

混合型基金在股票和债券两类产品中进行配置,它可以再进一步细分为偏股型、偏债型、股债平衡型。

4. 根据基金的风险收益特征划分,可分为成长型基金、价值型基金和平衡型基金

成长型基金主要投资于具有高增长潜力的上市公司,往往适合宏观环境比较宽松的上涨的市场,该类基金属于风险程度最高、收益最大的基金;价值型基金主要投资商业模式比较成熟稳定、现金流波动较小、红利发放率比较高的上市公司,受经济周期波动影响不大,属于风险较小、收益较小的基金;平衡型基金,既购入一定比例的成长型股票,又购买一部分价值型股票,是一种比较中庸类型的基金,其风险和收益介于成长型和价值型基金之间。

5. 其他类型的基金

指数基金、伞形基金、ETF、LOF 基金也是证券投资基金市场中的几种基金的形式。

指数基金是以某一指数的成分股为投资对象的基金,基金的操作按所选定指数的成分股在指数中所占的比重,选择同样的资产配置模式投资,以获取和大盘同步的获利。指数基金属于被动式投资,追求的是承担市场平均风险和市场平均收益,特别适合用来养老或退休资金的长期投资。

伞形基金是基金的一种组织结构。在这一组织结构下,基金发起人根据一份总的基金招募或基金契约发起设立多只相互可以进行转换的基金,这些基金称为子基金,各子基金独立进行投资决策,而由这些子基金共同构成的这一基金体系就合称为伞形基金。

ETF 基金是指可以在交易所交易的基金。ETF 基金属于一种基金创新产品,它是在封闭式基金、开放式基金以及指数基金的基础上发展起来的一种基金的“混合产品”,兼具封闭式基金与开放式基金的特点。

LOF 基金是上市型开放式基金。上市型开放式基金发行结束后,投资者既可以在指定网点申购与赎回基金份额,也可以在交易所买卖该基金。LOF 基金是中国基金业在发行方式和交易方式上的创新,解决了开放式基金上市交易的问题。

1.4.3　证券投资基金的组织机构构成及投资限制

1. 投资机构的构成

(1) 基金管理人。基金管理人是利用自身的专业投资管理技能,在遵守法律法规和基金契约的条件下,运用证券投资基金的资产进行投资,使证券投资基金的资产获得增值的机构。基金管理人的基本职责是充分运用和管理基金资产。

(2) 基金托管人。为了保护投资者的利益,保护证券投资基金资产的安全,防止证券投资基金的资产被挪用或从事与基金契约不符的投资活动,各国的法律法规都要求证券投资基金在设立的时候,必须委任一个独立的机构来保管基金资产。这个独立的机构就是基金托管人。基金托管人根据信托契约管理信托资产,在银行开设独立账户,接受委托人的指令来办理证券买卖中的清算、过户等。基金托管人负责保管证券投资基金的资产,执行管理人的有关指令,办理投资基金名下的各种资金收付,配发红利和过户手续费,核算每日每单位基金资产净值,并负责对证券投资基金账户进行审计监督。

(3) 基金持有人。证券投资基金持有人是证券投资基金收益凭证的持有者,通过购入证券投资基金的收益凭证而成为信托契约的第三方,作为证券投资基金的受益人,基金持有人享有基金资产的一切权益。按照通行做法,基金的资产由基金的托管人保管,并且一般以

托管人的名义持有,但投资基金最后的权益属于证券投资基金的持有人,持有人承担基金投资的亏损和收益。

① 证券投资基金持有人的权利:证券投资基金持有人的基本权利包括对证券投资基金收益的享有权、对基金单位的转让权和一定程度上对证券投资基金经营的决策权。在不同组织形态的证券投资基金中,对证券投资基金决策的影响渠道是不同的。在公司型基金中,证券投资基金持有人通过股东大会选举产生证券投资基金公司的董事会来负责公司的决策,而在契约型基金中,证券投资基金的持有人只能通过召开持有人大会对证券投资基金的重大事项作出决议,而对证券投资基金在投资方面的决策一般不能有直接的影响。如取得证券投资基金收益;监督证券投资基金的经营情况,获得证券投资基金业务及财务状况方面的资料;申购、赎回或者转让基金单位;取得投资基金清算后的剩余资产等。

② 证券投资基金持有人的义务:证券投资基金持有人在享有权利的同时,也必须承担相应的义务。如遵守投资基金契约;交纳投资基金认购款项及规定的费用;承担证券投资基金亏损或终止的有限责任等。

1.4.4　证券投资基金的收益

证券投资基金的收益一般包括利息、股息、资本利得和资本增值,其中前三者是证券投资基金的实际收益。

1. 利息收益

证券投资基金的利息收益可以在基金运作时从商业银行取得一定的利息收入,或投资于债券、商业本票、可转让存单以及其他货币市场证券时带来的利息收入。

2. 股利收益

证券投资基金的股利收益是指通过在一级或二级市场购入、持有各公司发行的股票,而从公司取得的一种收益。

3. 资本利得

证券投资基金在资本供应充裕、价格较低时购入证券,而在证券需求旺盛、价格上涨时卖出,获得证券投资基金的资本利得收入。资本利得收益在证券投资基金收益中往往占有很大的比重,要取得较高的资本利得收入,就需要基金管理者具有丰富、全面的证券知识,能对证券价格的走向作出大致准确的判断。

4. 资本增值

资本增值是指证券投资基金资产净值的增长,它是实现资本利得的基础,也可以说是未实现的资本利得。一般来说,成长型基金追求的是资产的长期增值,因此其资本增值部分较大。

1.4.5　证券投资基金的功能及其在中国的发展

1. 证券投资基金的功能

(1)证券投资基金为中小投资者拓宽了投资渠道。对中小投资者来说,存款或购买债券较为稳妥,但收益率低;投资股票有可能获得较高收益,但风险较大。证券投资基金作为一种新型的投资工具,把众多的投资者的小额资金汇集起来进行投资组合,由专家来管理和运作,经营稳定,收益可观,大大拓宽了中小投资者的投资渠道。

(2)证券投资基金是优化金融资源配置和降低金融风险的重要工具。证券投资基金促进储蓄转化为投资,将资金引入证券市场,为企业在证券市场筹集资金创造了良好的融资环境,有利于提高直接融资的比例,优化资源配置;证券投资基金通过吸收社会上的各种资金进入金融市场,能有效分散银行投融资功能过于集中的风险,改善银行的资产负债比率,优化金融资产结构;证券投资基金通过为保险资金提供专业化的投资服务和投资于货币市场,促进了保险市场和货币市场的发展壮大,增强了证券市场与保险市场、货币市场之间的沟通,改善了宏观经济政策和金融政策的传导机制,完善了金融体系。

(3)证券投资基金有利于证券市场的稳定和发展。证券市场的稳定与否同市场的投资者结构密切相关。证券投资基金的出现和发展,能有效地改善证券市场的投资者结构,成为稳定市场的中坚力量。证券投资基金由专业投资人士经营管理,投资行为相对理性,客观上能够起到稳定市场的作用。同时,证券投资基金一般注重资本的长期增长,多采取长期的投资行为,较少在证券市场上频繁进出,能减少证券市场的波动。中国证券市场是一个新兴市场,机构投资者比例不高,散户特征十分明显。证券投资基金的发展壮大,有利于稳定市场、活跃交易、引导投资、防止市场过度投机。

(4)证券投资基金有利于推动上市公司完善治理结构。与中小投资者不同,证券投资基金由于持股规模较大,可以形成对上市公司的有效监督,同时,由于证券投资基金重视上市公司的财务状况、信息披露、发展前景等基本分析,会经常走访上市公司,这些都会对上市公司产生约束,迫使上市公司严格遵守规范。

(5)证券投资基金为社会保障体系的改革与完善提供技术支持和制度保障。社会保障体系的发展与完善,是促进繁荣壮大证券投资基金市场的基础。同时,证券投资基金的专业化的服务,又为全国社保基金、企业年金等各类养老金提供了保值增值的平台,促进社会保障体系的建立与完善。

(6)证券投资基金推动了金融创新。证券投资基金本身就是金融创新的产物,同时,证券投资基金的迅速发展,又进一步推动了金融的创新。随着证券投资基金的影响力迅速增加,对金融制度的创新的推进作用也开始显现。

2. 中国证券投资基金的发展

自20世纪80年代末期以来,我国证券监管体制经历了由分散、多头监管到集中监管的过程,大体可分为三个阶段。

第一阶段(1992年5月以前)是我国证券监管体制的萌芽时期。对证券市场的监管是在国务院的部署下,主要由上海、深圳两市地方政府进行管理,有关证券法规也是由两地政府和中国人民银行制定并执行。

第二阶段(1992年5月—1997年年底)是对证券市场的监管由中央与地方、中央各部门共同参与管理向集中统一管理的过渡阶段。1992年5月,中国人民银行成立证券管理办公室,同年7月,国务院建立国务院证券管理办公会议制度,代表国务院行使对证券业的日常管理职能。1992年10月国务院成立国务院证券委员会及其执行机构——中国证券监督管

理委员会(以下简称中国证监会)作为专门的国家证券监管机构。这种制度安排,事实上是将国务院证券委代替了国务院证券管理办公会议制度,代表国务院行使对证券业的日常管理职能,将中国证监会替代了中国人民银行证券管理办公室。

同时,国务院赋予中央有关部门部分证券监管的职责,成了各部门共管的局面。国家计委根据证券委的计划建议编制证券发行计划;中国人民银行负责审批和归口管理证券机构,报证券委备案;财政部归口管理注册会计师和会计师事务所,对其从事与证券业有关的会计事务的资格由证监会审定;国家体改委负责拟定股份制试点的法规,组织协调有关试点工作,同时主管部门负责审批中央企业的试点。

另外,地方政府仍在证券管理中发挥重要作用。上海、深圳证券交易所由当地政府管理,由证监会实施监督;地方企业的股份制试点由省级或计划单列市人民政府授权的部门会同企业主管部门审批。同时,中国证监会向隶属于地方政府的地方证券期货监管部门授权,让他们行使部分监管职责。

第三阶段(1997年年底至今)是初步建立全国集中统一的证券监管体系阶段。1997年11月,中央工作会议决定撤消国务院证券委,其监管职能移交中国证券监督管理委员会(以下简称"证监会")。1998年4月,中国人民银行行使的对证券市场监管职能(主要是对证券公司的监管)也移交中国证监会。同时,对地方证券监管体制进行改革,将以前由中国证监会授权、在行政上隶属各省市政府的地方证券监管机构收归中国证监会领导,同时扩大了中国证监会向地方证券监管机构的授权。此外,证券交易所也由地方政府管理转变为中国证监会管理。1999年7月1日,《中华人民共和国证券法》开始实施,与此同时,中国证监会派出机构正式挂牌。这标志着我国集中统一的证券、期货两级监管体制基本建立。证监会负责全国证券市场的监管;区域内上市公司和证券经营服务机构由证监会派出机构——地方证管办和特派员办事处、证监会专员办事处根据授权和职责分别监管。地方证管办还负责涉及跨省区重大案件的联合稽查的组织和重大事项的协调工作。

集中统一的证券监管体制已经成为世界各国(无论是成熟市场还是新兴市场)普遍偏好的目标模式,它甚至被认为是证券市场发展的必然规律。证券市场本身具有统一性和一体性的内在要求,对于一个高效证券市场所必备的基本要素,即市场的信息有效性、市场运作的高效率与低成本、市场的统一性和规模以及市场的公开、公平和公正性来说,只有集中统一的管理体制和由此形成的统一市场法规体系方能使之得以保证。我国证券监管体制的变迁符合了证券市场本身发展的内在规律性和客观要求。同时,集中统一的监管体制又比较符合中国国情,同我国的经济与体制、经济与金融管理模式以及证券市场的成熟度相吻合。随着我国证券市场的发展,市场规模扩大、市场发展全国化同管理地区化之间的矛盾日益突出;证券业的扩张和中介机构非规范化运作的普遍性也呼唤单一的行业管理;监管体制的低权威性使投资者利益难以在操纵与欺诈环生的市场环境中得以保全;市场的进一步发展迫切需要持久、统一和稳定的制度与政策加以保障。正是我国证券市场乃至国民经济运行的客观要求促使证券监管体制的变革,以消除制约市场发展的矛盾和障碍。可以说,现行的监管体制在一定程度上克服了原体制的若干内在弊端和矛盾,降低了监管成本,从而提高了证券监管效率和监管的公正性。

我国的证券监管体制还有许多不完善之处,这主要表现为:

(1) 对政府监管者的监督及其自身建设问题。权力的集中不可避免地带来官僚主义以及监管者被"俘虏"所带来的寻租等监管漏洞。对此,必须设立有效的内部控制机制和外部监督机制,以防止监管者的官僚主义行为和机会主义行为的产生,避免监管者被利益集团所"俘虏",提高监管与服务的质量,从而确保证券监管的公正性和高效率。

(2) 证监会与其他经济管理部门的协调与沟通问题。独立而专一的主管机构设置固然能够提高决策出台与实施的力度与权威,但同样可能损害决策的科学性。特别是当证监会与其他监管部门间就某些重大事项存在目标冲突时尤为可能。因此,集权化的主管机关必须避免狭隘于本领域的监管视野,注重监管制度、政策的全面合理性和对国家整体利益的通盘考虑。

(3) 自律机构的作用问题。集中统一监管体制并不排斥自律监管的作用,自律机构在美国模式中同样拥有相当的自主权,并发挥着重要作用。但在我国现行监管体制中,自律管理的作用依然未得到强调,证券交易所和证券业协会只起辅助政府监管的作用,且完全受制于证监会的集中管理。

本章小结

本章讲述了关于证券的一般性基础知识,结合中国证券市场的实际情况,系统地介绍了股票、债券、证券投资基金等主要证券投资工具的概念、特征及分类等方面的基础理论和知识。最后介绍了中国证券投资基金的发展历程。

练习题

一、名词解释

1. 股票　　2. 股票的票面价值　　3. 股票的账面价值　　4. 普通股　　5. 优先股
6. 债券　　7. 股票价格指数　　8. 封闭式基金　　9. 开放式基金　　10. 契约型基金
11. 公司型基金　　12. 证券投资基金

二、简答题

1. 按照发行主体划分,债券的种类有哪些?

2. 股票的主要类型有哪些?

3. 简述股票的特点。

4. 简述普通股的基本特征和主要种类。

5. 简述普通股股东的主要权利。

6. 简述优先股股票的基本特征。

7. 简述股票价格指数的编制方法。

8. 简述股票与债券的区别。

9. 简述证券投资基金与股票的异同。

10. 简述证券投资基金的几种主要类型。

第2章 金融衍生工具

 **学习目标**

1. 了解金融衍生工具的产生、主要类型、金融功能
2. 了解期货市场出现的背景
3. 熟悉期货和期权的交易制度及功能
4. 了解权证的发行与交易

2.1 金融衍生工具概述

近30年来,随着金融自由化和国家化的逐步发展,任何有价资产的持有者都会面临由汇率或利率变动而造成直接或间接损失的风险。虽然通过资产组合可以降低非系统风险,但是对于系统风险来说却是没有作用的,金融衍生产品的普及有效地改变了这种状态。金融衍生工具通常是指从原生资产派生出来的金融工具。金融衍生工具的共同特征是保证金交易,因此金融衍生工具所带来的交易具有杠杆效应。保证金越低,杠杆效应越大,风险也就越大。

2.1.1 金融衍生工具的概念及特征

1. 金融衍生工具的概念

金融衍生工具又称金融衍生产品,是与基础金融产品相对应的一个概念,是指建立在基础产品或基础变量之上,其价格取决于基础金融产品价格(或数值)变动的派生金融产品。这里所说的基础产品是一个相对的概念,不仅包括现货金融产品(如债券、股票、银行定期存款单等),也包括金融衍生工具。作为金融衍生工具基础的变量种类繁多,主要是各类资产价格、价格指数、利率、汇率、通货膨胀率以及信用等级等,自然现象(气温、霜冻)和人类行为(温室气体排放、选举)都被作为金融衍生工具的基础变量。

对于在市场上从事金融衍生工具买卖的参与者,大致可以分为三类:对冲者(hedgers)或称保值者、投机者(speculators)和套利者(arbitrageurs)。对冲者的主要目的是避免或减低面对的风险;投机者则是期望市场未来的不确定性,他们并不一定持有资产,或对未来投资做保值,而在于获得资产未来真实价格和现在的远期价格之间的差额;套利者是通过两个

或两个以上的不同市场,同时买卖某一种(或两种类似的)资产或商品,以期获得无风险的利润。

2. 金融衍生工具的基本特征

(1) 跨期性。金融衍生工具是交易双方通过对利率、汇率、股价等因素变动趋势的预测,约定在未来某一时间按照一定条件进行交易或选择是否交易的合约。无论是哪一种金融衍生工具,都会影响交易者在未来一段时间内或未来某时点上的现金流,跨期交易的特点十分突出。这就要求交易双方对利率、汇率、股价等价格因素的未来变动趋势作出判断,而判断的准确与否直接决定了交易者的交易盈亏。

(2) 杠杆性。金融衍生工具交易一般只需要支付少量保证金或权利金就可以签订远期大额合约或互换不同的金融工具。例如,若期货交易保证金为合约金额的 5%,则期货交易者可以控制 20 倍于所交易金额的合约资产,实现以小搏大的效果。在收益可能成倍放大的同时,交易者所承担的风险与损失也会成倍放大,基础工具价格的轻微变动也许就会带来交易者的大盈大亏。金融衍生工具的杠杆性效应一定程度上决定了它的高投机性和高风险性。

(3) 联动性。这是指金融衍生工具的价值与基础产品或基础变量紧密联系、规则变动。通常,金融衍生工具与基础变量相联系的支付特征由衍生工具合约规定,其联动关系既可以是简单的线性关系,也可以表达为非线性函数或者分段函数。

(4) 不确定性或高风险性。金融衍生工具的交易后果取决于交易者对基础工具(变量)未来价格(数值)的预测和判断的准确程度。基础工具价格的变幻莫测决定了金融衍生工具交易盈亏的不稳定性,这是金融衍生工具高风险性的重要诱因。基础金融工具价格不确定性仅仅是金融衍生工具风险性的一个方面。

2.1.2　金融衍生工具的分类

金融衍生工具按照不同的划分方法会有不同的产品分类,本节将按照自身交易方式、基础工具的种类、交易性质以及交易场所这几种标准进行划分。

1. 按照金融衍生工具自身交易方式分类

金融衍生工具从其自身交易方式进行分类可以分为金融远期合约、金融期货、金融期权、金融互换和结构化金融衍生工具。

(1) 金融远期合约。金融远期合约是指交易双方在场外市场上通过协商,按约定价格在约定的未来日期买卖某种标的金融资产(或金融变量)的合约。金融远期合约规定了将来交换的资产、交换的日期、交换的价格和数量,合约条款因合约双方的需要不同而不同。金融远期合约主要包括远期利率协议、远期外汇合约和远期股票合约。

(2) 金融期货。金融期货是指买卖双方在有组织的交易所内,以公开竞价的形式来进行的标准化金融期货合约的交易,主要包括货币期货、利率期货、股票指数期货 3 种。近年来,不少交易所又陆续推出更多新型的期货品种,例如房地产价格指数期货、通货膨胀指数期货等。

(3) 金融期权。金融期权是指买方向卖方支付一定费用(期权价格或期权费),在约定

日期内享有按事先确定的价格向合约卖方买卖某种金融工具权利的契约,包括现货期权和期货期权两大类。

(4)金融互换。金融互换是指两个或两个以上的当事人按共同商定的条件,在约定的时间内定期交换现金流的金融交易,主要包括货币互换、利率互换、股权互换、信用违约互换等。

(5)结构化金融衍生工具。结构化金融衍生工具就是利用上述4种最简单和最基础的金融衍生工具,通过相互结合或者与基础金融工具相结合,从而开发设计出更多具有复杂特性的金融衍生产品。例如,我国各家商业银行推广的挂钩不同标的的资产理财产品、股票交易所交易的各类结构化票据等都是典型的代表。

2. 按照基础工具种类分类

金融衍生工具按照基础工具种类划分,可分为股权类产品的衍生工具、货币衍生工具、利率衍生工具、信用衍生工具以及其他衍生工具。

(1)股权类产品的衍生工具。这是指以股票或股票指数为基础工具的金融衍生工具,主要包括股票期货、股票期权、股票指数期货、股票指数期权以及上述合约的混合交易合约。

(2)货币衍生工具。这是指以各种货币作为基础工具的金融衍生工具,主要包括远期外汇合约、货币期货、货币期权、货币互换以及上述合约的混合交易合约。

(3)利率衍生工具。这是指以利率或利率的载体为基础工具的金融衍生工具,主要包括远期利率协议、利率期货、利率期权、利率互换以及上述合约的混合交易合约。

(4)信用衍生工具。信用衍生工具是20世纪90年代以来发展迅速的一类金融衍生产品,用于转移和防范信用风险。是以基础产品所蕴含的违约风险或信用风险为基础变量的金融衍生工具,主要包括信用联结票据、信用互换等。

(5)其他衍生工具。还有一些金融衍生工具是在非金融变量的基础上开发的,主要有管理政治风险的政治期货、管理气温变化风险的天气期货、管理巨灾风险的巨灾衍生品等。

3. 按照交易性质的不同进行分类

金融衍生工具按照交易性质的不同进行划分可以分为远期类金融衍生工具和选择类金融衍生工具两种。

(1)远期类金融衍生工具。在这类交易中,买卖双方均负有在将来某一日期按一定条件进行交易的权利和义务,双方的风险和收益是对称的,主要包括远期合约(远期外汇合约、远期利率协议等)、期货合约(货币期货、利率期货、股票指数期货等)、互换合约(货币互换、利率互换等)。

(2)选择类金融工具。在这类交易中,合约的买卖双方有权根据市场情况选择是否履行合约,而合约的卖方则负有在买方履行合约时执行合约的义务。因此,双方的权利、义务及风险是不对称的。主要包括期权合约(货币期权、利率期权、股票期权等),还有期权的变通形式,如认股权证、可转换债券等。

4. 按照交易场所进行分类

金融衍生工具按照交易场所进行分类可以划分为交易所交易的衍生工具和场外交易市场(简称OTC)交易的衍生工具两种。

（1）交易所交易的衍生工具。这是指在有组织的交易所上市交易的衍生工具，包括在股票交易所交易的股票期权产品，在期货交易所和期权交易所交易的多种期货合约、期权合约等。

（2）场外交易市场（简称 OTC）交易的衍生工具。这是指不通过集中的交易所，而是通过多样化的通讯方式，实行分散的、一对一交易的衍生工具，包括金融机构之间、金融机构与大规模交易者之间进行的各类互换交易和信用衍生产品交易。近年来，这类衍生品的交易量逐年增大，已经超过交易所市场的交易额，其市场流动性也得到增强，同时也出现了专业化的交易商。

2.2　期　　货

最初的期货交易是从现货远期交易发展而来的，最初的现货远期交易是双方口头承诺在某一时间交收一定数量的商品，后来随着交易范围的扩大，口头承诺逐渐被买卖契约代替。随着这种契约行为的成熟，就出现了契约行为间的担保人，以便监督买卖双方按期交货和付款，在 1570 年伦敦开设了世界第一家商品远期合同交易所——皇家交易所。随着商品经济的不断发展，1985 年芝加哥谷物交易所推出了一种叫做"期货合约"的标准化协议，代替了一直沿用的远期合同。新推出的这种"期货合约"允许转手买卖，并建立了保证金制度，于是一种专门买卖标准化合约的期货市场就形成了，期货作为一种投资理财工具出现在了投资者的视野中。

表 2-1　　　　　　　　　　现货、远期、期货交易的差异

差异	现货交易	远期交易	期货交易
交易对象	商品本身	商品本身	期货合约
交易目的	一手交钱，一手交货，以获得或转让商品的所有权	获得或转让商品所有权，锁定价格风险	转移现货市场的价格风险（套期保值者）；从期货市场的价格波动中获得风险利润（投机者）
交易场所	没有固定交易场所	没有固定交易场所	必须在期货交易所内进行交易
交易方式	一对一签订合同，具体内容由双方商定	一对一签订合同，具体内容由双方商定	以公开、公平竞争的方式进行交易；私下对冲属违法行为
交割方式	现货交割	现货交割	大多以对冲了结期货部位
商品范围	进入流通的商品	交易品种较多	农产品、石油、金属及一些初级原材料等商品和金融产品

2.2.1　期货市场概述

期货市场的期货交易是指交易双方在集中的交易所市场以公开竞价方式所进行的标准化期货合约的交易，交易双方不必在买卖发生的初期进行交割，而是共同在未来约定的时间进行交割，交割的是一定数量某种商品的标准化协议。金融期货合约的基础工具是各种金融工具（或金融变量），如外汇、债券、股票、股价指数等，即金融期货是以金融工具（或金融变

量)为进出工具的期货交易。

期货的交易所得到的收益或遭受的损失是源于保证金的杠杆原理,对于收益来讲,保证金杠杆原理可以放大收益,起到"四两拨千斤"的效果,与此同时,与投资报酬成倍增长一样,期货的投资风险也是成倍增长的。

进行标准化交易的期货合约的构成包括如下方面:

(1) 交易品种。

(2) 交易数量和单位。

(3) 最小变动价位,报价必须是最小变动价位的整数倍。

(4) 每日价格的最大波动限制,即涨跌停板,当市场价格涨到最大涨幅时,被称为"涨停板";反之,称为"跌停板"。

(5) 合约月份。

(6) 交易时间。

(7) 最后交易日(指某一期货合约在合约交割月份中进行交易的最后一个交易日)。

(8) 交割时间(指该合约规定进行实物交割的时间)。

(9) 交割标准和等级。

(10) 交割地点。

(11) 保证金。

(12) 交易手续费用。

表 2-2   黄大豆 1 号期货合约

交易品种	黄大豆 1 号
交易单位	10 吨/手
报价单位	元(人民币)/吨
最小变动价位	1 元/吨
涨跌停板幅度	上一交易日结算价的 4%
合约交割月份	1,3,5,7,9,11
交易时间	每周一至周五上午 9:00—11:30,下午 1:30—3:00
最后交易日	合约月份第 10 个交易日
最后交割日	最后交易日后第 3 个交易日
交割等级	大连商品交易所黄大豆 1 号交割质量标准(FA/DCE D001—2012)
交割地点	大连商品交易所指定交割仓库
交易保证金	合约价值的 5%
交割方式	实物价格
交易代码	A
上市交易所	大连商品交易所

进行标准化交易的期货合约的主要特点如下:

(1) 期货合约的商品品种、数量、质量、等级、交货时间、交货地点等条款都是既定的,是标准化的,唯一的变量是价格。期货合约的标准通常由期货交易所设计,经国家监管机构审批上市。

（2）期货合约是在期货交易所组织下成交的，具有法律效力，而价格又是在交易所的交易厅里通过公开竞价方式产生的。国外大多采用公开叫价方式，而我国均采用电脑交易。

（3）期货合约的履行由交易所担保，不允许私下交易。

（4）期货合约可通过交收现货或进行对冲交易来履行或解除合约义务。

2.2.2　期货的交易制度

期货市场是一种高度组织化的市场，为了保障期货交易有一个"公开、公平、公正"的环境，保障期货市场平稳运行，对期货市场的高风险实施有效的控制，期货交易所制定了一系列的交易制度（即"游戏规则"），所有交易者必须在承认并保证遵守这些"游戏规则"的前提下才能参与期货交易。这些规则是期货交易正常进行的制度保证，也是期货市场运行机制的外在体现。

1. 集中交易制度

金融期货在期货交易所或证券交易所进行集中交易。期货交易所是专门进行期货合约买卖的场所，是期货市场的核心，承担着组织、监督期货交易的重要职能。

2. 保证金制度——杠杆机制

为了控制期货交易的风险和提高效率，期货交易所的会员经纪公司必须向交易所或结算所缴纳结算保证金，而期货交易双方在成交后都要通过向交易所或结算所缴纳一定数量的保证金。保证金制度是期货交易的特点之一，是指在期货交易中，任何交易者必须按照其所买卖期货合约价值的一定比例（通常为 5%～10%）缴纳资金，用于结算和保证履约。由于期货交易的保证金比率很低，因此有高度的杠杆作用，这一杠杆作用使套期保值者能用少量的资金作为价值量很大的现货资产找到规避价格风险的手段，也为投机者提供了用少量资金获取盈利的机会。

【例 2-1】　期货合约中螺纹钢每吨 4 000 元，保证金率为 10%，上涨至 4 400 元/吨（一手＝10 吨）。计算买入一手所需资金数额以及盈利情况。

解：买入一手螺纹钢合约：

所需保证金：$4\,000 \times 10 \times 10\% = 4\,000$（元）

价格上涨到 4 400 元/吨：

一手赚：$(4\,400 - 4\,000) \times 10 = 4\,000$（元）

投资者用 4 000 元参与了 40 000 元的生意，比例为 10%，获利 4 000 元，盈利率 100%。由此可见期货保证金制度高杠杆性的这一特点所在。

3. 每日结算制度

期货交易结算是由期货交易所统一组织进行，交易所对期货公司进行结算，期货公司对客户再进行结算。期货交易所实行当日无负债结算制度，又称"逐日盯市"，是指以每种期货合约在交易日收盘前规定时间内的平均成交价格作为当日结算价，与每笔交易成交时的价格作对照，计算每个结算所会员账户的浮动盈亏，进行随市清算。每日结算制度是以一个交易日为最长的结算周期，对所有账户的交易头寸按不同到期日分别计算，并要求所有的交易

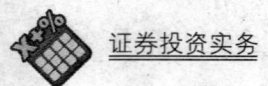

盈亏都能及时结算,从而能及时调整保证金账户,控制市场风险。

4. 涨跌停板制度

所谓涨跌停板制度,又称每日价格最大波动限制,即指期货合约在一个交易日中的交易价格波动不得高于规定的涨跌幅度,超过该涨跌停幅度的报价将被视为无效,不能成交。此外,有的交易所还规定了一系列涨跌幅限制,达到这些限制之后交易暂停,十余分钟后恢复交易,其目的是给市场充分时间消化特定信息的影响。除了上述常规制度之外,期货交易所为了确保交易安全,还规定了强行平仓、强制减仓、临时调整保证金比例(金额)等交易规则,这就需要交易者在入市前务必透彻掌握相关规定。

【例 2-2】 假设小麦 0809 合约 2008 年 5 月 12 日的结算价为 2 000 元/吨,小麦期货的涨跌停板为 3%,那么 5 月 13 日该合约的最大上涨空间为 2 060 元/吨,根据涨跌停板制度的规定,超过此价格的交易合约是无效的。

5. 持仓限额制度

持仓限额制度是指交易所规定会员或客户可以持有的,按单边计算的某一合约投机头寸的最大数额。持仓限额制度是交易所为了防止市场风险过度集中和防范操纵市场的行为,而对交易者持仓数量加以限制的制度。

6. 大户报告制度

大户报告制度是与持仓限额制度紧密相关的又一个防范大户操纵市场价格、控制市场风险的制度。通过实施大户报告制度,当会员或客户持仓量达到交易所规定的数量时,必须向交易所申报有关开户、交易、资金来源、交易动机等情况,以便交易所审查大户是否有过度投机的和操纵市场行为,并判断大户交易风险状况的风险控制制度。

7. 交割制度

交割是指合约到期时,按照期货交易所的规则和程序,交易双方通过该合约所载标的物所有权的转移,或者按照规定结算价格进行现金差价结算,了结到期末平仓合约的过程。以标的物所有权转移进行的交割为实物交割,按结算价进行现金差价结算的交割为现金交割。一般来说,商品期货以实物交割为主,金融期货以现金交割为主。

8. 强制平仓制度

强行平仓制度也是交易所控制风险的手段之一,适用于如下 3 种情况:

(1) 当期货交易所会员或客户的交易保证金不足并未在规定时间内补足时;

(2) 当期货交易所会员或客户的持仓量超出规定的限额时;

(3) 当期货交易所会员、客户违规时。

9. T+0 交易制度

所谓的 T+0 交易制度是指在期货成交当天办理好期货的价款清算交割手续的交易制度。通俗地讲,就是当天买入的期货在当天就可以卖出,且当天可以无限次地交易,没有限制交易次数以及买卖方向,因此期货的购买者拥有更多的短线机会。这是一种非常适合短线投机客的操作方式。

10. 标准化的期货合约的对冲机制

期货合约是由交易所设计、经主管机构批准后向市场公布的标准化合约。期货合约设

计成标准化的合约是为了便于交易双方在合约到期前分别做一笔相反的交易进行对冲,从而避免实物交收。具体做法是分别在开仓和平仓的时候分别做两笔品种、数量、期限相同但方向相反的交易,并且不进行实物交割,而是以结清差价的方式结束交易的独特交易机制。开仓是指在期货市场中买入或卖出一定数量期货合约的行为,平仓就是在期货市场中买入后卖出或卖出后买入一定数量期货合约的行为。在开仓和平仓的过程中,购买期货合约的投资者可以通过做多或做空的方式获取收益。具体做法如下:

(1)做多:是指在上涨趋势中先买入开仓后卖出平仓的行为,即"1 次买入开仓"+"1 次卖出平仓"="一笔交易的完成"。在上涨趋势中,先买入开仓后卖出平仓(做多),即低买高卖的过程。

【例 2-3】　某期货日 K 线如图 2-1 所示。

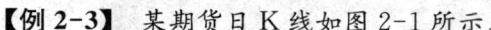

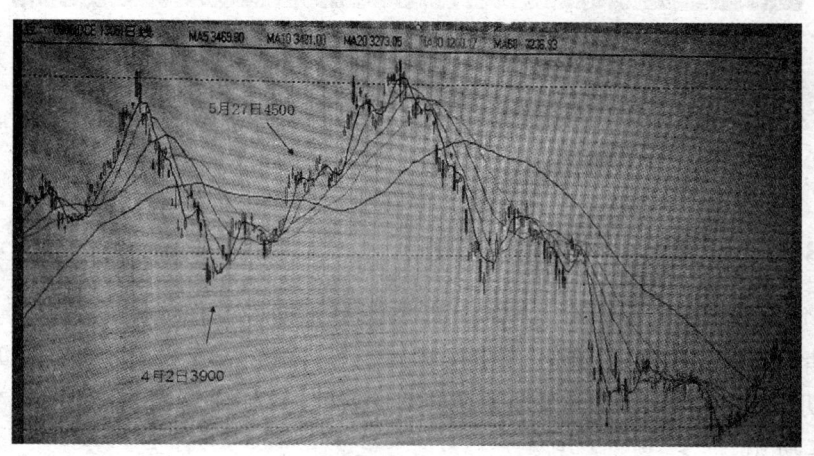

图 2-1　某期货日 K 线图

判断盘面处于上升趋势中时:

4 月 2 日,3 900 元/吨 进行买入开仓一手(1 手＝100 吨)大豆期货合约;

5 月 27 日,上涨至 4 500 元/吨平仓,进行卖出平仓。

投入:$3\,900 \times 10 \times 10\% = 3\,900$(元)

盈利:$(4\,500 - 3\,900) \times 10 = 6\,000$(元)

盈利率:$\dfrac{6\,000}{3\,900} \times 100\% = 153\%$

(2)做空:是指在下跌趋势中先卖出开仓后买入平仓的行为,即"1 次卖出开仓"+"1 次买入平仓"="一笔交易的完成"。在下跌趋势中,先卖出开仓后买入平仓(做空),即高卖低买的过程。

【例 2-4】　某期货日 K 线如图 2-2 所示。

判断盘面处于下跌趋势中时:

7 月 18 日,4 700 元/吨,进行卖出开仓一手大豆期货合约;

8 月 19 日,下跌到 4 000 元/吨 进行买入平仓。

投入:$4\,700 \times 10 \times 10\% = 4\,700$(元)

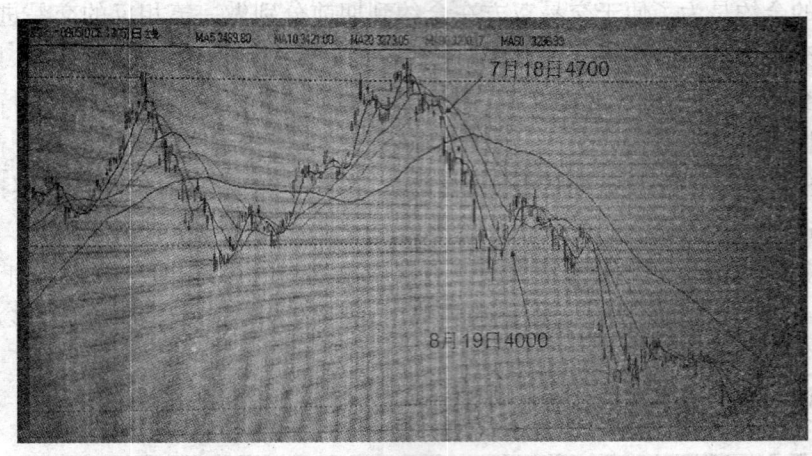

图 2-2　某期货日 K 线图

盈利：$(4\,700 - 4\,000) \times 10 = 7\,000$(元)

盈利率：$\dfrac{7\,000}{4\,700} \times 100\% = 149\%$

2.2.3　金融期货的主要品种

金融期货按照不同的分类方法有不同的类型:外汇期货、利率期货、股权类期货、互换的期货、消费者物价指数期货、房地产价格指数期货等,本节主要介绍的是外汇期货、利率期货、股权类期货这 3 种类型,对于其他类型的期货品种,本书不作详细介绍。

1. 外汇期货

外汇期货是交易双方约定在未来某一时间,依据现在约定的比例以一种货币交换另一种货币的标准化合约的交易。外汇期货是以外汇为基础工具的期货合约,是金融期货中最先产生的品种,主要用于规避外汇风险。

20 世纪 70 年代初"布雷顿森林体系"的解体,固定汇率体制被浮动汇率体制所取代,主要西方国家的货币纷纷与美元脱钩,汇率波动频繁,市场风险加大。同时,经济的全球化使越来越多的企业面临汇率波动的风险,市场迫切需要规避这种风险的工具,外汇期货由此产生了。外汇期货交易自 1972 年在芝加哥商品交易所所属的国际货币市场率先推出后得到了迅速发展。以芝加哥商品交易所为例,上市品种不仅包括以美元标价的外币期货合约(如欧元期货、日元期货、瑞士法郎期货等),还包括外币对外币的交叉汇率期货(如欧元对日元、欧元对英镑等)以及芝加哥商品交易所推出了以美元、日元、欧元报价和现金结算的人民币期货及期货期权交易,但是因为人民币汇率的市场化还未完全实现,因此这些产品并不是很受欢迎。外汇期货不仅为广大投资者和金融机构等经济主体提供了有效的套期保值工具,而且为套利者和投机者提供了新的获利手段。

在外汇市场上,存在着一种传统的远期外汇交易方式,它与外汇期货交易在许多方面有着相同或相似之处,常被误认为是期货交易。对于远期外汇交易,是指交易双方在成交时约定于未来某日期按成交时确定的汇率交易一定数量某种外汇的交易方式。远期外汇交易一

般是由银行和其他金融机构相互通过电话、传真等方式完成,交易数量、期限、价格自由商定,比外汇期货更加灵活。在套期保值时,远期交易的针对性更强,往往可以使风险全部对冲。但是,远期交易的价格不具备期货价格那样的公开性、公平性与公正性。远期交易没有交易所、清算所为中介,流动性低于期货交易,而且面临着对手的违约风险。

2. 利率期货

利率期货是继外汇期货之后产生的又一个金融期货类别,所谓利率期货是指以债券类证券为标的物的期货合约,其基础资产是一定数量的与利率相关的某种金融工具,主要是各类固定收益金融工具。它可以规避银行利率波动所引起的证券价格变动的风险。固定利率有价证券的价格受到现行利率和预期利率的影响,价格变化与利率变化一般呈反向关系。

期货的种类繁多,分类方法也有多种。通常,按照合约标的的期限,利率期货可分为短期利率期货和长期利率期货两大类。

(1) 短期利率期货是指期货合约标的期限在一年以内的各种利率期货,即以货币市场的各类债务凭证为标的的利率期货均属短期利率期货,包括各种期限的商业票据期货、债券期货及欧洲美元定期存款期货等。

短期利率期货以短期利率债券为基础资产,一般采用现金结算,其价格用 100 减去利率水平表示。两种最普遍的短期利率期货是短期国债期货和欧洲美元期货。短期国库券的期限分为 3 个月(13 周或 91 天)、6 个月(26 周或 182 天)或 1 年不等。

我国曾在 1993 年 10 月 25 日向社会公众开放了国债期货交易,刚推出国债期货交易时,受到了市场的欢迎,但是由于现货市场所存在的固有缺陷及期货交易规则的不完善,引发了以 1995 年"327 国债期货事件"为代表的大量风险事件,造成市场的秩序紊乱。此后,中国证监会决定暂停国债期货试点,直到 2013 年,国债期货才重新上市交易。

(2) 长期利率期货则是指期货合约标的的期限在 1 年以上的各种利率期货,即以资本市场的各类债务凭证为标的的利率期货均属长期利率期货,包括各种期限的中长期国库券期货和市政公债指数期货等。

3. 股权类期货

股权类期货是以单只股票、股票组合或者股票价格指数为基础资产的期货合约。

1) 股票价格指数期货。股票价格指数期货(以下简称股指期货)是指以股价指数为标的物的标准化期货合约,双方约定在未来的某个特定日期,可以按照事先确定的股价指数的大小,进行标的指数的买卖,到期后通过现金结算差价来进行交割。股票价格指数期货是为适应人们控制股市风险,尤其是系统性风险的需要而产生的。

(1) 股指期货与其他金融期货、商品期货有一些共同的特征:

① 合约标准化。期货合约的标准化是除价格外,期货合约的所有条款都是预先规定好的。具有标准化特点。期货交易通过买卖标准化的期货合约进行。

② 交易集中化。期货市场是一个高度组织化的市场,并且实行严格的管理制度,期货交易在期货交易所内集中完成。

③ 对冲机制。期货交易可以通过反向对冲的操作方式完成一单交易。

④ 每日无负债结算制度。每日交易结束后,交易所根据结算价对每一会员的保证金账

户进行调整,以反映该投资者的盈利或损失。如果价格向不利于投资者持有头寸的方向变化,每日结算后,投资者就要追加保证金,如果保证金头寸不足,投资者的头寸就可能被强制平仓。

⑤ 杠杆效应。股指期货采用保证金交易。

(2) 除了上述几点共同特征之外,股指期货与商品期货交易还存在着一定的区别:

① 标的物不同。股指期货的标的物为特定的股价指数,不是真实的标的资产;而商品期货交易的对象是具有实物形态的商品。

② 交割方式不同。股指期货采用现金交割,在交割日通过结算差价并用现金来结清头寸;而商品期货则采用实物交割,在交割日通过实物所有权的转让进行清算。

③ 合约到期日的标准化程度不同。股指期货合约到期日都是标准化的,一般到期日在3月、6月、9月、12月等几种;而商品期货合约的到期日根据商品特性的不同而不同。

④ 持有成本不同。股指期货的持有成本主要是融资成本,不存在实物贮存费用,如果股利超过融资成本,还会产生持有收益;而商品期货的持有成本包括贮存成本、运输成本、融资成本。股指期货的持有成本低于商品期货。

⑤ 投机性能不同。股指期货对外部因素的反应比商品期货更敏感,价格的波动更为频繁和剧烈。因此,股指期货比商品期货具有更强的投机性。

(3) 股指期货自身还具有一些独特的特征,包括如下几个方面:

① 股指期货的标的物为特定的股价指数,报价单位以指数点计。

② 合约的价值以一定的货币乘数与股票指数报价的乘积来表示。

③ 股指期货的交割采用现金交割,不通过交割股票而是通过结算差价并用现金来结清头寸。

2) 单只股票期货。单只股票期货是以单只股票作为基础工具的期货,买卖双方约定,以约定的价格在合约到期日买卖规定数量的股票。事实上,股票期货均实行现金交割,买卖双方只需要按规定的合约乘数乘以价差,盈亏以现金方式进行交割。为防止操纵市场行为,并不是所有上市交易的股票均有期货交易,交易所通常会选取流通盘较大、交易比较活跃的股票推出相应的期货合约,并且对投资者的持仓数量进行限制。以中国的香港交易所为例,目前有38只上市股票的期货合约在交易。

3) 股票组合的期货。股票组合的期货是金融期货中最新的一类,是以标准化的股票组合为基础资产的金融期货。2005年起,在芝加哥商品交易所有3只交易期货上市交易,但是在2011年之后,由于这些合约交易不活跃,芝加哥商品交易所已经停止交易。

拓展阅读 2-1　　　国债期货"327"——一段不可不知的历史

1992年12月28日,上海证交所首先向券商自营推出了国债期货交易。但由于国债期货不对公众开放,交易极其清淡,并未引起投资者的兴趣。1993年10月25日,上交所国债期货交易向社会公众开放。与此同时,北京商品交易所在期货交易所中率先推出国债期货交易。1994年至1995年春节前,国债期货飞速发展,全国开设国债期货的交易场所从2家陡然增加到 14 家(包括 2 个证交所、2 个证券交易中心以及 10 个商品交易所)。由于股票市场的低迷和钢材、煤炭、食糖等大宗商品期货品种相继被暂停,大量资金云集国债期货市场尤其是上海证交所。1994 年全国国债期货市场总成交量达 2.8 万亿元。

国债期货交易是指交易双方在交易所通过竞价买卖国债期货合约,到合约规定月份进行清算交割的交易。国债期货合约是买卖双方在交易所达成的由交易所担保履行的标准化国债期货合约。上海证交所制定的标准国债期货合约内容为:

1. 交易品种。我国国债期货的交易品种是当时尚未到期的国库券,有 1991 年 3 年期、1992 年 5 年期、1992 年 3 年期、1993 年 3 年期、1994 年 2 年期等。

2. 交易单位。每一国债期货合约标准交易单位为 1 口,2 万元面值。

3. 最小变动价位。最小变动价位乘以标准交易单位就是每张合约的最小变动值。每 100 元国债面值的最小变动单位为 0.01 元,每口最小变动值为 2 元。

4. 交割月份。国债期货合约交割月份均为 3 月、6 月、9 月、12 月。最后交易日是合约月份的最后一个营业日,交割日是最后交易日后的第 4 个营业日。

5. 每日涨跌限幅。国债期货的市场价格变化较其他期货相对平稳,由于保证金比率低,交易风险仍较大。为使投资者避免价格风险,交易所规定了每日价格涨跌的最大幅度。(但上交所开始没有规定,直到 1995 年 2 月 24 日才规定每 100 元面值涨跌幅为 0.5 元,后又改为 2 元。)

6. 成交价格。这是国债期货合约中唯一可变的内容,是计算期货交易盈利或亏损的基础。除此之外,其他内容都是一样的、标准化的,交易双方都无权变更。

上交所规定国债期货的保证金及交易费用为:

1. 每一合约客户须向期货商交纳保证金 500 元,保证金比率为 2.5%。每日按市价计算盈亏时,若客户每一合约保证金低于 300 元最低维持保证金时,期货商应立即向客户追收至 500 元,如追收失败,期货商有权强行平仓;若浮动盈余致使保证金高于 500 元时,客户可支取 500 元以上部分的资金。

2. 期货商对客户和自营的所有开仓合约须按每一合约向交易所交纳保证金 200 元。每日按市价计算盈亏时,若期货商的每一合约保证金低于 200 元而又未按时补足 200 元,交易所将强行平仓;而高于 200 元的部分则划转给期货商。这里已给期货商留下了空子,即期货商可占用 300 元保证金。"327 事件"后,证监会和财政部联合颁布的《国债期货交易管理暂行办法》中规定:交易所向会员收取交易金额的 10% 以上的保证金。进入交割月后,保证金比率应提高到 20% 以上;在最后交易日前的第 3 个营业日,空方应交纳价值不低于其净持仓额 85% 的国债券,多方应交纳不低于其净持仓额 85% 的现金。

3. 国债期货的有关交易费用。①开户费,客户向期货商申请开立"期货账户",个人须交纳开户费 50 元,其中 20 元交纳给上海证券交易所;机构须交纳开户费 500 元。②佣金,客户在买卖国债期货时,须按每一合约(单边)向期货商交纳佣金 5 元。③结算费,客户到期未平仓合约在最后结算时按每一合约交纳最后结算费 5 元。期货商向上交所交纳最后结算费为 0.5 元。④经手费,期货商须按每一合约(单边)向上交所交纳经手费 0.5 元。

同时根据投资者的信誉和资金实力,上交所对机构和个人分别规定了不同的持仓限额,

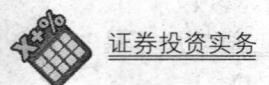

如"万国证券"和"中经开"的限额是 50 万口。当时机构之间互借仓位的现象非常普遍,虽不合规,但没有弄出事端,上交所为交易量计,也是睁只眼闭只眼。

自 1994 年 10 月开始,中国人民银行提高 3 年期以上储蓄存款利率和恢复保值贴补,国库券也同样享受保值贴补。保值贴补率每月公布一次,具有较大的不确定性,从而为国债期货的炒作提供了丰富的想象空间。大量的资金开始流入国债市场,国债期货行情日渐火爆,成交量不断放大,市场持仓量持续增加,但多空双方对峙的焦点,始终是对"327"到期价格的预测,"327"是当时上交所交易量最大最活跃的国债期货品种。多空两大阵营汇聚当时中国证券市场的风云人物:空方为当时号称"上海滩证券教父"的万国证券公司总经理管金生和"辽国发"的高原和高岭兄弟 2 人为首;多方则是以当时财政部直属的"中经开"(负责人为财政部部长助理)为首的上海和江浙一带的私人大户,其中包括安徽的后来创立国元证券的陈树隆和深圳大鹏证券董事长徐卫国及其他江浙个人大户。

"327"国债期货合约对应的国债现券是 1992 年发行的 3 年期国债,合约期限与国债到期都是当年 6 月。该券票面利率为 9.5%,期限 3 年,到期一次还本付息,发行总量是 240 亿元人民币。如果没有保值贴补因素,那么该券的到期价格应该为 100 元面值与 3 年累计利息 28.50 元之和,共计 128.50 元。但由于实行保值贴补后,到期价格将受到上述因素的影响。而在财政部 1995 年 2 月 26 日发布公告明确规定保值贴补的具体执行办法之前,市场上对此并未达成过共识,多空双方在 148 元附近大规模建仓,"327"品种的持仓量不但急剧扩大,而且其大部分名义上集中在少数几个机构手中,市场风险一触即发。

1995 年 2 月,市场传闻财政部可能要以 148 元的面值兑付"327",而不是 132 元。1993年年中,中国实行宏观调控,高层下决心要把通货膨胀压下来,管金生当时认为,财政部不会再割肉掏出 16 亿元来补贴"327"国债,决定率领万国证券做空。

1995 年 2 月 23 日,财政部发布了 1995 年新国债发行公告,记账式国债三年期利率就达14.5%,再加保值贴补。这预示百元面值的"327"可能将按 148.50 元或更高值兑付,对管金生简直是晴天霹雳。形势对多方明显有利,此时的管金生已经在"327"上重仓持有空单。据说,当时管金生曾经要求上交所总经理尉文渊为万国证券的持仓多开敞口,但遭到尉文渊的拒绝。而尉文渊并不知道的是,管金生此时已经在"327"国债期货上超过规定持仓量很多。全国各大国债期货市场纷纷走出向上突破行情。

2 月 23 日上午一开盘,中经开公司率领的多方,借利好拉升"327",用 80 万口将前日148.21 元的收盘价一举攻到 148.50 元,接着又以 120 万口攻到 149.10 元,又用 100 万口攻到 150 元。在上午的交易过程中,管金生曾发现出自无锡国泰的 200 万口空单,当然他明白其幕后操作者是辽国发。为此管找到了上交所总经理尉文渊,要求停止当天的交易。理由是局势已失控,多空双方均存在大量违规行为。从现在看来这也是尉的最后一个机会,抓住了,不仅可以拉管金生一把,更可以使自己的危机消于无形。可惜尉放弃了。下午攻到151.98 元。随后万国的同盟军辽国发突然改做多头,"327"在 1 分钟内竟上涨了 2 元,10 分钟后上涨了 3.77 元!

"327"每上涨 1 元,万国证券就要赔进十几亿元。输红了眼的管金生什么都不顾了。下午 4 时 22 分空方突然发难,先以 50 万手把价位从 151.30 元打到 150 元,然后连续用几十

万手的量级把价位打到 148 元,最后一个 730 万手的巨大卖单狂炸尾市,把价位打到 147.40 元。(730 万手的卖单为 1 460 亿元,"327"国债总额才 240 亿元)。最后 8 分钟内共砸出 1 056 万手卖单,暴跌 2.80 元,面值达 2 112 亿元国债,使得当日开仓的多方全线爆仓(即交易保证金全部亏掉)。收市后上交所当晚紧急宣布:23 日 16 时 22 分 13 秒之后的所有"327"品种的交易无效,经过此调整当日国债成交额为 5 400 亿元,当日"327"品种的收盘价为违规前最后签订的一笔交易价格 151.30 元。如算上最后 8 分钟,成交金额达到创纪录的 8 536 亿元,其中"327"占 80%左右。

英国《金融时报》称这是"中国大陆证券史上最黑暗的一天"。

如果按照上交所定的收盘价到期交割,万国将亏损 60 亿元人民币;如果按万国弄出的局面算数,万国将赚 42 亿元。第 2 天,万国证券发生挤兑。2 月 27 日上交所暂停了国债期货交易,组织了协议平仓。最终万国亏损 16 亿元,随后不久与申银证券合并为申银万国证券公司。上交所 3 月 7 日恢复了除"327"外的其他品种的竞价交易。

"327"事件后,证监会和财政部联合颁布了《国债期货交易管理暂行办法》,各交易所采取了提高保证金比例,设置涨跌停板等措施以抑制国债期货的投机气氛。但因国债期货的特殊性和当时的经济形势,其交易中仍风波不断,并于当年 5 月 10 日酿出"319"风波。5 月 17 日证监会发出紧急通知暂停全国国债期货交易试点,5 月 31 日,全部国债期货平仓结束,国债期货市场被关闭。至此,中国第一个金融期货品种宣告夭折。

2.2.4　金融期货的功能

金融期货的功能体现在套期保值、价格发现、投机和套利这 4 个方面,下面对这 4 个方面的内容分别进行详细的介绍。

1. 套期保值功能

套期保值是指企业为规避外汇风险、利率风险、商品价格风险、股票价格风险、信用风险等,指定一项或一项以上套期工具,使套期工具的公允价值或现金流量变动,预期抵消被套期项目全部或部分公允价值或现金流量变动风险的一种交易活动。

(1)套期保值的基本特征。在现货市场和期货市场,对同一种类的商品同时进行数量相等但方向相反的买卖活动,即在买进或卖出实货的同时,在期货市场上卖出或买进同等数量的期货,经过一段时间,当价格变动使现货买卖上出现了盈亏时,可由期货交易上的亏盈得到抵消或弥补。从而在"现"与"期"之间、近期和远期之间建立一种对冲机制,以使价格风险降到最低程度。

(2)套期保值原理。现货和期货市场的走势趋同(在正常市场条件下),由于这两个市场受同一供求关系的影响,所以两者价格同涨同跌;但是由于在这两个市场上操作相反,所以盈亏相反,期货市场的盈利可以弥补现货市场的亏损。套期保值的交易原则如下:

① 交易方向相反原则。

② 商品种类相同原则。

③ 商品数量相等原则。

④ 月份相同或相近原则。

因此,若同时在期货市场和现货市场建立数量相同、方向相反的头寸,则到期时不论现货价格上涨或是下跌,两种头寸的盈亏恰好抵消,使套期保值者避免承担风险损失。

(3)套期保值的基本做法。套期保值的基本做法是:在现货市场买进或卖出某种金融工具的同时,做一笔与现货交易品种、数量、期限相当的方向相反的期货交易,以期在未来某一时间通过期货合约的对冲,以一个市场的盈利来弥补另一个市场的亏损,从而规避现货价格变动带来的风险,实现保值的目的。根据参与期货交易的方向不同,可以把股指期货套期保值交易划分为买入套期保值和卖出套期保值两种类型。

① 买入套期保值是指投资者因担心目标指数或股票组合价格上涨而买入相应股指期货合约进行套期保值的一种交易方式,即在期货市场上首先建立多头交易部位(头寸),在套期保值期结束时再对冲掉的交易行为,因此也称为"多头保值"。买入套期保值的目的是锁定目标指数基金或股票组合的买入价格,规避价格上涨的风险。当存在以下情况时投资者进行买入套期保值:

投资者预期未来一段时间内可收到大笔资金,准备投入股市,但经研究认为股市在资金到位前会逐步上涨,若等到资金到位再建仓,势必会提高建仓成本。这时,只要买入股指期货合约便能对冲股票价格上涨的风险,由于股指期货交易具有杠杆机制,买入股指期货合约所需的资金量较小。

机构投资者现在拥有大量资金,计划按当前价格买进一组股票,由于需要买进的股票数额较大,短期内完成建仓必然推高股价,提高建仓成本;如逐步分批进行建仓,则担心价格上涨。此时买入股指期货合约则是解决问题的方式。具体操作方法是先买进对应数量的股指期货合约,然后再分步逐批买进股票,在分批建仓的同时,逐批将这些对应的股指期货合约卖出平仓。

在允许交易者进行融券做空的股票市场中,由于融券具有确定的归还时间,融券者必须在预定日期前将做空的股票如数买回,再加上一定的费用归还给出借者。当融券者做空股票后,如果价格与预期相反,出现上涨,为归还股票投资者不得不用更高的价格买回股票,此时,买进相应的股指期货合约则可以起到对冲风险的作用。

投资者在股票期权或股指期权上卖出看涨期权,一旦价格上涨,将面临较大的亏损。此时,投资者可通过买进相应股指期货合约,在一定程度上对冲因此产生的风险。

【例 2-5】表 2-3 是某公司 8～10 月现货和期货市场投资情况,试分别计算其收益,线材合约每手为 10 吨。

表 2-3 　　　　　　　　　　　　 **某公司现货和期货市场投资情况表**

	现　货	期　货
8 月 10 日	8 月现货价格 5 300 元/吨,在 10 月需出售 10 000 吨线材	卖出线材 0910 合约 1 000 手,价格 5 350 元/吨
10 月 10 日	买入 10 000 吨,10 月价格为 5 400 元/吨	卖出 1 000 手线材 0910 合约 10 月价格为 5 450 元/吨
结果	现货市场亏损: $(5\ 300 - 5\ 400) \times 10\ 000 = -100$(万元) 期货市场盈利: $(5\ 450 - 5\ 350) \times 10\ 000 = 100$(万元)	

　　② 卖出套期保值是指投资者以因担心目标指数或股票组合价格下跌而卖出相应股指期货合约的一种保值方式,即在期货市场上先开仓卖出股指期货合约,待下跌后再买入平仓的交易行为,因此又称为"空头保值"。卖出套期保值的目的是锁定目标指数或股票组合的卖出价格,规避价格下跌的风险。当存在以下情况时投资者进行卖出套期保值:

　　机构大户手中持有大量股票,也准备长期持有,但却看空大盘。此时,如果选择在股票市场上卖出,由于数量较多,会对股票价格形成较大压力,导致出货成本较高,同时要承担相应的交易费用。此时,最好的选择是卖出相应的股指期货合约对冲短期内价格下跌的风险。

　　持有大量股票的战略投资者,由于看空后市,但却不愿意因卖出股票而失去大股东地位,此时,这些股票持有者也可以通过卖出相应的股指期货合约对冲价格下跌的风险。

　　投资银行与股票包销商有时也需要使用卖出套期保值策略。对于投资银行和包销商而言,能否将包销股票按照预期价格销售完毕,在很大程度上和股市的整体状况很有关系。如果预期未来股市整体情况不乐观,可以采取卖出相应股指期货合约来规避因股票价格下跌带来的损失。

　　投资者在股票期权或股指期权上卖出看跌期权,一旦股票价格下跌,将面临很大的亏损风险,此时,通过卖出相应股指期货合约可以在一定程度上对冲风险。

　　【例 2-6】　表 2-4 是某公司 8～10 月现货和期货市场投资情况,试分别计算其收益,线材合约每手为 100 吨。

表 2-4　　　　　　　　某公司现货和期货市场投资情况表

	现 货	期 货
8 月 10 日	8 月现货价格 5 300 元/吨,在 10 月需出售 10 000 吨线材	卖出线材 0910 合约 1 000 手,价格 5 250 元/吨
10 月 10 日	10 月卖出 10 000 吨线材,价格为 5 200 元/吨	买入线材 0910 合约 1 000 手平仓;价格 5 150 元/吨
结果	现货市场亏损: $(5\,200-5\,300)\times 10\,000 = -100(万元)$ 期货市场盈利: $(5\,250-5\,150)\times 10\,000 = 100(万元)$	

　　2. 价格发现功能

　　所谓"价格发现"功能就是指市场通过公开、公正、高效、竞争的交易运行机制,形成具有真实性、预期性、连续性和权威性价格的过程。期货市场之所以有价格发现功能,是因为期货市场将众多影响供求关系的因素集中于交易所内,通过买卖双方公开竞价,集中转化为一个统一的交易价格。这一价格一旦形成,立即向世界各地传播,并影响供求关系,从而形成新的价格。如此循环往复,使价格不断趋于合理。

　　因为期货价格与现货价格的走势基本一致并逐渐趋同,所以今天的期货价格可能就是未来的现货价格,这一关系使世界各地的套期保值者和现货经营者都利用期货价格来衡量相关现货商品的近、远期价格发展趋势,利用期货价格和传播的市场信息来制定各自的经营决策。但是所谓的价格发现功能并不意味着期货价格必然等于未来的现货价格,正好相反,

很多研究表明,期货价格不等于未来现货价格才是常态的。这是由于资金成本、仓储费、现货持有便利等因素的影响,期货价格要反映现货价格的持有成本,即便现货价格不变,期货价格也会与之存在差异。

3. 投机功能

在期货市场上,投机者会根据对未来期货走势的预测进行投机交易,预计价格上涨的投机者会建立期货多头,反之则建立空头。投机者的存在对维持市场流动性意义重大,但是过度的投机也必然是受到限制的。

我国期货市场实行的是 T+0 清算制度,可以进行日内交易,并且没有次数和方向的限制;期货交易的保证金制度导致期货投机具有较高的杠杆率,盈亏相应放大,具有更高的风险性。

【例 2-7】 2012 年 3 月 1 日,沪深 300 指数开盘报价为 2 622.74 点,9 月份到期的沪深 300 指数期货合约开盘价为 2 708 点,若期货投机者预期当日期货报价将下跌,开盘即空头开仓,在当日最低点 2 694 点进行平仓。沪深 300 指数期货合约的合约乘数是每点 300 元,若期货公司要求的初始保证金为 15%,该投机者投入资金是多少? 当日实现盈利及日收益率分别是多少?

解:投入资金为:$2\ 708 \times 300 \times 15\% = 121\ 860$(元)

当日实现盈利:$(2\ 708 - 2\ 694) \times 300 = 4\ 200$(元)

日收益率:$(4\ 200 \div 121\ 860) \times 100\% = 3.45\%$

4. 套利功能

期货套利是指利用同一个合约在不同市场上可能存在的短暂价格差异进行买卖,赚取差价,被称为"跨市场套利"。对于股价指数等品种,还可以和成分股现货联系起来进行指数套利,当股指期货价格高于理论值时,做空股市期货,买入指数组合,被称为"正套";反之,则为"反套"。

【例 2-8】 某股票报价为 30 元,该股票在两年内不发放任何股利。若 2 年期货报价为 35 元(为举例方便考虑,现实中基本不存在 2 年期货合约),如何可进行套利?

解:按 5% 年利率借入 3 000 元资金,并购买该股票 100 股,同时卖出 100 股 2 年期期货。2 年后,期货合约交割获现 3 500 元,偿还贷款本息 3 307.5 元,盈利为 192.5 元。

2.3 期 权

期权和期权类金融衍生品是最复杂而且种类较多的金融衍生产品,由于它们自身有较好的结构特性,在风险管理和产品开发设计中得到了广泛的应用。本节中主要对期权及权证类产品进行介绍。

2.3.1 期权市场概述

期权交易起始于 18 世纪后期的美国和欧洲市场。由于制度不健全等因素影响,期权交易的发展一直受到抑制。19 世纪末 20 世纪早期,看跌/看涨期权自营商都是些职业期权交

易者,他们在交易过程中,并不会连续不断地提出报价,而是仅当价格变化明显有利于他们时,才提出报价。这样的期权交易不具有普遍性,不便于转让,市场的流动性受到了很大限制,这种交易体制也因此受挫。

对于早期交易体制的责难还不止这些。以 XYZ 期权交易为例,完全有可能出现只有一个交易者在做市的局面,致使买卖价差过大,结果导致"价格发现"——达成一致价格的过程受阻。客户经常会问:"我怎么知道我的指令成交在最好(即公平)的价位上呢?"对市场公平性的顾虑,使得市场无法迅速吸引到更多的参与者。

直到 1973 年 4 月 26 日芝加哥期权交易所(CBOE)开张,进行统一化和标准化的期权合约买卖,上述问题才得到解决。期权合约的有关条款,包括合约量、到期日、敲定价等都逐渐标准化。起初,只开出 16 只股票的看涨期权,很快,这个数字就成倍地增加,股票的看跌期权不久也挂牌交易。迄今,全美所有交易所内有 2 500 多只股票和 60 余种股票指数开设相应的期权交易。之后,美国商品期货交易委员会放松了对期权交易的限制,有意识地推出商品期权交易和金融期权交易。由于期权合约的标准化,期权合约可以方便地在交易所里转让给第三人,并且交易过程也变得非常简单,最后的履约也得到了交易所的担保,这样不但提高了交易效率,也降低了交易成本。

金融期权,又称"选择权",是以期权为基础的金融衍生产品,指以金融商品或金融期货合约为标的物的期权交易。具体地说,其购买者在向出售者支付一定费用后,就获得了能在规定期限内以某一特定价格向出售者买进或卖出一定数量的某种金融商品或金融期货合约的权利。金融期权是赋予其购买者在规定期限内按双方约定的价格(协议价格)或执行价格购买或出售一定数量某种金融资产的权利的合约,但是不负有必须买进或卖出的义务;而对于期权的卖方则在收取了一定数量的期权费后,在一定期限内必须无条件服从买方的选择并履行成交时的允诺。

2.3.2　金融期权的交易制度

期权交易制度同期货交易制度一样,都是作为确保整个金融市场处在正确轨道之上的外在保证,进行期权交易的投资者必须遵循现存的交易制度,共同维护良好的金融投资环境。

1. 有保护和无保护的期权制度

如果卖出期权的投资者拥有足够的该期权的多头头寸(实际上是卖多),或拥有其他证券头寸可以用来对冲卖出期权所形成的空头头寸的风险,则卖出的期权称为有保护的期权;如果卖出期权的投资者没有足够的可以进行对冲的证券头寸,则卖出的期权称为无保护的期权,又称为裸期权。

(1)买权的情况。对于买权来讲,可以形成保护的证券头寸包括足够数量的标的证券(如股票)和同种证券的买权。认股权证和可转换证券也是相应股票的买权,因此如果有足够数量,也可以对相应买权空头起到保护作用。

【例 2-9】　假如你以 16 美元的价格卖空一份 10 月份到期,约定价格为 100 美元的 IBM 股票买权。在没有可以对冲的证券头寸的情况下,即你出售的是无保护的期权,如果到期

IBM 股票上升不超过 116 美元,你的卖空操作就有利润可赚,但如果到期 IBM 股票超过了 116 美元,你的卖空操作就会造成亏损,而且随着 IBM 股票价格的进一步上升,亏损额是没有上限的。

【例 2-10】 假设你手中有与期货合约数量相对应的 IBM 的股票,也就是说,你同时拥有买权空头和股票多头。随着 IBM 股票价格的上升,你的买权空头造成的亏损额在上升,但同时,你手中的 100 股 IBM 股票的价值也在上升。股票多头的升值正好可以对冲买权空头的减值,因此,风险被完全消除了,你不必在意股票价格到底是否会上升超过 116 美元。

需要注意的是,上述买权空头成为有保护的有一个重要条件,即投资者要有足够多的 IBM 股票,即 IBM 股票股数不少于买权代表的股数。否则,股票不能对买权空头形成完全的保护。

(2)卖权的情况。根据上述买权的分析,要使卖空的卖权成为有保护的:必须拥有同种股票的卖权;而且到期时间不能早于售出的卖权;同时约定价格要等于或高于售出的卖权。

【例 2-11】 投资者拥有 1 份 6 月份到期,约定价格为 90 美元的 DEC 股票卖权,又卖出 1 份 7 月份到期,约定价格为 90 美元的 DEC 股票卖权。这一卖出的 DEC 股票卖权是一个无保护的卖权。

【例 2-12】 投资者拥有 1 份 7 月份到期,约定价格为 80 美元的 DEC 股票的卖权,又卖出 1 份 7 月份到期,约定价格为 90 美元的 DEC 股票卖权。这一卖出的 DEC 股票卖权也是一个无保护的卖权。因为投资者所拥有的卖权的约定价格(80 美元)低于他卖出的卖权约定价格(90 美元)。如果卖出的卖权要执行,必须以 90 美元的价格买进股票。而自己拥有的卖权要执行,只能按每股 80 美元出售股票,风险仍然存在,不能免交保证金。

2. 保证金制度

所谓期权的保证金就是对无保护期权空头收取的保证金。一般规定保证金的下限,但各交易所在具体执行时,一般会在其基础上有所增加。同样,经纪人可能会在交易所要求的基础上再有所调整,通常是针对不同客户的信誉等级以及不同的资产收取不同标准的保证金。

以股票期权为例,传统上,期权的保证金按照以下方法计算:

如果是实值期权,初始保证金为标的股票价值的 30% 加上期权的实值额;如果是虚值期权,初始保证金为标的股票价值的 30% 减去期权的虚值额。期权出售方得到的期权费可用来满足部分保证金的要求。

3. 持仓与执行限额

(1)持仓总量。期权的持仓总量是指任意一个实体,如个人、公司、合伙组织或信托机构等,所持有的同一方向上的期权头寸总量。根据标的资产价格变动趋势的上升和下降,将持有的期权头寸分为看涨和看跌两个方向,即看涨头寸、看跌头寸。看涨头寸包括买权多头和卖权空头;看跌头寸包括卖权多头和买权空头。

【例 2-13】 多头:5 000 份 IBM 股票买权,3 000 份 IBM 股票卖权,2 000 份西屋电器股票买权,4 000 份 Apple 股票卖权;空头:4 000 份 IBM 股票买权,1 000 份 IBM 股票卖权,3 000份西屋电器股票卖权,2 000 份 Apple 股票买权。计算该投资公司看涨头寸和看跌头寸总量。

表 2-5　　　　　　　　　　　　　　　　　某公司看涨/跌头寸总量

类别	IBM 股票		西屋电气		Apple 股票	
方向	看涨	看跌	看涨	看跌	看涨	看跌
多头	5 000	3 000	2 000	0	0	4 000
空头	1 000	4 000	3 000	0	0	2 000
头寸	6 000	7 000	5 000	0	0	6 000

（2）执行总量。期权的执行总量是指任意一个作为期权多头方的实体,如个人、公司、合伙组织或信托机构等,在一段连续的时间中,如 5 个连续的交易日。

【例 2-14】　某基金星期一买入 6 000 份 WM 股票的买权,星期三早上执行;星期三下午又买入 6 000 份 WM 股票的买权,再于星期五早上执行。则该基金在本周执行 WM 股票买权总量为 12 000 份。

（3）持仓限额。一定时期中各种证券(如股票)的数量都是有限的,而相应期权合约的数量却是由交易所里期权投资人的卖出行为决定的。假如 WM 公司已发行并售出 2 000 万股普通股票,而市场上的期权投资人可能会"创造"出 30 万份该股票的买权合约,对应于 3 000 万股普通股票。

许多买权合约将由无保护的卖出者履行,他们将不得不到公开市场去购买这种股票用于交割。这种来自买方的压力将导致该股票价格的大幅度上升。

为避免出现这种情况使市场交易失控,造成空头方无法有效履约的局面出现,美国证券和交易委员会颁布了相应的规定:任何个体和组织不得在同一标的证券市场上单方持有 8 000 份期权合约。这就是持仓限额。这 8 000 份的合约限额适用了最活跃的股票。对那些交易不那么活跃的股票,限额减少为每一方向 5 000 份甚至 3 000 份合约。但在任何情况下的最高限额均不得超过 8 000 份合约。

（4）其他交易制度。涨跌停板制度、大户报告制度、风险及违约处理制度等都是期权交易中可能会涉及的交易制度,对于涨跌停板制度以及大户报告制度在上一节中已经做过详细介绍,本节不再介绍。

对于风险及违约处理制度,是为了保证上述各项制度得到有效执行,交易所特别规定了严格的违约处理制度,即使违约者因受到处罚而遭致的损失超过其从违约中得到的好处。包括:加收特别保证金;强制平仓;没收初始保证金;没收席位;交割违约处罚;等等。

2.3.3　金融期权的主要品种

按照不同的分类标准,金融期权有着不同的分类结果。按照选择权的性质划分,金融期权可以分为看涨期权和看跌期权;按照合约所规定的履约时间的不同,金融期权可以分为欧式期权、美式期权和修正的美式期权;按照金融期权基础资产性质的不同,金融期权可以分为股权类期权、利率期权、外汇期权、金融期货合约期权、互换期权等。本节主要介绍利率期权、外汇期权以及股票指数期权以及可转换债券和权证这几种形式。

1. 利率期权

利率期权是一种与利率变化挂钩的期权,到期时以现金或者与利率相关的合约(如利率期货、利率远期或者政府债券)进行结算。利率期权是指买方在支付了期权费后即取得在合约有效期内或到期时以一定的利率(价格)买入或卖出一定面额的利率工具的权利。利率期权合约通常以政府短期、中期、长期债券,欧洲美元债券,大面额可转让存单等利率工具为标的物。

投资者可以根据自己对利率变动方向的判断,选择合适债券上的期权(买权或卖权)进行投资。一般而言,买权的买方和卖权的买方对利率变动方向的判断是相反的。在到期之前,如果标的利率上升到约定利率加当初支付的期权费(率)之上,投资卖权就将获利;反之,如果标的利率下降到约定利率减当初支付的期权费(率)之下,投资买权就将获利。

【例2-15】 假设现在是8月份,在芝加哥交易所中交易的12月份长期政府债券期货合约的期货价格是96.125美元,长期利率大约是每年8.2%。某投资者预期这个收益率到12月份将会下降。则可以选择12月份长期政府债券期货的买方期权。

假定约定价格为98美元,期权费是本金的1.25%。假设到12月长期利率下降到每年7.8%,长期政府债券的期货价格上升到100美元,投资者每100美元债券期货将获利100−98−1.25=0.75美元,由于长期和中期政府债券期货期权的标准数量为每份期权合约对应10万美元面值的期货,如果投资者购买10张期权合约,则将获利:

$$0.75 \times 10 \times (100\,000 \div 100) = 7\,500(美元)$$

2. 外汇期权

外汇期权也称货币期权,是指以某种外币或外汇期货合约作为标的物的期权,指合约购买方在向出售方支付一定期权费后,所获得的在未来约定日期或一定时间内,按照规定汇率买进或者卖出一定数量外汇资产的选择权。外汇期权主要包括以美元、欧元、日元、英镑、瑞士法郎、加拿大元及澳大利亚元等为基础资产的产品。当行情有利时,期权的持有方有权买进或卖出这种外汇资产,如果行情不利,他也可不执行期权,放弃买卖该种外汇资产。而期权卖方则有义务在买方要求履约时被动地卖出或买进该种外汇资产。

【例2-16】 某投资者买入一份6月份到期加拿大元的买方期权(合约金额50 000加拿大元),约定价格0.62美元/加拿大元。买方期权到期时,若市场行情上涨到0.66美元/加拿大元,该投资者见行市有利就执行期权,按约定价格0.62美元/加拿大元买入50 000加拿大元,按照市场汇率0.66美元/加拿大元卖出50 000加拿大元。

在实际中,该投资者不必等到到期时决定执行期权,在到期之前,如果行市有利就做相反的头寸,对冲已经建立的期权头寸。比如:到期之前即期汇率已经达到0.66美元/加拿大元,就可以卖出约定价格为0.62美元/加拿大元的买方期权。因为期权还有时间价值,每1加拿大元可获利将超过0.04美元,获利总额超过2 000美元。

3. 股票指数期权

股票指数期权是在股票指数期货合约的基础上产生的。期权购买者付给期权的出售方

一笔期权费,以取得在未来某个时间或该时间之前,以某种价格水平,即股指水平买进或卖出某种股票指数合约的选择权。第一份普通股指期权合约于 1983 年 3 月在芝加哥期权交易所出现。指数期权以股价指数作为标的,其价值决定于作为标的的股价指数的点数及其变化。

股价指数期货期权的交易双方将根据约定价格把期权头寸转化为相应的期货头寸,并在期货合约到期前根据当时市场价格实行逐日保证金调整,而于期货合约到期时再根据最后结算价格实行现金结算,了结交易。

指数期权以股指数作为标的,其价值决定于作为标的的股价指数的点数及其变化。股指期权最终通过现金交割实现损益结算,结算的现金额度等于指数现值与执行价格之差与该期权的乘数之积。

例如,美国综合股票指数期权合约每点以 500 美元作为乘数计算。

【例 2-17】 某投机者在 1998 年 3 月 5 日纽约证券交易所综合股票指数为 128 点时,购进一份 6 月份到期的综合股票指数的买方期权。约定点数为 128,期权费的点数为 10.5。其股票指数期权合约为每点以 500 美元作为乘数计算。如果到了 1998 年 6 月,该期权到期之前股市看好,纽约证券交易所综合股票指数由 128 点升到 172 点。则该投机者行使买权,以约定价格与实际点数之差计算期权收益为:

$$(172 - 128) \times 500 = 22\,000(美元)$$

扣除初始期权费,净获利:

$$22\,000 - 10.5 \times 500 = 16\,750(美元)$$

4. 可转换债券

可转换债券是以公司债券为载体、允许持有人在规定时间内按规定价格转换为发债公司或其他公司股票的金融工具。可转换债券是一种混合型的金融产品,可以被视为普通公司债券与股本认购权证的组合体。

由于可转债是一种混合型的金融产品,因此这种产品的特点与其他类型的期权类产品有所不同。

(1)可转换性。可转换债券集债权和认购权证(或转换期权)的特点于一身,从债权特点看,可转换债券和其他债券一样,是一种重要的债权凭证。从认股权看,可转换债券的持有者拥有按约定的条件,将债权转为股权的权利;在转换之后,债券持有者转变为公司股东。

(2)利率较低。由于可转换债券附有转化为股份的权利,转换权能使债权人获得潜在收益,所以,投资者愿意接受比一般债券略低的利率。

(3)多选择性。可转换债券兼有债券和股票的双重特点,使投资者有了更多的选择机会。从发达国家的经验看,可转换债券既能够保证投资者获得稳定的利息收入,当公司业绩成长、股票价格上涨时,又可使投资者按约定的条件将债券转换成股票,分享公司成长的收益。

(4)收益的不确定性。尽管可转换债券具有较好的投资价值,但并不意味着其收益就

相当稳定。可转换债券的收益受到诸多因素的影响,如发行公司的股价、转换条款、利率水平和转换期限等,例如在转换期限内时,股价下跌,使按照转换率计算的购股价高于股票市价,则投资者难以将债券转换为股票,这时债券持有者只能获得公司按债券规定的还本付息收益,导致投资收益率降低。即使在转换成功后,如果公司经营状况不佳,投资者的股利收益也将面临损失。

(5)期限较长。可转换债券是一种长期融资工具,其期限一般都很长。从发达国家的情况看,其期限一般在 10 年以上,有时甚至在 20 年以上。

5. 权证

权证又叫涡轮,是一种权利凭证,是指基础证券发行人或其以外的第三人发行的,约定持有人在规定期间内或特定到期日,有权按约定价格向发行人购买或出售标的证券,或以现金结算方式收取结算差价的有价证券。从产品的属性看,权证是一种期权类金融衍生产品。权证与期权交易的区别主要在于,期权是由交易所制定的标准化合约,对具有同一基础资产、不同行权价格和行权时间的多个期权形成期权系列进行的交易;而权证则是由权证发行人发行合约,所有的权利和全部责任的承担都是归属于发行人的。

1)权证的分类

根据各种分类标准,可把权证分为不同的类型。

① 按持有人权利划分。按照持有人权利的性质不同,权证分为认购权证和认沽权证。认购权证实质上是属于看涨期权,其持有人有权按规定价格购买基础资产;认沽权证属于看跌期权,其持有人有权按照规定价格卖出基础资产。

② 按基础资产分类。可将权证分为股权类权证、债权类权证以及其他权证。目前我国证券市场已经推出的权证均是股权类权证,其标的资产可以是单只股票或股票组合。

③ 按基础资产的来源分类。可将权证分为认股权证和备兑权证。认股权证也称为股本权证,由基础证券的发行人发行,行权时上市公司增发新股售予认股权证的持有人。备兑权证通常由投资银行发行,备兑权证多认兑的股票不是新发行的股票,而是在市场上流通的股票,不会增加股份公司的股本。

④ 按行权的时间分类。可将权证分为美式权证、欧式权证、百慕大式权证等类别。美式权证可以在权证失效日之前任何交易日行权;欧式权证仅可以在失效日当日行权;百慕大式权证则可以在失效日之前一段规定时间内行权。

⑤ 按权证的内在价值分类。可将权证分为平价权证、价内权证和价外权证,原理与期权相同。

2)权证的发行与交易

(1)权证的发行。

① 权证的上市申请。权证的上市审核完全由证券交易所负责。权证发行人应在权证上市之前与交易所签订《权证上市协议书》,并严格执行权证上市协议的规定。发行人应在权证发行结束后 2 个工作日内,将权证发行结果报送交易所,并提交权证上市申请材料。权证上市申请经交易所核准后,发行人应在其权证上市 2 个工作日之前,在至少一种指定报纸和指定网站上披露上市公告书。

发行人应该按照下列规定之一,提供履约担保:

第一,通过专用账户提供并维持足够数量的标的证券或现金,作为履约担保。

$$\begin{array}{c}履约担保的标的\\证券数量\end{array} = \begin{array}{c}权证上市\\数量\end{array} \times \begin{array}{c}行权\\比例\end{array} \times \begin{array}{c}担保\\系数\end{array}$$

$$\begin{array}{c}履约担保的\\现金金额\end{array} = \begin{array}{c}权证上市\\数量\end{array} \times \begin{array}{c}行权\\价格\end{array} \times \begin{array}{c}行权\\比例\end{array} \times \begin{array}{c}担保系数(担保系数由\\交易所发布并适时调整)\end{array}$$

第二,提供经证券交易所认可的机构作为履约的不可撤销的连带责任保证人。

② 权证的发行公告书。权证的发行公告书中包含了权证的所有要素,具体有发行日期、存续期间、权证种类、发行数量、发行价格、行权价格、行权结算方式等。权证都有自己的存续期,交易和行权都要在存续期内进行,存续期一过,该权证就不复存在了。

表 2-6　　　　　　　　权证发行公告书样本

发行日期	2008 年 8 月 8 日	行权价格	18.00 元
存续期间	6 个月	行权期限	到期日
权证种类	欧式认购权证	行权结算方式	证券给付结算
发行数量	50 000 000 份	行权比例	1 : 1
发行价格	0.66 元		

③ 权证的信息披露。

第一,在每日开盘前公布每只权证可流通数量、持有权证数量达到或超过可流通数量 5% 的持有人名单。

第二,每日分别公布权证的买入、卖出金额最大 5 家会员营业部或席位的名称及各自的买入、卖出金额。

第三,在证券行情系统中实时公布权证溢价率,揭示权证交易价格与标的证券交易价格偏离的幅度。

第四,当权证交易严重异常或发生涉嫌违规交易行为时,交易所可视情况公布相关权证托管数据,相关证券账户代码(隐去部分字段)、买入数量、卖出数量、持有份额等信息。

(2) 权证的交易。

① 投资者进行权证交易有如下几方面的作用:

A 投机,低买高卖进行搏短,以赚取差价。

B 获取超额利润,利用权证的杠杆性以小搏大,只需花费少量的权利金,但有可能收益会很大。

C 规避风险,在持有标的证券的情况下,利用权证来避险。

【例 2-18】 投资者李先生投资 1 000 股 A 公司股票,王先生投资 10 000 份 A 公司的认购权证,权证买入价每份 0.66 元,股票行权价格为每股 18 元。假定两人同时入市,入市时 A 公司股票价格为 15 元,权证到期时,A 公司股价上升到 20 元,权证上升到 2 元,计算李先生和王先生的盈利情况。

表 2-7　　　　　　　　李先生和王先生盈利情况表

	李先生	王先生
买入品种	1 000 股股票	10 000 份认购权证
买入价	15 元	0.66 元
卖出价	20 元	2.00 元
盈利	5 000 元	13 400 元
投资成本	15 000 元	6 600 元
回报率	33.33%	203.03%

从表对比可以看出,权证投资的杠杆性很高。王先生在判断正确的情况下,买入 A 公司权证的收益远远超出李先生购买股票的收益。当然,如果王先生判断错误,其投资亏损则同样远大于李先生。

② 权证的交易规则。

第一,权证实行 T+0 交易,即当日买入的权证,当日可以卖出。另外,当日买进的权证,还可以当日行权。但当日行权取得的标的证券,当日不得卖出。

第二,权证最小价格变动单位是人民币 0.001 元,而股票是人民币 0.01 元。

第三,目前股票涨跌幅采取 10% 的比例限制,而权证涨跌幅是以涨跌的价格而不是百分比来限制的。

表 2-8　　　　　　　　权证交易规则与股票的区别

差别项目	权证	A 股
交易规则方面	T+0	T+1
开盘、收盘价确定方式	按中小企业板方式执行	分主板与中小板两种
最小申报单位	0.001 元	0.01 元
涨跌幅度限制	标的证券涨跌金额的 1.25 倍	10%
是否设大宗交易	否	是
结算交收	现金/证券给付	现金
印花税	无	有
存续期	有	无

拓展阅读 2-2　　　　　　　中 航 油 事 件

中国航空油料集团公司(以下简称中航油),一个因成功进行海外收购曾被称为"买来个石油帝国"的企业,一个被评为 2004 年新加坡最具透明度的上市公司,一个被作为中国国有企业走向世界的明星企业,于 2004 年 12 月 1 日向新加坡高等法院申请破产保护,爆出如此丑闻,发人深思。究竟是什么原因导致中航油巨亏破产?

一、背景资料

据资料显示,中航油核心业务包括:负责全国 100 多个机场的供油设施的建设和加油设备的购置;为中、外 100 多家航空公司的飞机提供加油服务(包括航空燃油的采购、运输、储存直至加入飞机油箱等),堪称国内航空界的航油巨无霸。

1997 年,在亚洲金融危机之际,陈久霖被派接手管理中国航油(新加坡)股份有限公司,在陈久霖的管理下,作为中航油总公司唯一的海外"贸易手臂"——中国航油(新加坡),便开始抓住了国内航空公司的航油命脉,在中国进口航油市场上的占有率急剧飙升:1997 年不足 3%,1999 年为 83%,2000 年达到 92%,2001 采购进口航油 160 万吨,市场占有率接近 100%。2001 年中国航油(新加坡)在新加坡交易所主板挂牌上市。

二、事件过程

最初,中航油新加坡公司,经中航油集团公司授权,开始进行油品的套期保值业务。2002 年 3 月,中航油新加坡公司时任总裁陈久霖擅自扩大业务范围,从事石油衍生品期权交易。对期权交易毫无经验的中航油新加坡公司最初只从事背对背期权交易,即只扮演代理商的角色为买家卖家服务,从中赚取佣金,没有太大风险。自 2003 年始,中航油开始进行风险更大的投机性的期权交易,而此业务仅限于由公司的两位外籍交易员进行。在 2003 年第三季度前,由于中航油新加坡公司对国际石油市场价格判断与走势一致,中航油尝到了甜头,于是一场更大的冒险也掀开了序幕。

2003 年第四季度,中航油预估油价将有所下降,于是公司调整了期权交易策略,卖出了买权并买入了卖权。中航油对未来油价走势的这一判断为整个巨亏事件埋下了根源,且没有意识到仅仅一次判断失误将引来一连串不利的连锁反应。

第四季度,油价并未向中航油预计的走势发展,而呈现持续攀升的局面。结果导致中航油期权交易在 2003 年第四季度出现 120 万美元的账面亏损(以市值计价)。2004 年第一季度,期权盘位到期,公司开始面临实质性的损失。当时正在与新加坡国家石油公司(SPC)、英国富地、淡马锡等多家外国企业谈合作的中航油顾虑重重,最终选择了在没经过任何商业评估的情况下于 2004 年 1 月进行了第一次挪盘,即买回期权以关闭原先盘位,同时出售期限更长、交易量更大的新期权。出售的期权盘位多是在 2004 年第二季度至 2005 年第一季度之间到期,但也有一些甚至延伸到 2005 年第四季度。

随着油价持续升高,2004 年第二季度,公司的账面亏损额增加到 3 000 万美元左右。公司因而决定进行第二次挪盘,新期权期限延后到 2005 年和 2006 年才交割。交易量再次增加。

2004 年 10 月,油价再创新高,公司此时的交易盘口达 5 200 万桶石油,账面亏损再度大增。10 月 10 日,面对严重资金周转问题的中航油新加坡公司,首次向母公司呈报交易和账面亏损。为了补加交易商追加的保证金,公司已耗尽近 2 600 万美元的营运资本、1.2 亿美元银行贷款和 6 800 万元应收账款资金,账面亏损高达 1.8 亿美元,另外已支付 8 000 万美元的额外保证金。

10 月 20 日,母公司提前配售 15%的股票,将所得的 1.08 亿美元资金贷款给中航油新加坡公司。公司因无法补加一些合同的保证金而遭逼仓,截至 10 月 25 日公司的实际亏损

达 3.81 亿美元。

2004 年 12 月 1 日,在亏损 5.5 亿美元后,中航油宣布向法庭申请破产保护令。

总裁陈久霖因隐瞒公司巨额亏损且涉入内线交易等罪被判刑 4 年零 3 个月。这个消息如同一个重磅炸弹,一时舆论哗然,将此事件称为"中国的巴林银行事件"。

2.3.4　金融期权的功能

金融期权与金融期货有着类似的功能,在一定程度上,金融期权是金融期货功能的延伸和发展,具有与金融期货相同的套期保值及价格发现功能。由于在上一节中对金融期货的功能已经做过详细的介绍,在此就不做赘述。

2.4　其他金融衍生工具

除了金融期货、期权等金融衍生工具外,其他主要金融衍生工具包括远期合同、互换合同、存托凭证、证券化产品以及结构化金融衍生产品等。

(1) 远期合约。远期合约是指合同双方约定在未来某一日期以约定价格,由买方向卖方购买一定数量的标的项目的合同。

(2) 权益互换合同。权益互换合同是指合同双方约定在未来某一日期交换一系列现金流量的合同,包括货币互换、利率互换、商品互换等。

(3) 存托凭证。存托凭证,又称存券收据或存股证,是指在一国证券市场流通的代表外国公司有价证券的可转让凭证,属公司融资业务范畴的金融衍生工具。存托凭证一般代表公司股票,但有时也代表债券。1927 年,J. P. 摩根公司(J. P. Morgan & Company)为了方便美国人投资英国的股票发明了存托凭证。

(4) 证券化产品。在资产证券化过程中发行的以资产为基础的证券被称为"证券化产品"。通过资产证券化,将流动性较低的资产(如房地产、应收账款等)转化为具有较高流动性的可交易证券,提高了基础资产的流动性,便于投资者进行投资;还可以改变发起人的资产结构,改善资产质量,加快资金的周转。

(5) 结构化金融衍生产品。结构化金融衍生产品是运用金融工程结构化方法,将若干种基础金融商品和金融衍生产品相结合设计出的新型金融产品。目前最为流行的结构化金融衍生产品主要由商业银行开发的各类结构化理财产品及在交易所上市交易的各类结构化票据。结构化金融衍生产品是国际金融衍生品市场的重要组成部分,增加了资本市场的完备性,深化了市场的风险配置功能,增强了资本的流动性以及提高了金融衍生市场的信用水平。

 **本章小结**

本章首先对金融衍生工具的基本概念、特征进行了介绍,并从自身交易方式、基础工具

的种类、交易性质以及交易场所这几种分类方式上对金融衍生工具进行了分类；在此基础之上，着重介绍了金融期货市场、金融期权市场，包括期货和期权市场的概述，两者的交易制度、功能以及主要品种等内容，同时也对期权类别中较为特殊的期权类产品权证进行详细的阐述，包括权证的含义及分类，上市和交易及交易规则等。

 练习题

简答题

1. 金融衍生工具可以分为哪些种类？
2. 简述金融衍生工具的基本特征。
3. 简述现货、远期和期货交易间的差异。
4. 期货的交易制度包括哪些？
5. 简述保证金制度的作用机制。
6. 简述金融期货的功能。

第3章 证券交易程序

 **学习目标**

1. 熟悉并掌握证券交易的基本程序和交易方法
2. 了解委托买卖的方式
3. 了解竞价的方式
4. 掌握证券托管、存管的含义

3.1 证券交易程序概述

在证券交易活动中,投资者在证券市场上买卖已发行的证券要按照一定的程序进行。所谓证券交易程序,就是投资者在二级市场上买进或卖出已上市证券所应遵循的规定过程。在证券交易所市场,证券交易需经过开户、委托、成交、结算、过户等几个环节(见图 3-1)。

3.1.1 开户

投资者首先要到本地证券登记公司或其下属开户代理机构分别办理沪、深证券交易所账户卡,成功办理的账户卡全国通用,即一地办理,全国有效。

在登记公司开户后,投资者还要在其任意选定的一家(或数家)证券商处开户。投资者需携带沪、深证券账户卡,本人身份证(法人还需具备营业执照复印件、法人代表授予证券交易执行人的书面授权书)到券商处填写股东名卡从而建立委托与受托

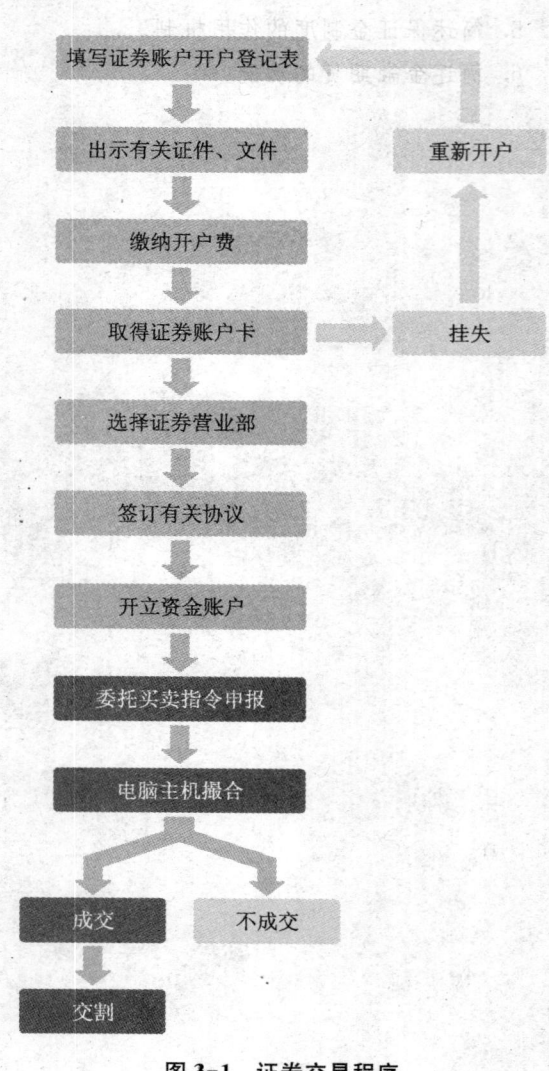

图 3-1 证券交易程序

关系。

开户包括两个方面,开立证券账户和开立资金账户。证券账户用来记载投资者所持有的证券种类、数量和相应的变动情况,资金账户则用来记载和反映投资者买卖证券的货币首付和结存数额。开立证券账户和资金账户后,投资者买卖证券所涉及的证券、资金变化就会从相应的账户中得到反映。例如:某投资者买入甲股票 1 000 股,包括股票价格和交易税费的总费用为 10 000 元,则投资者的证券账户上就会增加甲股票 1 000 股,资金账户上就会减少 10 000 元。

3.1.2　委托

投资者需要通过证券经纪商(证券公司)的代理才能在证券交易所买卖证券,在这种情况下,投资者向经纪商下达买进或卖出证券的指令,成为委托。

委托买卖的方式可以分为两类:网上委托和其他委托。

1. 网上委托

网上委托是指证券公司通过基于互联网和移动通讯网络的网上证券交易系统,向投资者提供用于下达证券交易指令、获取成交结果的一种服务方式。包括需下载软件的客户端委托和无需下载软件、直接利用证券公司网站的页面客户端委托。网上委托的上网终端包括电子计算机、手机等设备。

(1) 投资者应当按照证券公司的要求开通网上委托。客户在使用证券公司的网上委托客户端软件前,应取得证券公司网上证券委托系统提供的数字证书或网上委托通讯密码,证券公司网上证券委托系统下载、安装、证书申请的说明与使用手册等相关资料。

(2) 数字证书或网上委托证书密码是网上证券委托的有效身份识别证件。

投资者应妥善保管本人的数字证书或网上委托通讯密码,不得擅自泄露、转交。数字证书或网上委托通讯密码如果遗失或者损坏,投资者有责任在第一时间到证券公司挂失。

(3) 投资者为进行网上委托所使用的软件必须是证券公司提供的证券公司指定站点下载的。

(4) 凡使用投资者的网上交易证书或网上委托专用密码、资金账号、交易密码进行的网上委托均视为投资者亲自办理。

(5) 投资者在办理网上委托的同时,应当开通柜台委托、电话委托等其他委托方式,当证券公司网上证券委托系统出现网络中断、高峰拥挤或网上委托被冻结等异常情况时,投资者可采用其他委托方式下达委托指令。

(6) 随着信息技术的发展和证券市场的创新,新的委托交易方式和新的证券业务品种会不断增加,对于部分新的委托交易方式和新的证券业务品种,在符合国家有关法律法规和行业规范的前提下,证券公司将视该项新业务的具体情况,为投资者适时提供网上开通或预约服务。

投资者通过互联网或移动通讯开通新的委托交易方式或新的证券业务品种时,应按照

证券公司指定的流程输入资金账号(或股东账号)、交易密码和其他身份校验信息。凡经证券公司验证其输入无误的,即视其为投资者本人操作办理。

(7) 在进行网上委托时,网上委托方式除具有其他委托方式所共有的风险外,投资者还应充分了解和认识到其存在且不限于以下风险:

① 由于互联网和移动通讯网络数据传输等原因,交易指令可能会出现中断、停顿、延迟、数据错误等情况;

② 投资者账号及密码信息泄露或客户身份可能被仿冒;

③ 由于互联网和移动通讯网络上存在黑客恶意攻击的可能性,网络服务器可能会出现故障及其他不可预测的因素,行情信息及其他证券信息可能会出现错误或延迟;

④ 投资者的网络终端设备及软件系统可能会受到非法攻击或病毒感染,导致无法下达委托或委托失败;

⑤ 投资者的网络终端设备及软件系统与证券公司提供的网上交易系统不兼容,无法下达委托或委托失败;

⑥ 如投资者缺乏网上委托经验,可能因操作不当造成委托失败或委托失误;

⑦ 由于网络故障,投资者通过网上证券交易系统进行证券交易时,投资者网络终端设备对其委托未显示成功,于是投资者再次发出委托指令,而证券公司服务器已收到投资者两次委托指令,并按其指令进行了交易,使投资者由此产生重复买卖的风险。

上述这些风险的存在,可能会导致投资者发生损失。

2. 其他委托方式

这种形式就是投资者自己把委托数据输入电脑,其形式主要有以下3种。

(1) 电话委托。在申请这种委托方式后,投资者无论身处何处,均可使用电话进行交易和查询。投资者在接通证券营业部委托电话系统后,即可按语音提示进行操作。其顺序通常为:输入股市代码—输入股东账号—输入密码—输入功能选择(包括证券买卖、行情查询、资金查询、成交情况查询、股票余额查询、修改密码),如选择的是行情查询,则输入需查询的证券代码,此后电脑语音将播报该证券的及时叫买叫卖价、最近成交价。

电话委托速度要快于柜台委托,事实上安全性也要优于柜台委托,而且不受投资人所处的空间、时间限制,券商也不另行收费。因此,电话委托是一种深受投资大众欢迎的优良委托方式。

(2) 磁卡自助委托。其特点是:以专用小键盘作为输入设备,用屏幕显示数据,在密码基础上增加刷卡操作而具有双重的保险功能。磁卡自助委托比电话委托在操作上更为快捷方便,屏幕显示行情更全面快速。但是这种方式有一定的地域限制,只能在证券营业部内或地区性联网券商范围内使用,屏幕显示数据容易泄密,在用户众多的情况下排队使用浪费的时间较多。

(3) 触摸屏委托。触摸屏委托查询系统用触屏取代小键盘,全部操作具有屏幕提示,用户只需根据画面提示用手轻按屏幕即可输入指令。触屏委托功能齐全,操作十分简单、醒目、方便,但属于单用户单任务,系统价格相对较高,散户通常难有机会使用。

目前,网上委托交易是主流交易方式。

3.1.3　竞价

在证券交易中,证券买卖的价格是通过竞价方式确定的。竞价方式主要有如下 3 种方式。

(1) 口头竞价。口头竞价是指证券商在规定的交易前台或规定的区域内相互以口头喊价的方法讨价还价直至达成交易。

(2) 书面竞价。书面竞价是指证券买卖通过书面形式达成交易价格的一种方法。书面竞价要经过申报、撮合和最后成交等环节。

(3) 电脑竞价。电脑竞价是指证券商利用计算机互联网系统进行证券交易达成交易价格的一种方法。电脑竞价要经过申报输入、撮合成交和成交信息反馈等环节。利用计算机进行证券交易,大大提高了证券交易的效率,促进了证券市场向现代化方向发展。

3.1.4　成交

证券交易所交易系统接受申报后,要根据订单的成交规则进行撮合配对,符合成交条件的予以成交,不符合成交条件的继续等待成交,超过了委托时效的订单失效。

在订单匹配原则方面,根据各国(地区)证券市场的实践,优先原则主要有价格优先原则、时间优先原则、按比例分配原则、数量优先原则、客户优先原则、做市商优先原则和经纪商优先原则等。其中,各证券交易所普遍以价格优先原则为第一优先原则。我国采用价格优先和时间优先原则。

3.1.5　清算交割

在证券交易成交后,首先要对买卖双方在资金方面的应付额和在证券方面的应收种类和数量进行计算,同时也要对卖方在资金方面的应收额和在证券方面的应付种类和数量进行计算。这一过程属于清算,包括资金清算和证券清算。清算结束后,需要完成证券由买方转移到卖方的过程,这一过程属于交收。清算和交收是证券结算的两个方面。

3.1.6　过户

过户是指通过法定程序变更证券持有者的手续。一般情况下,证券过户并不是在证券交易完成后就马上进行的,大多数情况下是在公司派息分红之前集中办理。在实际证券交易过程中,证券市场上人们进行着频繁的交易,对于某一证券而言,不知辗转交易多少回,不知更换多少主人,到最后临近派息分红时,它的主人才去履行过户手续。

拓展阅读 3-1　　　　　轻信券商保底承诺吞苦果

2002 年 7 月 18 日,楼某与渤海证券签订《代理国债投资协议》,委托渤海证券代理国债投资,渤海证券确保其年收益率为 10.5%。签约后,渤海证券擅自在楼某资金账户内下挂其他人的股东账户进行股票交易,造成巨额亏损。

楼某诉至第一中级人民法院,要求渤海证券返还投资款,并支付保底收益。渤海证券却

称股票交易系楼某自己所为,其交易结果应由楼某本人承担。由于股票交易都是通过电脑系统完成,一时之间难以判断究竟系何者所为。承办法官通过深入调查,最终查明事实。判决渤海证券返还楼某本金并支付存款利息,对其保底收益的请求则未予支持。

一些投资者轻信证券公司保证投资收益的承诺,将资金交予证券公司。投资者应当明白,证券公司不是银行,不能保证固定利率的回报。

投资者一定要有风险意识和辨别能力,应当提高警惕,不能心存侥幸,被犯罪分子许以高额回报所欺骗,我们应当牢记以下几点:① 股票交易一定要在国家指定的证券交易场所进行;② 不要轻信所谓"原始股""一级半市场"股权转让、"海外上市"等谎言;③ 适当了解美国股市的有关情况,弄清纳斯达克(NASDAQ)市场与粉单市场(Pink Sheets)、场外柜台交易板块(OTCBB)的区别。

拓展阅读 3-2　　　　　　骗公众非法集资

2004 年 4 月,被告人潘学成、韩枫在美国设立了美国必得利财金集团公司,并设立了必得利公司上海代表处,以西安现代新农业股份公司将在海外上市为名,向不特定投资人非法出售新农业公司股票。随后,潘与陕西唐宇公司签订协议书,约定由陕西唐宇公司设立海外公司,由必得利公司负责在境外募集资金。

协议签订后,潘指使韩枫以他人名义在美国设立王氏公司并印制了王氏公司股票。潘通过制造各种虚假资料,夸大必得利公司、王氏公司和陕西唐宇的规模,编造了陕西唐宇海外上市模式等。潘等人以投资获利周期短、回报率高和承诺回购为诱饵,以每股 0.6 美元的价格骗取被害人购买王氏公司股票。

同年 11 月,潘学成等人对外宣称上市期限将至,为继续骗取财物,潘以个人名义购买了 TUTTLE 公司(该公司系在美国证券管理委员会报备,但未获上市资格),随后召开新闻发布会,隐瞒 TUTTLE 公司真实情况,谎称王氏公司和必得利公司成功收购了已在美国 OTCBB 上市的 TUTTLE 公司,并合并为 W&B 公司,还谎称王氏公司股票将在 2005 年 3 月在美国 OTCBB 上公开交易。会后,潘学成对外继续销售王氏公司股票。

上海市高级人民法院终审以被告人潘学成犯集资诈骗罪,判处无期徒刑,剥夺政治权利终身,并处没收财产人民币 60 万元;被告人韩枫犯集资诈骗罪,判处有期徒刑 15 年,并处没收财产人民币 40 万元。

3.2　证券账户和证券托管

3.2.1　证券账户管理

证券账户是指证券登记结算机构为申请人开出的记载其证券持有及变更的权利凭证。

开立证券账户是投资者进行证券交易的先决条件。

1. 证券账户的种类

我国证券账户的种类有两种划分依据：一种是按照交易场所划分，证券账户可划分为上海证券账户和深圳证券账户；另一种是按照用途划分，证券账户可划分为人民币普通股票账户、人民币特种股票账户、证券投资基金账户和其他账户等。下面对股票账户和基金账户作简要介绍。

(1) 人民币普通股票账户。人民币普通股票账户简称"A股账户"，其开立仅限于国家法律法规和行政章程允许买卖A股的境内投资者。在实际运用中，A股账户是我国目前用途最广、数量最多的一种通用型证券账户，既可用于买卖人民币普通股票，也可用于买卖债券、上市基金、权证等各类证券。

(2) 人民币特种股票账户。人民币特种股票账户简称B股账户，是专门为投资者买卖人民币特种股票而设置的。B股账户按持有人不同可分为境内投资者证券账户和境外投资者证券账户。

(3) 证券投资基金账户。证券投资基金账户简称基金账户，是用于买卖上市基金的一种专用型账户。基金账户是随着我国证券投资基金的发展，为方便投资者买卖证券投资基金而专门设置的。

2. 开立证券账户的基本原则

(1) 合法性原则。合法性原则是指只有国家法律允许进行证券交易的自然人和法人能开立证券账户。《证券账户管理规则》规定，一个自然人，可以开立不同类别和用途的证券账户。对同一类别和用途的证券账户，根据中国证券登记结算有限公司2015年4月12日发布通知，每位投资者将拥有一个总账户和若干子账户，最多可在20家证券公司同时开设20个账户。

(2) 真实性。真实性是指投资者开立证券账户时所提供的资料必须真实有效，不得有虚假隐匿。投资者在申请开立账户时，必须持有证明中国公民身份或中国法人资格的合法证件(国家另有规定的除外)。

3.2.2　证券托管与存管

1. 证券托管、存管的含义

证券托管一般指投资者将持有的证券委托给证券公司保管，并由后者代为处理有关证券权益事务的行为。证券存管一般指证券公司将投资者交给其持有的证券以及自身持有的证券统一送交给中央证券存管机构保管，并由后者代为处理有关证券权益事务的行为。对存管后的证券，实行非流动性制度。对股权、债权变更引起的证券转移，不签发实物证券，而通过账面予以划转。

2. 我国目前的证券托管制度

(1) 上海证券交易所交易证券的托管制度。有买卖上海证券交易所上市证券的投资者，办理的指定交易一经确认，其与指定交易证券经营机构的托管关系即建立。即投资者持有的上海证券交易所将由其指定的证券公司负责托管，投资者需要通过其托管证券公司领

取相应的红利、股息、债息等。

未办理指定交易的投资者的证券暂由中国结算上海分公司托管,其红利、股息、债息、债券兑付款应在办理指定交易后领取。

(2)深圳证券交易所交易证券的托管制度。深圳证券交易所交易证券托管制度可概括为:自动托管、随处通买、哪买哪卖、转托不限。深圳证券市场的投资者持有证券需在自己选定的证券营业部进行托管,投资者可以利用同一证券账户在国内任意一家证券营业部买入证券。投资者要卖出证券,必须到证券托管营业部才能进行。投资者也可将其托管证券从一家证券营业部转移到另一家证券营业部托管,这个过程称为证券转托管。转托管可以是一只证券或多只证券,也可以是一只证券的部分或全部。

(3)投资者办理转托管的程序如下:

① 投资者在确定转入证券营业部的席位代码和地址后,携带身份证、证券账户原价及复印件,到转出证券营业部申请办理。

② 转出证券营业部受理投资者申请时,核对投资者的身份证、证券账户、转入证券营业部席位代码等内容。核对无误后,在投资者填写的转托管申请表上盖章确认,并将客户联交给投资者。

③ 转出证券营业部按照深圳证券交易所有关规定,在交易时间内申报转托管。转托管可以撤单。在同一证券公司的不同席位之间,当日买入证券可以转托管;在不同证券公司的席位之间,当日买入证券不可以转托管。

④ 每个交易日下午收市后,证券营业部接收中国结算公司深圳分公司传回的已确认和未确认转托管数据,据此调整相应证券明细数据。

⑤ 转出证券营业部收到转托管未确认数据,可向中国结算公司深圳分公司查询转托管不成功原因。

⑥ 转托管数据确认后的下一个交易日起,相应的证券托管再转入证券营业部。

3.3 委托买卖与查询

投资者在证券交易所买卖证券,是通过委托证券经纪商来进行的,此时,投资者是证券经纪商的客户。客户在办理委托买卖证券时,需要向证券经纪商下达委托指令。

3.3.1 委托指令的内容

在委托指令中,无论是采用填写委托单还是自助委托方式,都需反映客户买卖证券的基本要求,这些要求主要体现在委托指令的内容中。下面以委托单为例对委托指令的基本内容进行说明。

1. 证券账号

客户在买卖上海证券交易所上市的证券时,必须填写在中国结算公司上海分公司开设的证券账户号码;买卖深圳证券交易所上市的证券时,必须填写在中国结算公司深圳分公司开设的证券账户号码。

2．日期

日期即客户委托买卖的日期，填写年、月、日。

3．品种

品种指客户委托买卖证券的名称，也是填写委托单的第一要点。填写证券名称的方法有全称、简称和代码三种。

表 3-1　　　　　　　　　　　股票代码、简称和全称的举例

市　场	代　码	简　称	公 司 全 称
上海证券交易所	600000	浦发银行	上海浦东发展银行股份有限公司
上海证券交易所	600004	白云机场	广州白云国际机场股份有限公司
深圳证券交易所	000001	深发展	深圳发展银行股份有限公司
深圳证券交易所	000002	万科	万科企业股份有限公司

4．买卖方向

客户在委托指令中必须明确表明委托买卖的方向，即是买进证券还是卖出证券。

5．数量

这是指买卖证券的数量，可分为整数委托和零数委托。整数委托是指委托买卖证券的数量为一个交易单位或交易单位的整数倍。一个交易单位俗称一手。零数委托是指客户委托证券经纪商买卖证券时，买进或卖出的证券不足证券交易所规定的一个交易单位。

6．价格

这是指委托买卖证券的价格。在我国上海和深圳证券交易所的交易制度中，涉及委托买卖证券价格的内容包括委托价格限制形式、证券交易的计价单位、申报价格最小变动单位、债券交易报价组成等方面。

7．时间

这是指客户填写委托单的具体时点，也可由证券经纪商填写委托时点，即上午××时××分或下午××时××分。这是检查证券经纪商是否执行时间优先原则的依据。

8．有效期

这是指委托指令的有效期间。如果委托指令未能成交或未能全部成交，证券经纪商应继续执行委托。委托有效期满，委托指令自然失效。委托指令有效期一般有当日有效与约定日有效两种。当日有效是指从委托之时起至当日证券交易所营业终了之时的这一段期间内有效；约定日有效是指委托人与证券公司约定，从委托之时起到约定的营业日证券交易所营业终了之时的这一段期间内有效。

9．签名

客户签名以示对所做的委托负责。若预留印鉴，则应盖章。

10．其他内容

其他内容涉及委托人的身份证号码、资金账号等。

3.3.2　委托受理、执行与委托撤销

1. 委托受理

证券经纪商在收到客户委托后,应对委托人身份、委托内容、委托卖出的实际证券数量及委托买入的实际资金余额进行审查,审查符合要求后,才能接受委托。

(1) 验证与审单。验证主要是对客户委托时递交的相关证件(如身份证件等)进行核实,审单主要是检查客户填写的委托单。

(2) 检验账户资金及证券。在不采用信用交易的情况下,投资者必须用自己账户上的资金买入债券,或者卖出自己账户上实际存在的证券。因此,证券经纪商在受理客户委托买卖证券时,要查验证实客户的资金及证券。

2. 委托执行

证券经纪商接受客户买卖证券的委托,应当根据委托书载明的证券名称、买卖数量、出价方式、价格幅度等,按照证券交易所交易规则代理买卖证券。买卖成交后,应当按规定制作买卖成交报告单交付客户。

(1) 申报原则。证券经纪商接受客户委托后应按"时间优先、客户优先"的原则进行申报竞价。时间优先是指证券经纪商应按受托时间的先后次序为委托人申报,客户优先是指当证券公司自营买卖申报与客户委托买卖申报在时间上相冲突时,应让客户委托买卖优先申报。

(2) 申报方式。申报方式有两种:一种是由客户或证券经纪商营业部业务员直接申报,证券经纪商的电脑系统要与证券交易所交易系统联网;客户利用网上交易、电话委托或自助委托方式,自行将委托指令输入证券经纪商电脑系统,经审查确认后,再自动传送至证券交易所交易系统;或是由证券经纪商营业部业务员在进行委托审查后,将委托指令直接通过终端机输入证券交易所交易系统,无须其场内交易员再行输入。客户自行输入委托指令这种方式,缩短了申报时间与成交回报时间,而且减去了场内交易员的人工报盘的环节,降低了申报的差错,减少了客户与证券经纪商的纠纷,因此成为目前主要的申报方式。

另外一种是由证券经纪商的场内交易员进行申报,证券经纪商营业部业务员在受理客户委托后,要按受托先后顺序用电话将委托买卖的有关内容通知其场内交易员(俗称红马甲),由场内交易员通过场内电脑终端将委托指令输入证券交易所交易系统,该申报方式更多的是作为备用应急的手段。

(3) 申报时间。证券交易日为每周一至周五,国家法定假日和证券交易所公告的休市日,证券交易市场休市。关于申报时间,上海证券交易所规定:接受会员竞价交易申报的时间为每个交易日 9:15—9:25,9:30—11:30,13:00—15:00,每个交易日 9:20—9:25 为开盘集合竞价阶段,上海证券交易所交易主机不接受撤单申报。深圳证券交易所规定:接受会员竞价交易申报的时间为每个交易日 9:15—11:30,13:00—15:00,每个交易日 9:20—9:25,14:57—15:00,深圳证券交易所交易主机不接受撤单申报。

3. 委托撤销

(1) 撤单的条件。在委托未成交之前,客户有权变更和撤销委托。

（2）撤单的程序。在委托未成交之前，客户变更或撤销委托，在采用证券经纪商场内交易员进行申报的情况下，证券经纪商营业部业务员需即刻通知场内交易员，经场内交易员操作确认后，立即将执行结果告知客户。在采用客户或证券经纪商营业部业务员直接申报的情况下，客户或证券经纪商营业部业务员可直接将撤单信息通过电脑终端输入证券交易所交易系统，办理撤单。

拓展阅读 3-3　　　　　火与冰：期市"红马甲"盛衰记

他们口齿清晰、头脑灵活、反应敏捷、具备基本的期货交易知识，计算机操作更是娴熟无比；他们不允许犯错，平时只拿八成工资，剩下的两成只有实现"零差错"才能全额领走；他们的工作看似无足轻重，却又不可或缺。

在现代期货交易中，有着这样一群特殊的工作人员。

他们就是常驻期货交易所大厅的场内交易员，又称"出市代表"。因为在工作时身披红色马甲，市场人士亲切地称之为"红马甲"。

期货市场中最难胜任的岗位

顾肖乐在期货行业已经摸爬滚打了近十年。从 2003 年起，供职于上海良茂期货的她，正式出任公司驻上海期货交易所的场内交易员，穿起了编号为"003"的红马甲，这身马甲一穿就是整整 5 年。

"刚接手这份工作的时候，心理压力非常大。"回忆起初进交易大厅的场景，顾肖乐至今还记忆犹新：整个交易大厅充斥着"噼里啪啦"的键盘敲击之声，"马甲"们左手握着一个话筒、右肩夹着另一个话筒，右手还在忙不迭地敲单。"同时对着几部电话说话是很正常的事情，没有人敢片刻偷闲。"

很快，顾肖乐就融入到了打仗般的工作中去。多头开仓、多头平仓，空头开仓、空头平仓，配合上不同的价格和成交量，看似简单的四种指令竟可排列出无穷无尽的指令组合。挂单、撤单、再挂单、再撤单，客户频繁操作，顾肖乐也不知疲倦地争分夺秒。最多的一天，她敲了 400 多张单子。"我感觉自己的耳朵已经麻木了，眼睛也直了，满脑子都是数字。"

超大的工作强度以及绝不容许犯错的特点一度让"红马甲"成为了期货市场中最难胜任的岗位之一。"想干好我们这行，没什么特别的技巧，最关键的一点在于自己的责任心。"据了解，为了减少场内交易员犯错，不少期货公司采用了"工资留存制"，将交易员 20%～30%的工资作为"风险准备金"，一旦交易员打错单造成客户损失，这部分"准备金"就将用来作为赔付。但谁都知道，在期货交易中打错单造成的损失，极有可能是交易员一辈子都赔不起的。

网上交易弱化"马甲"功能

顾肖乐不曾想到的是，大约两年后，对着屏幕敲单已不再是她每天最核心的工作了，计算机远程自助交易系统的兴起大大弱化了"马甲"的敲单功能。为了使交易跑道更为顺畅，期货公司纷纷斥资采购自助交易设备，并进行大力推广。网上交易逐渐深入人心，相比之下，传统的电话报单交易既不方便，又容易出错。红火了好多年的电话交易终于开始

没落。

2006 年 7 月 26 日，上海期货交易所宣布放弃期货仓单的纸质交易，正式启用电子仓单系统，这标志着我国期货市场在全球范围内率先实现了期货交易的全程电子化。

"这样一来，交割的时候我就不用忙活很久了。"在此之前，每月 15 日前后，"马甲"们就要为客户的交割业务来回奔波。多空双方需要递交交割意向书，买方资金要进账、卖方仓单要开立，有些文件需要背书。交割程序启动后，顾肖乐需要携带公司送来的文件频繁往返于上期所交割部和自己的座位之间，工作极为繁琐。在电子仓单启用后，这些工作都能非常方便地通过网络解决。

有人干脆说"马甲"就是灾备。所谓灾备，就是指当正常的网上交易因出现意外而无法进行的时候，电话报单临时充当"替补队员"的意思。事实上，从某种程度上来说，确实也差不多。

清闲，场内交易员的工作真的变清闲了。但面对这种清闲，大部分"马甲"却开心不起来，危机感渐渐地走进了"红马甲"的心中。

2006 年 9 月 8 日，我国第一家公司制期货交易所——中国金融期货交易所在上海成立。这家以金融衍生品为主打产品的期货交易所将不设交易大厅，完全采取网络电子化的交易方式，也就是说，在中金所，是根本看不到交易大厅的。

毛之不存，皮将焉附？没有交易大厅，"红马甲"的历史使命，难道也要就此终结？

市场高速发展催生"马甲"转型

值得庆幸的是，顾肖乐们并不会就此失业，在新形势下，"红马甲"的业务转型已悄然拉开了帷幕。

"我现在的主要任务是担当交易所、期货公司和银行之间的资金划拨人。"顾肖乐告诉记者，她现在每天在开市之前要查看公司账上的保证金余额，如果不足的话，就要及时调拨补齐。"以前上期所规定，会员单位的最低保证金余额不得低于 50 万元。但现在，这个数字已经不得不提高到了 200 万元，从这一点上也可以看出，上海期货市场发展的速度有多快。"

事实上，几乎没有一个"马甲"会让公司的保证金在 200 万元的底线附近徘徊。近年来期货市场的波动性加大，投资机会很多，客户存放在期货公司银行专用账户中的资金随时可能从一家交易所转向另一家交易所，交易所也随时会提高最低交易保证金，股指期货推出后，情况变得更加复杂，这些都严格考验"马甲"们的资金调拨能力。对于期货公司而言，拥有一个经验丰富的"马甲"，也就拥有了一笔宝贵的财富。

此外，套利交易的存在让"马甲"们偶尔还要干起电话报单的"老本行"。场内交易的行情传输略快于场外，这点已被不少从事套利交易的大机构充分认识到。"时间就是金钱"，虽然只快一点点，但对于大机构而言，这已经足够。因此，电话报单仍有一定的存在价值。

"短短 5 年的时间，我们的工作发生了这么大的变化，这和上海期货市场的快速发展是分不开的。"在顾肖乐看来，期货市场的快速发展是造成"马甲"工作出现根本转变的重要原因。期货市场的交易品种越来越多、规模越来越大，吸引了大量资金进入期货市场。为改善期货市场的交易环境，交易所、期货公司想尽办法提高交易效率，在这样的背景下，以成本更低、安全性更高的自动化交易来替代成本高、差错率高的人工交易，自然是一个难以避免的趋势。

"红马甲"们的兴衰从一个侧面折射出上海期货市场的变迁。"期货市场再发展，自动化

程度再高,最终还是需要人来操作。"顾肖乐表示,不论未来如何,自己还继续在"红马甲"的岗位上快乐地工作下去。

3.4 竞价、成交与交易结算

证券市场的市场属性集中体现在竞价与成交环节上,特别是在高度组织化的证券交易所内,会员经纪商代表众多的买方和卖方按照一定规则和程序公开竞价,达成交易。

3.4.1 竞价原则

证券交易所内的证券交易按照"价格优先、时间优先"原则竞价成交。

1. 价格优先

成交时价格优先的原则为:较高价格买入申报优于较低价格买入申报,较低价格卖出申报优于较高价格卖出申报。

2. 时间优先

成交时时间优先的原则为:买卖方向、价格相同的,先申报者优先于后申报者。先后顺序按照证券交易所交易主机接受申报的时间确定。

【例 3-1】 有甲乙丙丁投资者 4 人,均申报卖出 X 股票,申报价格和申报时间见表 3-2。则这 4 位投资者交易的优先顺序为:丁、乙、甲、丙。

表 3-2   4 位投资者交易顺序表

投资者	申报价格(元)	申报时间
甲	10.70	13:35
乙	10.68	13:39
丙	10.71	13:32
丁	10.68	13:38

3.4.2 竞价方式

目前,我国证券交易所采用两种竞价方式:集合竞价方式和连续竞价方式。

1. 集合竞价方式

集合竞价是指在股票每个交易日上午 9:15—9:25,由投资者按照自己所能接受的心理价格自由地进行买卖申请。

集合竞价时,成交价格的决定原则为:

(1) 能实现成交量最大的价位。

(2) 高于决定价格的买进申报与低于决定价格的卖出申报须全部成交。

(3) 与决定价格相同的一方(买方或卖方)须全部成交。

(4) 如果满足以上条件的价位有多个,则选取离上一收市最近的价位。

【例3-2】 某股票当日在集合竞价时买卖申报价格和数量情况如下表3-3所示,该股票上日收盘价为10.13元。该股票在上海证券交易所的当日开盘价及成交量分别是多少?如果是在深圳证券交易所,当日开盘价及成交量分别是多少?

表3-3 某股票某日在集合竞价时买卖申报价格和数量

买入数量(手)	价格(元)	卖出数量(手)
—	10.50	100
—	10.40	200
100	10.30	600
200	10.20	200
200	10.10	200
300	10.00	100
500	9.90	—
600	9.80	—
300	9.70	—

根据表3-3分析各价位的累积买卖数量及最大可成交量可见表3-4。

表3-4 各价位的累积买卖数量及最大可成交量

累积买入数量(手)	价格(元)	累积卖出数量(手)	最大可成交量(手)
0	10.50	1 400	0
0	10.40	1 300	0
100	10.30	1 100	100
300	10.20	500	200
500	10.10	300	200
800	10.00	100	100
1 300	9.90	0	0
1 900	9.80	0	0
2 200	9.70	0	0

由表3-3和3-4得出,符合上述集合竞价确定成交价原则的价格有两个:10.20元和10.10元。上海证券交易所的开盘价为这两个价格的和中间价10.15元,深圳证券交易所的开盘价取离上日收盘价(10.13元)最近的价位10.10元。成交量均为300手。

2. 连续竞价

连续竞价,即是指对申报的每一笔买卖委托,由电脑交易系统按照以下两种情况产生成交价:最高买进申报与最低卖出申报相同,则该价格即为成交价格;买入申报高于卖出申报时,或买入申报低于卖出申报时,申报在先的价格即为成交价格。连续竞价阶段的特点是,每一笔买卖委托输入交易自动撮合系统后,当即判断并进行不同的处理:能成交者予以成交,不能成交者等待机会成交,部分成交者则让剩余部分继续等待。

连续竞价时,成交价格的决定原则为:

(1)最高买进申报与最低卖出申报价位相同。

（2）买入申报价格高于市场即时的最低卖出申报价格时，取即时的最低卖出申报价位。

（3）卖出申报价格低于市场即时的最高买入申报价格时，取即时的最高买入申报价位。

3.4.3 竞价结果

每一笔买卖委托输入系统后，通过集合竞价或连续竞价，竞价结果分为：全部成交、部分成交、不成交。

1. 全部成交

委托买卖全部成交，证券经纪商应及时通知客户按规定的时间办理交收手续。

2. 部分成交

客户的委托如果未能全部成交，证券经纪商在委托有效期内可继续执行，直到有效期结束。

3. 不成交

客户的委托如果未能成交，证券经纪商在委托有效期内可继续执行，等待机会成交，直到有效期结束。对客户失效的委托，证券经纪商需及时将冻结的资金或证券解冻。

3.4.4 交易结算

每日交易结束后，证券公司要为客户办理证券和资金的清算与交收。目前，我国证券市场采用的是法人结算模式。法人结算模式是指由证券公司以法人名义在证券登记结算机构开立证券交收账户和资金交收账户，其接受客户委托代理的证券交易的清算交收均通过此账户办理。证券公司与其客户之间的资金清算交收由证券公司自行负责完成。证券公司作为结算参与人与客户之间的清算交收，是整个结算过程不可缺少的环节。

本章小结

本章首先对证券交易程序的整体流程进行了大致的介绍，在此基础之上，对流程中所涉及的委托、竞价、成交以及交割等方面进行了详细的描述。

练习题

一、名词解释

证券账户 资金账户 委托买卖

二、简答题

1. 证券交易程序包括哪些环节？它们各有什么作用？

2. 自助委托方式有哪些类型？

3. 简述开立证券账户遵循的基本原则。

4. 简述证券托管、存管的含义。

5. 竞价结果包括哪几种类型？

第4章　证券投资的收益与风险

 **学习目标**

1. 了解复利终值和现值的概念和计算
2. 了解多次复利与连续复利的概念和计算
3. 了解净现值与内部收益率的概念和计算
4. 了解年金的概念和计算
5. 熟悉如何计算债券、股票的收益
6. 了解并掌握证券投资风险的含义和类型、系统风险与非系统风险分析及风险溢价
7. 了解风险的衡量和防范方法

4.1　证券投资的收益

4.1.1　证券投资收益的计算方法

证券投资者进行证券投资的最主要目的就是要获取最大化的收益,但收益与风险是证券投资中的一对最基本的矛盾。风险的存在可能导致投资者的实际收益偏离其预期收益,因而,投资者就要在收益与风险的矛盾中进行权衡。下面我们先了解证券投资收益的相关知识。

1. 单利与复利

(1)单利。利息的计算方法有单利和复利两种。单利是只对本金计算利息,利息部分不再计息的一种方式。按这种形式增长的利息称为单利。

单利计息的一般原则是如果初始投资为 p,以单利 r 计息,则 n 年后该投资的总价值 F 为

$$F = p(1 + rn)$$

(2)复利。复利指不仅要对本金计息,还要对本金产生的利息计息,俗称“利滚利”。其中的计息期是指相邻两次计息的时间间隔,如年、月、日等。除非特别指明,计息期一般为一年。还是年利率为 r 的投资,每年利息以复利计算,那么一年后,第一年的利息会增加到初

始投资的本金中,使第二年计息的投资额增大。因此,第二年的投资对于第一年的利息依然计息。这就是复利的结果,而且这种结果会年复一年地持续下去。

在每年复利的情况下,初始投资为 p,一年后变为 $p(1+r)$;2 年后,通过又一因子 $(1+r)$ 变为 $p(1+r)^2$;n 年后这一投资增长为

$$F = p(1+r)^n \qquad (n \geqslant 1)$$

其中,$(1+r)^n$ 为复利终值因子,亦即复利增长因子,可以通过查复利终值系数表查得。任何一笔利率为 8% 的投资,9 年后的终值都等于投资额乘以终值因子 1.992 6,接近翻番。所以,10 000 元以 8% 的年利率投资,9 年后的终值为 19 926 元。终值因子会随着利率的提高、投资期限的延长而增大。

显然,在一个计息期(即 $n=1$ 时),单利与复利的投资价值是相等的;而在多于一个计息期时,复利计算的投资价值要比单利计算的大。假如前例投资以单利计息,9 年后的投资本利和为 17 200 元,比复利终值少了 2 726 元(这就是利息的利息)。单利、复利的另一个不同点与增长方式有关,当利率不变时,在单利条件下,每个相等计息期利息增长的绝对数额相等,而在复利下,在相等计息期的利息增长的相对比率为常数。复利几乎用于所有的金融活动(特别是投资活动)中,包括一年或更长期的,也用于短期交易,单利偶尔用于短期交易或作为不足一个计息期复利的近似值。对于复利计息的结果可以用以下法则估计:

"7-10 法则"即投资于年利率为 7% 的资金大约经过 10 年会翻一番。同样的,投资于年利率为 10% 的资金大约经过 7 年会翻一番。因为,在 $r=7\%$、$n=10$ 年时,资金以 1.97 为因子增长;在 $r=10\%$、$n=7$ 年时,资金以 1.95 为因子增长。

更准确地说是"72 法则",即复利率和翻番所需年数的乘积为 72。投资于年利率为 10% 的资金经过 7.2 年会翻一番。同样的,投资于年利率为 7.2% 的资金经过 10 年翻一番。这一准则可以推广为当利率小于 20% 时,则投资额翻番的时间约为 72/r。根据 72 法则,我们可以进一步推导出投资额翻两番的法则——116 法则。当 $r=10\%$ 时,一笔投资额翻两番所需要的时间为 116/r=116/10=11.6 年。

拓展阅读 4-1　　　　　拿破仑的玫瑰债

公元 1797 年,拿破仑参观卢森堡第一国立小学的时候,向该校赠送了一束价值 3 路易的玫瑰花。拿破仑宣称,玫瑰花是两国友谊的象征,为了表示法兰西共和国爱好和平的诚意,只要法兰西共和国存在一天,他将每年向该校赠送一束同样价值的玫瑰花,当然。由于连年征战,拿破仑并没有履行他的诺言。

历史前进的脚步一刻也不曾停息,转眼间已是近一个世纪的时光。公元 1894 年,卢森堡王国郑重向法国政府致函:向法国政府提出这"赠送玫瑰花"的诺言,并且要索赔。一、从 1798 年算起,用 3 路易作为一束玫瑰的本金,以 5 厘复利计息全部清偿;二、要么在法国各大报刊上,公开承认拿破仑是个言而无信的小人。法国政府不想做出有损拿破仑形象的事情,但原本只有 3 路易的一束玫瑰花,本息已达 1 375 596 法郎。

1977 年 4 月 22 日，法国总统德斯坦回访卢森堡，将一张 4 936 784.68 法郎的支票，交给了卢森堡，以此了却了持续 180 年的"玫瑰债"案。自幼喜欢数学的拿破仑，对数学有着特殊的兴趣。然而，就是这样一位对数学颇有研究的皇帝，却不小心掉进了自己设下的陷阱。拿破仑至死也没有想到，自己只是一时即兴言辞，却给法兰西后人带来这样的尴尬。但这也说明了一个道理：许诺只是在一瞬间，践约需要永远——无论是凡人，还是伟人。

（3）多次复利与连续复利。在前面讨论中，计息期均以年为单位。如果增加计息期频率如以季度、月甚至是天计息，这种更加频繁的复利提高了年利率的效果。此时，习惯上仍将利率记为年利率，但在计算时则对每一复利计息期运用适当的利率进行计算。例如，以年利率 r 进行每半年复利意味着每半年以 $r/2$ 进行复利。因此，一笔投资每半年以 $(1+r/2)$ 增长；1 年后，该笔投资将以复利因子 $(1+r/2)^2$ 增长。

在 1 年复利几次的情况下，有效利率作为年利率复利一次的利率与上述情况会产生相同结果。有效利率的含义是：将所有的资金投资于具有相同收益率的项目在 1 年中的收益。例如，年名义利率为 8%，每年复利两次，则其增长因子为 $(1+4\%)^2=1.081\ 6$，因此，有效（年）利率为 8.16%。

复利可以以任何频率进行，假设年利率为 r，每年复利 m 次（复利期长短相同），则每期复利的利率为 r/m，经过 1 年 m 次复利，则其增长因子为 $(1+r/m)^m$。有效利率为 r^* 与名义利率 r 之间的关系为

$$r^* = (1+r/m)^m - 1$$

表 4-1 显示了年利率为 8% 时不同的复利频率下的有效年利率。

表 4-1   年名义利率为 8% 的有效年利率

复利频率（1 年）	N	有效年利率（%）
年	1	8.000 00
半年	2	8.160 00
季	4	8.243 21
月	12	8.299 95
周	52	8.322 05
日	365	8.327 76

2. 终值与现值

终值（F）与现值（P）是一对极其有用的概念。在投资过程中，不同的证券可能意味着不同的现金流。比如，一种证券可能会为你带来 2 年的 5 000 元收入，而另一种债券可能会为你带来两笔未来收入，即 1 年后的 2 500 元和 2 年后的 2 500 元。我们该如何比较这两种证券收益率的高低呢？显然，不能简单地将两种现金流直接对比，因为不同时间点的收入是无法直接比较的。

如果年利率为 7%，那么如果将今年的 1 元钱进行投资，1 年后将变为 $F=1\times(1+7\%)=1.07$ 元。1.07 元就是现在 1 元钱 1 年后的终值。相应地，1 年后的 1 元钱，实际上只

相当于现在的 $P=1/(1+7\%)=0.9345$ 元。0.9345 元就是 1 年后 1 元钱的现值。

根据公式,1 元钱在 n 年后的终值为?

$$F=(1+r)^n$$

而 n 年后的 1 元钱的现值为?

$$P=\frac{1}{(1+r)^n}$$

其中:$1/(1+r)^n$ 为复利现值因子,可以通过查复利现值系数表获得。显然,现值是对终值进行逆运算的结果。根据终值求现值的过程,被称为贴现。现值一般有两个特征:

(1) 当给定终值时,贴现率越高,现值就越低。

(2) 当给定利率时,取得终值的时间越长,该终值的现值就越低。

【例 4-1】　某人拟在 5 年后获得 100 万元,假设年利率为 7%,他现在应投入多少元?

解:根据公式可得

$$P=100/(1+7\%)^5=100\times0.713=71.3(万元)$$

3. 净现值与内部收益率

(1) 净现值。净现值(NPV)就是指特定方案未来现金流入的现值与未来现金流出的现值之间的差额,它是投资决策中最基本、最常用的评价指标。也可以表述为 NPV 等于所有的未来流入现金的现值减去现在和未来流出现金现值的差额。如果一个项目的 NPV 是正数,就表明该项目是可行的;反之,如果一个项目的 NPV 是负数,就说明该项目是不可行的。

净现值法具有广泛的适用性,其应用的主要问题是如何确定贴现率,一种办法是根据资金成本来确定,另一种办法是根据投资的机会成本来确定。投资者的资金成本比较容易确定,而资金的机会成本并非总是十分明确的,因而比较难以确定。资金的机会成本又称为市场资本报酬率,简单地说,是指假如不投资于正在评估的项目,而投资于其他项目所能得到的收益率。

(2) 内部收益率。内部收益率(IRR)是指能够使未来现金流入量现值等于未来现金流出量现值的贴现率,换言之,IRR 是指 NPV 恰好为零的贴现率。内部收益率法也考虑了货币的时间价值,可以说明投资方案在盈亏平衡情况下的投资收益率,它的缺陷是没有揭示方案本身可以达到的具体的收益是多少。

运用 IRR 对独立项目进行评价时,要将 IRR 与资本成本或投资机会成本进行对比,如果前者高于后者,则投资方案为可行。如果是非独立项目,则要结合净现值指标进行评价,因为某个项目即使 IRR 很高,但能容纳的投资额很少,可能致使总体收益额偏低。这是因为 IRR 是相对数指标,而净现值是绝对数指标。当使 NPV 为零的利率(IRR)高于资金的机会成本时,以资金的机会成本为贴现率计算的 NPV 一定为正。也就是说,假如 IRR 为 7% 时(即在 7% 时,NPV 为零),按资金的机会成本(假定为 6%)计算,NPV 一定为正。因为,计算 NPV 实际上是将未来的现金流折算成现值,而贴现率越小,未来现金流的现值就越大。所以,如果贴现率为 7% 时 NPV 为零,那么贴现率为 6% 时,NPV 一定为正。

拓展阅读 4-2   瑞士田纳西镇的巨额账单

如果你突然收到一张事先不知道的 1 260 亿美元的账单，你一定会大吃一惊。而这样的事件就发生在瑞士的田纳西镇的居民身上。纽约布鲁克林法院判决田纳西镇应向美国投资者支付这笔钱。最初，田纳西镇的居民以为这是一件小事，但当他们收到账单时，他们被这张巨额账单惊呆了。他们的律师指出，若高级法院支持这一判决，为偿还债务，所有田纳西镇的居民在其余生中不得不靠吃麦当劳等廉价快餐度日。

田纳西镇的问题源于 1966 年的一笔存款。斯兰黑不动产公司在内部交换银行（田纳西镇的一个银行）存入一笔 6 亿美元的存款。存款协议要求银行按每周 1% 的利率（复利）付息（难怪该银行第二年破产！）。1994 年，纽约布鲁克林法院做出判决：从存款日到田纳西镇对该银行进行清算的 7 年中，这笔存款应按每周 1% 的复利计息，而在银行清算后的 21 年中，每年按 8.54% 的复利计息。在复利的神奇作用下，6 亿美元的本金投入像滚雪球一样，越滚越大，最终形成 1 260 亿美元的天价账单。

4. 年金

年金是指每隔相同的期间（如每年或每月）收入或支出的一系列相等数额的现金流。按照收付的次数和支付的时间划分，年金有以下 4 种（本书仅重点介绍普通年金与永续年金的计算）：

1）普通年金，也称后付年金，即于每期期末收入或支出一系列相等数额的款项。

（1）普通年金终值是指其最后一次支付时的本利和，它是每次支付的复利终值之和。假设每年的支付金额为 C，利率为 r，期数为 n，则普通年金终值 F 为：

$$F = C + C(1+r) + C(1+r)^2 + \cdots + C(1+r)^{n-1}$$

经推导可得

$$F = \frac{C[(1+r)^n - 1]}{r}$$

其中 $\frac{(1+r)^n - 1}{r}$ 称为普通年金现值系数，在已知 r 与 n 的情况下，可通过查普通年金终值系数表获得。

（2）普通年金现值是指为在每期期末取得相等金额款项，现在需要投入的金额。计算普通年金现值 P 的一般公式为：

$$P = C(1+r)^{-1} + C(1+r)^{-2} + \cdots + (1+r)^{-n}$$

可得

$$P = \frac{C[1-(1+r)^{-n}]}{r}$$

其中 $\frac{1-(1+r)^{-n}}{r}$ 称为普通年金现值系数，在已知 r 与 n 的情况下，可通过查普通年金现值系数表获得。

（2）即付年金，也称预付年金，即在每期期初收入或支出等额款项。

（3）递延年金，即于签约后的某一时间开始每个相同期间收入或支出等额款项。

（4）永续年金，即无限期持续相同期限收入或支出等额款项。

永续年金最典型的例子是英国政府在 19 世纪发行的"安慰"债券，每年按照债券的票面价值支付利息，但没有到期日。另一个可能更相关的例子是优先股。永续年金没有终止的时间，因而也就无法计算其终值，但是它具有非常明确的、可以计算的现值。永续年金的现值可以通过普通年金现值的计算公式导出

$$P = \frac{C[1-(1+r)^{-n}]}{r}$$

当 $n \to \infty$ 时，$(1+r)^{-n}$ 的极限为零，故上式可写成

$$P = \frac{C}{r}$$

【例 4-2】　如果某优先股，每季的股息为 1 元，而利率是每年 1.5%，对于一个准备买这种股票的人来说，他愿意每股最多出多少钱来购买此优先股？

根据公式可得

$$P = 4/1.5\% = 266.67（元）$$

假定上述优先股股息是每年 1 元，而利率是年利 6%，该优先股的价值是

$$P = 1/6\% = 16.67（元）$$

4.1.2　债券收益的计算

1. 债券收益的构成

（1）债券的利息收入。债券的利息收入是债券收益的基础，也是债券收益的主要组成部分，从债券发行者的角度来看，利息也是放弃资本使用权的补偿。因此，利息成为联接债券发行者和投资者的桥梁。没有利息，以债券这种形式所反映的资金的借贷运动就不复存在。

债券利息收入有以下两点需加以注意：一是债券利息收入属于一种名义收入，即在债券收入中没有扣除通货膨胀造成贬值影响，只有扣除通货膨胀贬值影响的收入，才是一种真实收入。作为一个理性的投资者，真正关心的不是债券名义收入，而应该是债券的真实收入。二是债券利息收入具有固定性。债券的约定一旦成立和生效，不管今后出现什么样的变化，也不管是对投资者有利还是对发行者有利，双方均应该按照事先的约定，照章办事不得反悔，以保证债券这一融资工具的严肃性和合法性，此外，债券的利息收入虽然固定不变，但不同的债券在不同的时期，其利息收入存在差别。而债券收入的高低，则是由发行人和投资者的供需关系以及影响供需关系的其他因素所决定的。

（2）债券的资本损益。债券的资本损益是指债券在其收益固定不变的情况下，由于证

券市场各种因素的变化所带来的债券价格上升或下降而引起投资者资本的增加或损失。例如,一张面值为1 000元、年利率为4%的1年期A公司债券,从发行日至到期日这1年时间内,如果因银行利率的变化而导致债券整体利益水平提高,虽然这张A公司债券的年利率固定为4%,但为了适应债券整体利益水平提高的变化,A公司债券的市场价格必然会有所下降,以此弥补超过4%以上的利息部分。在这种情况下,当持有人将其出售,跟原来的利率水平4%相比,就会出现投资于债券的资本有所损失的情况,而新的投资者若将其购进,则会获得超过4%固定利息水平的资本收入。

值得指出的是,这里之所以使用债券资本损益这一概念,而没有使用债券资本收益,主要是为了强调当证券市场出现新的变化时,投资于债券的资本,除了有可能获得资本增值的机会,也有可能出现资本的损失,即资本的负收益。

(3)债券利息的再收益。如果把利息看作债券的时间价值,那么相应地可以把利息的再收益看作利息的时间价值。由于时间价值的存在,在一个资本稀缺而又讲究效率的证券市场上,不论是证券投资者还是证券发行人,都应看到债券利息再收益的重要性。如果发行人在证券设计时忽略了债券利息再收益,其债券可能因缺乏竞争力而无法实现筹资的目的;如果投资者对债券利息再收益不加以考虑,其直接的后果则是给投资者带来不必要的损失。一般而言,时间一定时,投资于债券的资本金越大则利息越多,而利息越多则利息的再收益也就越可观;在规模一定的情况下,时间越长,利息的再收益也就越大。因此,在大规模的筹资或投资过程中,利息的再收益并非可有可无,而是债券收益的重要组成。一个精明的投资者,只有对债券的收益精打细算,方能实现其投资收益最大化的目的。

(4)其他收益。在债券的收益中,除了以上所谈及的利息收入、资本损益和利息的再收益,还存在一些其他形式的收益。例如,发行者考虑到通货膨胀的影响,为提高债券真实收益率而实行的保值补贴等。

除了这些明显的外在收益,还有一些是无形的潜在收益,如某一债券在同类债券中收益相同,但该债券提供了更高的流动性和安全性,因而存在潜在的、机会的收益,整体收益也就更大。在有些情况下,债券投资的无形和潜在的收益有时比明显和外在的收益更为重要。投资者只有全面深入地对影响债券收益的各种因素进行分析和研究,才可能挖掘和获取这部分收益。

2. 影响债券收益率的因素

影响债券收益率的因素主要是债券的利率、价格和期限,只要其中一个因素发生变化,债券的收益率就会发生变化。

(1)债券的利率。这是指债券的利息与债券票面额的比率。债券的利率主要取决于两个因素:一是债券发行人的信誉情况。发行人的信誉水平越高,债券的利率越低;发行人的信誉水平越低,债券的利率越高。二是发行时市场利率的高低。一般来说,当时市场利率越高,发行的利率越高;市场利率越低,发行的利率越低。

(2)债券的价格。债券的价格可分为发行价格和交易价格。由于债券票面利率和实际利率有差别,所以它的发行价格往往高于或低于面值。债券价格若高于面值则它的实际收益率低于票面利率;反之,收益率则高于票面利率,债券的交易价格是投资人从二级市场上

买卖债券的价格,其价差将直接影响到债券收益率的高低。

(3)债券的期限。债券期限越长,票面利率越高;反之,票面利率越低。除此之外,当债券价格与票面金额不一致时,期限越长,债券价格与面额的差额对收益率的影响越小。当债券以复利方式计息时,由于复利计息实际上是考虑了债券利息收入再投资所得的利益,所以债券期限越长,其收益率越高。

拓展阅读 4-3　　　　　债券定价原理

1962 年麦尔奇在对债券价格、债券利息率、到期年限以及到期收益率进行研究后,提出了债券定价的 5 个定理。至今,这 5 个定理仍被视为债券定价理论的经典。

定理一:债券的市场价格与到期收益率成反比关系。到期收益率上升时,债券价格会下降;反之,到期收益率下降时,债券价格会上升。这一定理对债券投资分析的价值在于,当投资者预测市场利率将要下降时,应及时买入债券,因为利率下降,债券价格必须上涨;反之,当预测利率将要上升时,应卖出手中持有的债券,待价格下跌后再买回。

定理二:当债券的收益率不变,即债券的息票率与收益率之间的差额固定不变时,债券的到期时间与债券价格的波动幅度之间成正比关系。到期时间越长,价格波动幅度越大;反之,到期时间越短,价格波动幅度越小。这一定理说明,债券价格变化的百分率随着到期年限的临近而增大,但债券价格变化百分率的增幅是递减的。由于债券价格对市场利率的敏感度随着到期日的临近而以递减的比例增加。对投资者而言,如果预测市场利率将下降,在其他条件相同的前提下,应选择离到期日较远的债券投资。

定理三:随着债券到期时间的临近,债券价格的波动幅度也减少,并且是以递增的速度减少;反之,到期时间越长,债券价格的波动幅度增加,并且是以递减的速度增加。这一定理也可理解为,若两种债券的其他条件相同,则期限较长的债券销售价格波动较大,债券价格对市场利率变化较敏感;一旦市场利率有所变化,长期债券的价格变动幅度大,潜在的收益和风险也较大。

定理四:对于期限既定的债券,由收益下降导致的债券价格上升的大于同等幅度的收益率上升导致的债券价格下降的幅度。这一定理说明债券价格对市场利率下降的敏感度比利率上升更大,这将帮助投资者在预期债券价格因利率变化而上涨或下跌能带来多少收益时做出较为准确的判断,即对于同等幅度的收益率变动,收益率下降给投资者带来的利润大于收益率上升给投资者带来的损失。

定理五:对于给定的收益率变动幅度,债券的息票率与债券价格的波动幅度之间成反比关系。息票率越高,债券价格的波动幅度越小。这一定理告诉投资者,对于到期日相同且到期收益率也相同的两种债券,如果投资者预测市场利率将下降,则应该选择买入票面利率较低的债券,因为一旦利率下降,这种债券的价格上升幅度较大。值得注意的是,这一定理不适用于 1 年期的债券和永久债券。

3. 债券收益率及其计算方法

收益往往是以相当于当初投资额的百分率来表示的,所以投资收益通常以收益总额占当初投资额的百分率即收益率来表示。债券收益率是指债券投资每年所获得的收益占投资总金额的比率。

债券的收益率是指投资者投入的本金与在一定时期内所获得的收益的比率。显然,债券的收益率和债券的利率不是一回事,债券的投资收益率高低可通过票面收益率、当期收益率、持有期收益率、到期收益率4个指标来衡量。

(1)票面收益率。票面收益率即名义收益率,是指利息收入与票面额的比例,在数值上等同于通常所说的票面利率。显然,票面收益率只能是收益率的最简单衡量,并不能说明债券的投资价值。投资者若将按面额发行的债券持有至期满,所获得的投资收益率与票面收益率相等。票面收益率的计算公式为:

$$票面收益率 = \frac{每年利息收入}{债券面值} \times 100\%$$

票面收益率只适用于投资者按照票面金额买入债券并持有至期满,到期按票面金额收回本金这种情况,没有考虑到买入价格可能与票面价格不一致,也没有考虑到将债券中途卖出的可能。因此,票面收益率并不能真实地反映债权投资的收益。

(2)当期收益率。当期收益率,在日本称为直接收益率,它是对票面收益率的缺陷作了部分改进而得到的,是指利息收入与购买价格的比例。显然该收益率考虑到债券投资者的资本金可能并不等同于面额,因而用真实的购买价格取代了票面额。当期收益率的计算公式为:

$$当期收益率 = \frac{每年利息收入}{买入价格} \times 100\% = \frac{债券面值}{买入价格} \times 票面利率$$

【例4-3】 一张面额为100元的债券,票面年利率为5%,发行价格为90元,期限为3年,计算其直接收益率。

$$直接利益率 = \frac{100 \times 5\%}{90} \times 100\% = 5.56\%$$

(3)持有期收益率。持有期收益率是指在持有债券有效期内的收益率。如某种债券的有效期为3年,但投资者只持有1年便转让出去。它可分为以下两种情况:

① 发行时认购但中途出售时的收益率(Y_1)

$$Y_1 = \frac{年利息 + \dfrac{出售价 - 发行价}{持有年限}}{发行价} \times 100\%$$

【例4-4】 某种5年期债券的发行价为100元,年利息为6元,将其持有3年后出售,出售价为109元,计算其收益率。

$$Y_1 = \frac{6 + \dfrac{(109 - 100)}{3}}{100} \times 100\% = 9\%$$

显然,当出售价大于发行价时,其收益率大于按年利息计算的直接收益率,而当出售价

小于发行价时,其收益率必定小于按年利息计算的直接收益率。

② 受让但中途再转让时的收益率(Y_2)

$$Y_2 = \frac{\text{年利息} + \dfrac{\text{出售价} - \text{购入价}}{\text{持有年限}}}{\text{购入价格}} \times 100\%$$

【例4-5】 某投资者以102元的价格购入一张期限为5年,年利息为6元的债券,持有2年后以108元的价格将其出售,计算其收益率。

$$Y_2 = \frac{6 + \dfrac{(108-102)}{2}}{102} \times 100\% = 8.82\%$$

(4) 到期收益率。到期收益率又称内在收益率,它指的是使债券面值与每年息票利息的现值之和等于债券目前市价的折扣率,它可以通过以下公式来计算。

$$P_0 = \sum_{i=1}^{n} \frac{iE}{(1+r_o)^t} + \frac{E}{(1+r_o)^n}$$

上述公式中,P_0表示债券的现行市价;n表示距到期年限;i表示息票率;E表示债券面值;r_o表示到期收益率。但是运用这个公式计算r_o很困难,因此人们常用下面的近似公式来代替:

$$r_0 = \frac{\text{每年平均资本利得(或损失)} + \text{每年息票利息}}{\text{平均投资额}} \times 100\%$$

上述公式中,

$$\text{平均投资额} = \frac{\text{购入价格} + \text{卖出(或偿还)价格}}{2}$$

$$\text{每年平均资本利得(或损失)} = \frac{\text{购入价格} - \text{卖出(或偿还)价格}}{\text{距到期年限}}$$

【例4-6】 某投资者于1998年以850元购进一张面值1 000元,息票率为2.5%,2004年到期的债券,计算他的到期收益率。

$$\frac{(1\,000-850)/6 + 2.5\% \times 1\,000}{(850+1\,000)/2} \times 100\% = 5.4\%$$

【例4-7】 假定有三种政府债券分别记为A、B、C,到期收益率分别记为r_A、r_B、r_C,债券A为2年期零息票债券,到期时投资者得到1 000元;债券B为两年期附息债券,从现在起1年后向投资者支付50元,2年后到期时再支付给投资者1 050元(面值加上利息);债券C为永久性债券,既没有到期日,也不能偿还本金,每年向投资者支付100元。这些债券当前市场价格为?

债券A(两年期零息票债券):873.44元

债券B(两年期附息债券):963.84元

债券C(永久性债券):1 000元

以上3种债券的到期收益率应当分别如何计算呢?

① 债券 A 为两年期零息票债券,其终值和现值分别为 1 000 元和 1 000/$(1+r_A)^2$元,而现价是 873.44 元,使得

$$873.44=1\,000/(1+r_A)^2$$

计算可得 r_A 为 7%,这就是债券 A 的到期收益率。

② 债券 B 为附息债券,是债券的典型形式。由于附息债券未来现金流收入不止一次(包括每年的利息和在到期日收回债券的面值),因此,必须把每次现金流的现值加总在一起。算式为:

$$963.84 = 50/(1+r_B) + 1\,050/(1+r_B)^2$$

计算可得 r_B 为 7%,这就是债券 B 的到期收益率。

将上式公式化。如果以 C 代表每年利息,以 F 代表面值,以 n 代表距离到期日的年数,以 P 代表债券的现值,对于一般的附息债券,到期收益率的计算公式为:

$$P = C/(1+r) + C/(1+r)^2 + \cdots + (C+F)/(1+r)^n$$

附息债券均标明有票面利率,它是年利息与面值之比。但票面利率并不反映债券真正的收益率水平,因为投资者并不一定是按照面值购买的。当然,如果债券的现价与债券的面值相等,那么,到期收益率就等于票面利率。如果债券的价格下降,到期收益率就会上升,如果债券的价格上升,到期收益率就会下降,所以,到期收益率与债券的价格是负相关的。

③ 债券 C 为永久性债券,其到期收益率的计算为:

$$1\,000 = 100/r_C, \quad 则 \quad r_C = 10\%$$

将上式公式化。永久性债券到期收益率的计算原理与附息债券相同,因此,我们可以根据公式推导永久性债券的计算公式。由于永久性债券永无到期日,因而,其公式为:

$$\begin{aligned} P &= C/(1+r) + C/(1+r)^2 + C/(1+r)^3 + \cdots \\ &= C[1/(1+r) + 1/(1+r)^2 + 1/(1+r)^3 + \cdots] \\ &= C/r \end{aligned}$$

4.1.3 股票收益的计算

1. 股票收益及其来源

股票的投资收益是指投资者从购入股票开始到卖出股票为止,整个持有期间内的收入,包括股利收入、资本损益和资本增值收益 3 部分。

(1)股利收入。股利收入包括股息和红利两部分,股息是指股票持有者依据股票从股份公司分收的盈利。红利则是在上市公司分派股息之后按持股比例向股东分派的剩余利润。但在概念的使用上,人们对股息和红利并不严格将以区分,只是笼统地称为股利。

获取股利收入,是投资者投资上市公司的基本目的,也是投资者的基本经济权利。股利的来源是公司的税后净利润。公司从营业收入中扣除各项成本和费用支出、应偿还的债务、应缴纳的税金,余下的即为税后净利润。我国《公司法》对税后净利润的分配做出了如下的

规定:公司的法定公积金不足以弥补以前年度亏损的,在提取法定公积金之前,应当先用当年利润弥补亏损;公司从税后净利润中提取法定公积金后,经股东会或股东大会决议,还可以从税后净利润中提取任意公积金;公司弥补亏损和提取公积金后所余税后利润按照股东实缴的出资比例分取红利;股份有限公司按照股东持有的股份比例分配;公司持有的本公司股份不得分配利润。

(2) 资本损益。资本损益是指投资者利用股票价格的波动,在股票市场上通过低买高卖所赚取的价差收入。股票卖出价和买入价之间的差额即为资本损益,或称资本利得。当卖出价大于买入价时为资本收益,当卖出价小于买入价时为资本损失。

由于影响股票价格的主要因素是上市公司的经营业绩,因此资本损益的取得主要取决于股份有限公司的经营业绩和股票市场价格的变化。但是,除了上市公司的经营业绩,还有很多因素影响股票市场价格的变化,如一国的经济增长状况、经济周期和经济政策、投资者的心理因素、证券主管部门规定的涨跌停板制度以及政策因素等。

(3) 资本增值收益。股票投资资本增值收益的形式也是送红股,但其送红股的资本不是来自公司当年可分配的盈利,而是公司提取的公积金,因此又可称为公积金转增资本。

公司提取的公积金有法定公积金和任意盈余公积金。公司法定公积金的来源主要有以下 4 项:①股票溢价发行时,超过股票面值的溢价部分,要转入公司的法定公积金;②依据我国《公司法》的规定每年从公司税后利润中按一定比例提取的部分法定盈余公积金;③公司经过若干年经营后资产重估增值的部分;④公司从外部取得的赠予资产。许多国家的公司法都规定,公司法定公积金可以转增资本,也可以用来弥补亏损,但是不能作为红利进行分派。公司依法提取法定盈余公积金后,经股东大会同意,可以提取任意盈余公积金,以备不时之需。公司以法定公积金和任意盈余公积金转增资本时,应相应地发行新股,并按老股东的持股比例平等分摊,这种做法与股票派息的做法相似。资本增值收益是长期投资者选择优质公司股票并长期持有的主要投资目的。

2. 股票收益的影响因素

分析股票收益的影响因素,可从以下 3 个方面入手:

(1) 公司业绩。股票是享有股份公司所有权的一种法律证书,而股份公司是追求利润最大化的经济实体。因此,业绩是股份公司存在的根本,也是股票存在的基础。公司业绩是决定和影响股票收益最重要的因素。经验和事实表明,股票收入与股份公司业绩成正比,即股份公司的业绩越好,其分红派息也就越多,投资股票的收益就会越大;相反,股份公司经验不善,业绩下滑,则分红派息减少,投资收益也会相应降低。需要强调的是,公司业绩虽然是决定和影响股票收益的基本因素,但不是唯一因素,分析公司业绩对股票收益的影响,需要结合其他因素一起考虑。

(2) 股价的变动。股价变动可以看作股票对各种影响因素所起作用的综合反映,它使股票的外在价格能够更好地体现股票的内在价值。因此,股价变动实际上发挥了价格的发现功能和调节作用。股票变动有正常和不正常两种情况:在正常的情况下,股价变动是对客观因素发生变化的真实反映;在不正常的情况之下,股价变动带有虚假的泡沫成分。投资者在进出股市时对此一定要有清醒的认识,把握好股价变动的趋势的方向,尽可能低价买进,高价卖出,才能得到最大限度的收益。否则非但不能获得股价变动带来的收益,相反,还会遭到股价变动带来的损失。

(3)股票收益税。股票收益税是所得税税种之一,作用在于一方面为国家提供财政收入来源,另一方面还可对股票投资进行有效的调节。征收股票收益税,对投资者而言,增加了投资的成本。收益税越高,投资者的纯利越低,反之亦然。投资者在实际投资过程中,只有充分考虑到收益税对股票收益的影响,才能正确地判断并作出相应的投资决策。

3. 股票收益率及其计算方法

衡量股票投资收益率水平的指标主要有股票收益率、持有期收益率、持有期回收率等。

(1)股利收益率。股利收益率又称获利率,是指股份有限公司以现金的形式派发给股东的股利与股票市场价格的比率。如果投资者以某一市场价格购入股票,在持有期间得到公司派发的现金股利,股利收益率可用本期每股股利与股票购入价之比来计算。如果投资者打算投资某种股票并长期持有,可用该股票上期实际派发的现金股利或预期本期的现金股利与当前股票价格计算,得出预期的股利收益率,该指标对做出投资决策有一定的帮助。

$$股利收益率 = \frac{D}{P_0} \times 100\%$$

上述公式中,D 表示现金股利;P_0 表示本期买入股票价格。

公式中,本期股票价格是指在证券市场上该股票的当日收盘价,年现金股利是指上一年每一股股票获得的股利。本期股利收益率表明以现行价格购买股票的预期收益。

【例4-8】 某投资者以12元一股的价格买入 A 公司股票,分得现金股息1.5元,则

$$股利收益率 = \frac{1.5}{12} \times 100\% = 12.5\%$$

(2)持有期收益率。持有期收益率是指投资者持有股票期间的股利收入和买卖价差与股票买入价格的比率,它反映投资者在一定的持有期内的全部股息收入和资本利得占资本金的比率。

$$持有期收益率(HPR) = \frac{D + (P_1 - P_0)}{P_0} \times 100\%$$

上述公式中,D 表示年现金股利;P_0 表示股票买入价格;P_1 表示股票卖出价格。

【例4-9】 [例4-8]中投资者在分得现金股息2个月后将股票以13元的市场价格出售,则

$$持有期收益率(HPR) = \frac{1 + (13 - 12)}{10} \times 100\% = 20\%$$

【例4-10】 股票投资者甲第一年年初以每股11元的价格购买了 A 股票1 000股,第一年年末获得每股1元的红利,第二年年末以每股12元的价格将该股票全部售出,计算其持有期收益率。

$$HPR = \frac{1\,000 \times 1 + 1\,000 \times (12 - 11)}{1\,000 \times 11} \times 100\% = 18.18\%$$

【例 4-11】　股票投资者乙年初以每股 10 元的价格购买了 B 股票 1 000 股,年末以每股 12 元的价格将该股票全部售出,计算其持有期收益率。

$$HPR = 1\,000 \times (12-10)/(1\,000 \times 10) \times 100\% = 20\%$$

（3）持有期回收率。持有期回收率是指投资者持有股票期间的现金股息收入和股票卖出价与买入价的比率。该指标主要反映投资回收情况,如果投资者买入股票后股价下跌或是操作不当均有可能出现股票卖出价低于买入价,甚至出现持有期收益率为负的情况。此时,持有期回收率可作为持有期收益率的补充指标,其公式如下:

$$持有期回收率 = \frac{D+P_1}{P_0} \times 100\%$$

上述公式中,D 表示年现金股利;P_0 表示股票买入价格;P_1 表示股票卖出价格。

【例 4-12】　[例 4-11]中投资者若最终以 8.5 元一股的价钱卖出,则出现投资亏损。

$$持有期收益率 = \frac{8.5-10}{10} \times 100\% = -15\%$$

$$持有期回收率 = \left(1+\frac{8.5-10}{10}\right) \times 100\% = 85\%$$

这说明投资者亏损后,只能收回本金的 85%。

拓展阅读 4-4　　　　　　　郁 金 香 泡 沫

郁金香泡沫,又称郁金香效应,源自 17 世纪荷兰的历史事件,被称为人类历史上有记载的最早的投机活动。17 世纪荷兰的郁金香一度在鲜花交易市场上引发异乎寻常的疯狂,郁金香球茎供不应求、价格飞涨,荷兰郁金香市场俨然已变成投机者伸展拳脚的、无序的赌池。

"郁金香泡沫"是人类历史上第一次有记载的金融泡沫。16 世纪中期,郁金香从土耳其被引入西欧,不久,人们开始对这种植物产生狂热的追求。到 17 世纪初期,一些珍品卖到了不同寻常的高价,而富人们也竞相在他们的花园中展示最新和最稀有的品种。到 17 世纪 30 年代初期,这一时尚导致了一场经典的投机狂热。人们购买郁金香已经不再是为了其内在的价值或作观赏之用,而是期望其价格能无限上涨并因此获利（这种总是期望有人会愿意出价更高的想法,长期以来被称为投资的"搏傻理论"）。

1635 年,一种叫 Childer 的郁金香品种单株卖到了 1 615 弗罗林（florins,荷兰货币单位）。如果你想搞清楚这样一笔钱在 17 世纪早期荷兰的经济中是什么价值,你只需要知道 4 头公牛（与一辆拖车等值）,只要花 480 弗罗林,而 1 000 磅（约 454 千克）奶酪也只需 120 弗罗林。可是,郁金香的价格还是继续上涨,第二年,一株稀有品种的郁金香（当时的荷兰全境只有两株）以 4 600 弗罗林的价格售出,除此以外,购买者还需要额外支付一辆崭新的马车、两匹灰马和一套完整的马具。

但是,所有的金融泡沫正如它们在现实世界中的名称所喻示的一样脆弱,当人们意识到这种投机并不创造财富,而只是转移财富时,总有人会清醒过来,这个时候,郁金香泡沫就该破灭了。在某个时刻,当某个无名小卒卖出郁金香——或者更有勇气些,卖空郁金香时,其他人就会跟从，很快，卖出的狂热将与此前购买的狂热不相上下。于是，价格崩溃了，成千上万的人在这个万劫不复的大崩溃中倾家荡产。

诚然，在17世纪欧洲市场上对郁金香的需求迅速上升，这是促成郁金香泡沫的必要条件之一。可是，许多商品在一段时间内都出现过供不应求的现象，却并没有因此而出现泡沫经济。郁金香泡沫的形成必然有其特殊的理由。

（1）在短期内，即使郁金香的价格上升，生产者也没有办法迅速增加供给。供给数量不能及时增加来满足需求，这就为投机活动提供了空间——有实力的投机者可以通过大量囤积商品或者垄断供应渠道的方式来减少供应，哄抬价格，赚取利润。这是投机泡沫形成的第一个条件。

（2）货币的增加速度大大快于实体经济的增长速度。人们除了进行消费和投资实业以外，还有大量的"闲钱"来从事投资活动——用现在流行的话说就是"流动性过剩"。这是投机泡沫形成的第二个条件。

（3）金融市场的形成，为投机活动提供了资金支持和低成本的交易平台。这是投机形成的第三个条件。

拓展阅读 4-5　　　　　日本泡沫经济

1985年9月22日，世界五大经济强国（美国、日本、德国、英国和法国）在纽约广场饭店达成"广场协议"。当时美元汇率过高而造成大量贸易赤字，为此陷入困境的美国与其他四国发表共同声明，宣布介入汇率市场。此后，日元迅速升值。当时的汇率从1美元兑240日元左右上升到1年后的1美元兑120日元。由于汇率的剧烈变动，由美国国债组成的资产发生账面亏损，因此大量资金为了躲避汇率风险而进入日本国内市场。当时日本政府为了补贴因为日元升值而受到打击的出口产业，开始实行金融缓和政策，于是产生了过剩的流通资金。

另外，当时还有下列背景：

1. 从1970年代后期开始，日本的银行烦恼于向优良制造业企业的融资案件，于是开始倾向于向不动产、零售业、个人住宅等融资。

2. 1980年代以来，全球性的通货紧缩形成了股票市场的上升通道。

由于上述因素叠加在一起，日本国内兴起了投机热潮，尤其在股票交易市场和土地交易市场更为明显。其中，受到所谓"土地不会贬值"的土地神话的影响，以转卖为目的的土地交易量增加，地价开始上升。当时东京23个区的地价总和甚至达到了可以购买美国全部国土的水平，而银行则以不断升值的土地作为担保，向债务人大量贷款。此外，地价上升也使得土地所有者的账面财产增加，刺激了消费欲望，从而导致了国内消费需求增长，进一步刺激了经济发展。

1985年到1986年期间，随着日元急速升值，日本企业的国际竞争力虽有所下降，但是国内的投机气氛依然热烈。1987年，投机活动波及所有产业，当时乐观的观点认为只要对土地的需求高涨，那么经济就不会衰退，而且市场也鼓励人们不断购买股票，声称股票从此不会贬值。当时日本媒体为了给这种经济繁荣状况命名，还希望募集像岩户景气、神武景气类似的名称。但当时也出现了少数反对论点，认为土地价格已经远远超过其实际需求，日本经

济将在不久的将来陷入衰退。

当时为了取得大都市周边的土地,许多大不动产公司会利用黑社会力量用不正当手段夺取土地,从而导致了严重的社会问题。而毫无收益可能的偏远乡村土地也作为休闲旅游资源被炒作到高价。从土地交易中获得的利润被用来购买股票、债券、高尔夫球场会员权,另外也包括海外的不动产(如美国洛克菲勒中心)、名贵的艺术品和古董、豪华跑车、海外旅游景点等等。当时这种资金被称为"日本钱"(Japan Money)而受到世界经济的关注和商家的追捧。当时随着股票价格上升,日本国内购买法拉利、劳斯莱斯、日产 CIMA 等高档轿车的消费热潮也不断高涨。

苏联由于阿富汗战争以及美苏军备竞赛,加之东欧诸国剧变,已经到了崩溃的边缘。在欧洲,由于严重的高失业率和东欧民主化,国际和社会秩序也非常混乱。美国经过 1980 年代中期的经济周期,逐渐走入低谷。住房金融产业出现危机,社会信用危机日益严重。此外,经常性国际收支趋向平衡,但国内经济持续低迷,失业率也不断上升,财政赤字创下历史纪录。

在这样的世界形势中,政治经济都比较安定的日本出现了"日本是世界第一"的口号,全体国民预感到"日本的时代"即将到来。当时在世界各国的印象中,30 年前仍然是一个普通发展中国家的日本,已经迅速成为了遍地黄金的富裕国家。

1989 年,日本泡沫经济迎来了最高峰。当时日本各项经济指标达到了空前的高水平,但是由于资产价格上升无法得到实业的支撑,泡沫经济开始走下坡路。

一旦投机者丧失了投机欲望,土地和股票价格将下降,因此反而导致账面资本亏损,由于许多企业和投机者之前将上升的账面资本考虑在内而进行了过大的投资,从而带来大量负债。随着中央政府金融缓和政策的结束,日本国内资产价格的维持可能性便不再存在。

1990 年 3 月,日本大藏省发布《关于控制土地相关融资的规定》,对土地金融进行总量控制,这一人为的急刹车导致了本已走向自然衰退的泡沫经济加速下落,并导致支撑日本经济核心的长期信用体系陷入崩溃。此后,日本银行也采取金融紧缩的政策,进一步导致了泡沫的破裂。

1989 年 12 月 29 日,日经平均股价达到最高 38 915.87 点,此后开始下跌,土地价格也在 1991 年左右开始下跌,经济泡沫开始正式破裂。到了 1992 年 3 月,日经平均股价跌破 2 万点,仅达到 1989 年最高点的一半,8 月,进一步下跌到 14 000 点左右。大量账面资产在短短的一两年间化为乌有。

由于土地价格也急速下跌,由土地作担保的贷款也出现了极大风险。当时日本各大银行的不良贷款纷纷暴露,对日本金融也造成了严重打击。

4.2 证券投资风险与风险溢价

4.2.1 风险及证券投资风险

人们进行任何一项投资最直接的动机是获得收益,然而投资与收益在时间上并不是同

步的,收益总是滞后于投资。这种滞后性使得收益受到许多未来不确定因素的影响而成为一个随机变量。投资者在进行投资决策时,只能根据经验和所掌握的资料对未来形势进行分析判断和预测,形成对收益的预期。受未来不确定因素的影响,实际的收益可能会偏离预期,使投资者可能无法实现预期的收益甚至面临亏损的危险。因此,一个比较成熟的投资者在充分认识证券投资收益的同时,同样要充分认识证券投资的风险,力求合理运用资金,以实现把风险降到最低程度而把收益提高到最大的目标。

1. 风险及证券投资风险的概念

风险在经济生活中特别是投资活动中是无处不在的。风险是指某一行动的结果具有变动性,是由于各种难以预料或难以控制因素的作用,使企业实际收益与预计收益发生背离,从而蒙受经济损失的可能性。

在证券投资中,风险有不同的表述。一种表述认为,风险是收入或本金的可能损失,或者预期收益无法达到,因而具有难以捉摸的变动性;另一种表述则把风险解释为在投入一定数额的本金后,将来收益大小的不确定性。这两种表述虽然有所不同,但两者实际意义基本是一致的。从投资的动机来讲,投入一笔资金,预期确实能得到若干收益。但是从时间来看,投入本金是在当前,其数额是确定,取得收益是在将来,在这段时间内变动性很大,而促成变动性很大的因素很多,每种因素都可能使本金损失,预期收入减少,或它们的数目无法预先确定。而且时间越长,其不确定性就越大。因此,我们可以这样说,风险是由于对未来的不确定性而产生的投入本金和预期收益损失或减少的可能性。

通过上面的理解,我们可以认为,证券投资的风险是狭义的,即在证券投资活动中,投资人有无法获得预期收益或遭受损失的可能性。如果投资者期望在证券投资中获得20%的报酬率,这两者之间的差额便是该投资中的风险。由于投资活动的参与者数量众多,所牵涉方面又非常复杂,因而形成和积聚了大量的不确定因素,致使投资的结果具有不确定性,由此可能给投资者带来损失。

2. 证券投资收益与风险的关系

在证券投资中,风险是不可避免的,既要本金绝对安全,收益又比较高,那只是一种美好的愿望。要使投资者愿意承担一份风险,必须给予一定的收益作为补偿,风险越大,补偿越高。所以,收益必须以风险为代价,收益和风险之间的关系可以用下面的公式表示:

$$收益率 = 无风险利率 + 风险补偿$$

上述公式中,收益率是投资者在投资中要求得到的报酬率,在证券投资中常以贴现率来代替。收益率的高低,各个投资者根据其对收益与风险的态度不同而有所差异,有些人要求高一点,有些人可接受低一点的收益,也就是说不愿意承担过大的风险。无风险利率的意思是把货币放入某种投资对象上可以得到一定利息,但是不附有任何风险。在美国证券投资界,一般把联邦政府发行的短期国债看作无风险证券。因为它的还本付息有美国政府充分的保证,当然利率要低一些,不附有风险的补偿。假定国债的利率为2%,到期时间为半年,那么这2%的利率是作为投资者牺牲目前可以进行的消费,在延期半年后才能进行消费而获得的补偿,是一种牺牲或者说等待的报酬。但这有一个前提,即在这段期间内物价没有上

涨,否则,这里面也就附有通货膨胀风险的报酬。

现在我们假定国债是没有风险的,其年利率为 4%,但预计年通货膨胀率约为 3%。则投资者对其他证券所要求的收益率不只是 4%,而要加上 3%,变为 7%,以弥补购买力降低所蒙受的损失。再者,如果投资者对某种证券还估计到有不按期还本付息的可能性,他就不会购买这种证券,除非这种证券的收益率提高到 12%,即以 5% 作为风险的补偿,以此类推。总的来讲,长期投资比短期投资风险要大,股票比债券风险要大。所以,前者的收益一般都要比后者高,才能吸引买者。即使同是债券,或者同是股票,也会因发行单位的资信、盈利能力等不同而有所差异。总之,收益与风险呈现出一种正相关的关系,即收益越大,风险也随之越大;收益越小,所承担的风险便越小。

拓展阅读 4-6　　　　　　　2·27"股灾"

2007 年 2 月 27 日,星期二,在中国股市历史上是创纪录的一天:沪深股市放量下跌,并创出多项历史之最。沪综指下跌 8.8%,深成指下跌 9.2%,均为过去 10 年最大单日跌幅。在中国股市遭遇"黑色星期二"后,全球资本市场随即上演了"环球同此凉热"的行情。2 月 27 日道琼斯指数创出"9·11"恐怖袭击以来的最大跌幅,并在全球引起连锁反应,这轮下跌引起世界各国政要的关注,包括美国总统布什、澳大利亚总理霍华德、日本财政部高官内在的官员,都作出了相应的反应。同时,这轮行情也迅速扩散到了原油、金属、黄金等期货市场,全球股市、汇市、期市、金市出现罕见的普跌。

全球欧美亚三大地区股市市值有高达 1.24 万亿美元蒸发得无影无踪。由此可见,证券市场,特别是股市,充满着巨大的风险。当然,也有获得巨利的可能,这给证券市场增添了无尽的诱惑力。

4.2.2　证券投资风险的分类

证券投资活动中面临的总风险可以分为两类,即系统风险与非系统风险。

1. 系统风险

系统风险与市场的整体运行相关联,通常表现为某个领域、某个金融市场或某个行业部门的整体变化,它断裂层大,涉及面广,往往使整个一类或一组证券产生价格波动。这类风险因其来源于宏观经济因素变化对市场整体产生影响,因而亦称为宏观风险。系统风险强调的是对整个证券市场所有证券的影响,而且这种风险通常难以回避和消除,因而也称为不可分散风险,主要包括:

(1)市场风险。市场风险是指证券市场价格波动可能造成的损失。这是金融投资中最普遍、最常见的风险,几乎所有的投资者都必须承受这种风险。这种风险来自市场买卖双方供求不平衡引起的价格波动,这种波动使得投资者在投资到期时可能得不到投资决策时所预期的收益。

证券行情变动受多种因素影响,但决定性的因素是经济周期的变动,也即经济发展经历高涨→衰退→萧条→复苏的周期性变化。经济周期的变化决定了企业的景气和效益,从而在根本上决定了证券市场,特别是股票市场的变动趋势。证券行情随经济周期的循环而起伏变化,总的趋势可分为看涨市场(多头市场)和看跌市场(空头市场)两大类型。看涨市场从萧条阶段开始,经复苏到高涨;而看跌市场则从高涨开始,经衰退到萧条。看涨市场和看跌市场是指股票行情变化的大趋势。实际上,在看涨市场中,股价并非直线上升,而是大涨小跌,不断出现盘整和反弹行情;在看跌市场中,股价也非直线下降,而是小涨大跌,不断出现盘整和反弹行情。但在这两大变动趋势中,一个重要的特征是,在整个看涨行情中,几乎所有的股票价格都会上涨;在整个看跌行情中,几乎所有的股票价格都不可避免地有所下跌,只是涨跌的程度不同而已。可见,市场风险是无法规避的,投资者只能设法减轻其影响。

(2)利率风险。利率风险是指市场利率水平变动给投资者造成的影响。利率水平的变动会引起企业资金成本的变化,进而影响其盈利水平。该企业证券的市场价格也会随之上涨或下跌,造成投资者报酬的变动。证券的理论价格与利率成反比,即:利率上升,证券价格下降;利率下降,证券价格上升。

债券是利息利率固定的收益证券,它对利率变动影响最敏感。对债券而言,利率风险包括价格变动和息票率风险。市场利率水平的变动使得债券的价格发生相对变动。利率上升时,投资者往往抛售债券而转向银行存款,市场债券供给一旦增加会进一步导致债券价格下跌;反之,利率下降时,债券收益率相对升高,部分资金流回证券市场,对债券的需求增加,导致债券价格上涨。

股票受利率风险的影响相对较小,因为影响企业预期利润的因素除利率之外还有很多。对于这些不确定的股利,利率风险的影响就不像债券那样没有回旋的余地。在企业发行的股票中,普通股和优先股所受利率风险的影响有很大差别。由于优先股的股息同债券利息一样,均是在发行时就已确定,因此,虽然优先股股息也受企业利润前景的影响,但它受利率风险的影响必然大于普通股。

(3)购买力风险。又称通货膨胀风险,是指由于通货膨胀、货币贬值给投资者带来实际收益水平下降的风险。在通货膨胀条件下,随着商品价格的上涨,证券价格也会上涨,投资者的货币收入有所增加,但由于货币的购买力下降,投资者的实际收益可能没有提高甚至有所下降。购买力风险需要通过计算实际收益率来分析。

实际收益率＝名义收益率－通货膨胀率

通常,证券市场上标明的收益率都是名义收益率,经过通货膨胀调整后才是实际收益率,只有通过实际收益率才能衡量出资产真正的变动,也就是资产的购买力是增强了还是削弱了。当名义收益率高于通货膨胀率时,实际收益率为负值,资产的购买力下降。两者的差距越大,投资者损失越大。

购买力风险对不同证券的影响是不同的。最容易受其损害的是固定收益证券,如优先股、债券等,因为它们的名义收益率是固定的,因此当通货膨胀率突然升高时,实际收益会明显下降,所以固定利息率和股息率的证券购买力风险较大。在通货膨胀的不同阶段,购买力风险对股票的影响是不同的。一般来说,通货膨胀之初,企业消化生产费用上涨的能力较

强,又能利用人们的货币幻觉提高产品价格,股票的购买力风险相对较小。当出现严重通货膨胀时,各种商品价格轮番上涨,社会经济秩序紊乱,企业承受能力下降,此时即使股息增加,股价上涨也很难赶上物价上涨,普通股也很难抵偿购买力下降的风险。

(4) 外汇风险,即由外国货币与本国货币之间的汇率变动所造成的证券投资收益的变动。汇率是各国货币之间的兑换比率,它联系着各国之间的货币,反映各国货币的价格,以及生产成本和收益的比较。两国货币之间的汇率,主要由两国货币的相对购买力来决定,因而可反映两国物价的相对变化。各国通货膨胀率的差异是决定汇率变化的基础。此外,国际收支状况、利率水平、金融政策以及政治、军事等因素都会影响汇率的波动。若投资者投资外国资产,汇率的变动会给其带来外汇收益或外汇损失。所以,投资外国资产的收益要通过汇率变动予以调整。外汇风险对投资风险的影响可以通过下面的公式进行描述:

$$实际投资收益率=(1+名义投资收益率)(1+汇率变动)$$

上述公式中,实际投资收益率小于名义投资收益率表明外汇损失;反之,实际投资收益率大于名义投资收益率则表明外汇收益。

(5) 社会、政治风险。稳定的社会,政治环境是经济正常发展的基本保证,对证券投资者来说也不例外。倘若一国政治局势出现大的变化,如政府更迭,国内出现动乱,或对外政治关系发生危机,都会对证券市场产生影响。此外,政界人士参与证券投机活动和从业人员内幕交易一类的丑闻,都会对证券市场的稳定构成很大威胁。对于那些在海外从事直接投资的股份制企业来说,当地社会,政治环境是否安定至关重要,一旦所在国发生社会动乱,不仅它在海外投资的利益会受到损失,它在国内发行股票的价格也会受到不利影响。

2. 非系统风险

非系统风险则基本上只同某个具体的证券相关联,而与其他证券和整个市场无关,因而也称为独特风险或特定公司风险。非系统风险强调的是对某一个证券的个别影响,人们一般可以通过分散化投资策略规避或消除这种风险,因而也称为可分散风险。包括以下几点:

(1) 违约风险。违约风险也称信用风险,是投资于“固定收益证券”的投资者所面临的风险,这类证券在发行时就向投资者明确保证,他们可以在未来一段时间内得到确定金额的收入,这笔金额可能是在证券到期时一次性发放,也可能在有效期内多次发放。然而当公司盈利状况不佳,现金周转不灵,财务出现危机时,这种事先的承诺就可能无法兑现。

(2) 经营风险。经营风险是指所投资的企业由于经营状况发生变化所导致投资收益的不确定性。企业的盈利能力常会因竞争、市场需求、成本因素、企业决策的错误、政府的新政策或其他情况的变化而变化,使投资者所获得的经营利润存在着不确定性。

(3) 财务风险。财务风险是指由于所投资的企业资本结构变动而使企业支付利息额发生变化,从而使企业投资者最终获利水平发生变动的风险。资本结构中,债务比重越大,企业承担的财务风险越大。

(4) 破产风险。破产风险是投资于股票、债券特别是中小型或新创公司的投资者必须面对的风险。当企业由于经营管理不善、操作运转不良,或其他原因导致负债累累,难以维

持时,它可能申请破产保护,策划公司的重组,甚至宣布倒闭。因此破产风险表现为公司宣布破产时,股票、债券价格急剧下跌,以及在公司倒闭时,投资者可能血本无归。

4.2.3 证券投资风险的衡量及溢价

为了在证券投资中比较风险的大小,保证投资者的收益,就需要对投资风险加以衡量。

1. 证券投资风险的衡量

(1) 债券投资风险的衡量。发行者的特征对债券风险的估量十分重要,一般情况下,政府公债常常被认为是最安全的投资对象。在公司债券中,信用评级高的公司债券风险较小,信用评级低的公司债券风险较大,但也可获得较高收益。就债券期限长短而论,短期债券风险较小,长期债券风险较大。

(2) 股票投资风险的衡量。股票投资风险可用股票的年度价差率和贝塔系数表示。

1) 股票年度价差率。

$$股票年度价差率 = \frac{年度最高价 - 年度最低价}{(年度最高价 + 年度最低价)/2} \times 100\%$$

【例4-13】 假定你进行一项股票投资。股票的每股价格为100元,持有期为1年,你对股利的要求为每股4元,那么你的预期股利收益率为4%。总持有期收益率(HPR)取决于你对从现在起1年的投资价值的预期,假定最好情形下你预期每股价格为110元,那么,你的持有期收益率为14%。

一般来讲,股票价差越大,股票的风险也越大。例如,统计资料表明:在2001—2005年间,甲公司股票年度价差率最低为21.3%,最高为55.6%,平均值为36.2%;同期,乙公司股票年度价差最低为47.3%,最高为135.8%,平均值为95%。显然,甲公司股票波动小于乙公司,对前者的投资风险低于后者。价差率既可以用年衡量,也可以用月周来衡量。

2) 贝塔系数。贝塔系数也可以写成为 β 系数,是指某股票价格对整个股票市场的反应。它的表达式为:

β 系数为1,意味着某股票价格的变动同整个股市价格指数的变动是一致的;β 系数小于1,意味着某股票价格变动小于整个股市价格变动;β 系数大于1,意味着某股票价格变动大于整个股市价格变动。系数越大,风险也越大,这说明某股票价格比整个股市价格上升或下跌得快。在股市上升的情况下,能获得额外利润;在股市下跌的情况下,损失重大。那些具有较小的 β 系数的股票,在股市上升时,其上升幅度较之股市要小;而在股市下跌时,其下降幅度也小于股市。例如,假设某一股票的 β 系数为0.73,这就意味着当整个股票市场价格涨到1时,该股票价格上涨0.73。由此可见,该股票价格反映比整个市场趋势要慢,即其波动幅度比整个市场低,系统风险小于整个市场水平。

2. 证券投资风险的溢价

(1) 风险溢价的概念。不同投资对象,不仅风险种类不同,而且高低也有差异。按照风险的高低及有无,通常将资产划分为风险资产和无风险资产两类。在证券投资中,风险资产通常包括股票、债券以及各种衍生金融工具等,它们的一个共同特征是预期收益的标

准差 σ 一定大于 0；无风险资产是指其预期收益的标准差 σ 等于 0 的资产。严格来讲，无风险资产在现实中是不存在的，因为即使是银行存款与国库券也存在通货膨胀风险，其收益的标注差 σ 并不为 0。但是在投资学中通常还是将银行存款、国库券或货币市场工具等近似地定义为无风险资产。

根据风险资产和无风险资产的划分，证券投资收益可分为风险收益和无风险收益两种。顾名思义，投资于风险资产的预期收益就是风险收益，而投资于无风险资产的预期收益就是无风险收益。风险收益减去无风险收益之后的差额就是风险溢价或称风险补偿。

假如无风险收益为每年 5％，股票投资的预期收益每年为 14％，那么，股票投资的风险溢价每年为 9％。任何特定时期风险资产同无风险资产收益之差称为超额收益。所以，风险溢价也就是预期的超额收益。

（2）风险溢价的历史数据。表 4-2 是美国从 1926—2002 年 77 年间的股票、中长期国债和国库券的收益比较数据。

表 4-2　　　　美国 1926—2002 年各种证券的年收益率及通货膨胀率比较表

项目	小股票	大股票	长期国债	中期国债	国库券	通货膨胀率
平均	17.74	12.04	5.68	5.35	3.82	3.14
标准差	39.30	20.55	8.24	6.30	3.18	4.37
最小	−52.71	−45.56	−8.74	−5.81	−0.06	−10.27
最大	187.82	54.56	32.68	33.39	14.86	18.13

资料来源：[美]滋维·博迪，亚历克斯·凯恩，艾伦·J·马库斯. 投资学（第 6 版）[M]. 朱宝宪，楼远，吴洪，等，译. 北京：机械工业出版社，2005. 85-87。

股票分为大股票和小股票。大股票具体是指标准普尔 500 指数样本中列出的美国资本市场上 500 家最大公司的市值加权资产组合。小股票代表了以资产市值排序最小的公司的市值加权资产组合（具体是指在纽约证券交易所上市的以市值排序最小的 20％的公司），资产组合中每个公司所占比例同该公司的市值所占比例相同。1982 年以来，这一资产组合也包括了在纽约股票交易所和纳斯达克上市的小公司股票。这一资产组合包括 2 000 家平均市值为 1 亿美元的小公司。

债券分为长期国债、中期国债和国库券三种。长期国债是指到期期限在 20 年以上的政府债券。中期国债是指到期期限在 7 年以上的政府债券。长期国债和中期国债均为附息债券。国库券是指期限为 30 天的短期政府债券，1 年总收益则是指 30 天到期后重复购买 30 天期国库券的收益率。通货膨胀率是以消费品价格指数（CPI）测度的年通货膨胀率。

表 4-2 中有 4 个说明性的统计数据。第一栏是持有期年平均收益率。从表中可以看出，国库券、中期国债、长期国债、大股票、小股票 77 年间的年平均收益率分别为 3.82％、5.35％、5.68％、12.04％、17.74％，各类证券的年平均收益率依次提高，呈现出明显的规律性。其中，国库券的年平均收益率一般被理解为平均无风险收益率（或利率）。这样，从表中我们就可以得出各类证券的风险溢价或正的平均超额收益。例如，中期国债每年是1.53％（5.53％减去 3.82％）；长期国债每年是 1.86％（5.68％减去 3.82％）；大股票每年是8.22％（12.04％减去 3.82％）；小股票每年高达 13.92％（17.74 减去 3.82％）。显然，股票

投资的风险溢价远高于债权投资的风险溢价。

各类资产年平均收益率的标准差反映了各类资产年平均收益率的波动程度。从表4-3中可以看出,股票的年平均收益率波动情况最为剧烈。大股票收益的标准差为20.55%(小股票高达39.30%),远远高于长期国债的8.24%、中期国债的6.30%和国库券的3.18%。表明了证券投资中风险——收益对称的一个特性,即市场中高收益的证券,其波动性也大。

表4-2中第3、第4两行列示了各类资产77年中的最高和最低收益,最高、最低之间的落差也可以用于测度各类资产风险程度的工具。它们同样表明了股票是风险最大的证券而国库券的风险最小。

因此,历史数据充分证明:风险溢价可以在长期投资中转化为购买力的大幅提高。由于股票投资的风险溢价远高于长期国债和国库券,因而被人称之为百年来最佳的投资工具。

4.2.4 证券投资风险的防范

证券投资的风险是客观存在的,是投资者必须面对的现实,只要参与投资,就必然会伴随风险。因此,对待风险要有一个正确的态度,必须树立较强的风险意识,防范和化解风险,力求实现以较小的风险获得较大的收益。

如上所述,规避和防范证券投资风险的最重要的原则就是投资多样化,即将投资分散于不同种类、不同行业、不同公司以及不同时间的证券,通过投资的分散化组合达到防范风险的目的。面对跌宕不定、变化莫测的证券市场,投资者切忌"把所有鸡蛋放在一个篮子里"。防范投资风险行之有效的手段是同时投资于几种不同的证券,这样其中某些证券价格下降造成的损失可由另一些证券价格上涨获得的收益予以弥补。证券投资组合化就是选择几种不同的证券进行投资,形成证券资产的组合。

一般认为,最佳的投资组合是使得组合的整体β系数等于1,即与整个市场的β系数一致。如果投资组合的β系数大于1,表明按照这种组合进行的投资所承受的风险大于市场的总风险,则是理想的组合。在实际投资活动中,若要恰当地选择投资对象,建立适宜的证券组合,尽量规避投资风险,力求获得较高收益,需掌握以下原则:

第一,了解和掌握各类证券的风险特征。债券和股票是证券市场上两大类主要的证券,两者之间差别很大,股票的风险比债券风险高。而在债券中,政府债券的信用程度最高,在证券市场上,国债往往被视为无风险债券,从而成为衡量其他各种证券风险的尺度;金融债券的信用程度居中,公司债券的信用程度最低。同时不同偿还期的债券,其风险程度也存在明显的差别,长期债券的风险要大于短期债券的风险。股票中,优先股的风险要低于普通股。股票除了与债券一样,受到系统性风险的影响以外,更重要的是受到公司自身特定的非系统性风险的影响,因而对普通股票必须进行个别考察,以衡量它们不同的风险水平。

对各个不同证券风险特征的了解和掌握,是投资者建立适宜的证券投资组合的首要环节。只有了解和熟悉各种证券的风险特征,才能恰当地选择投资对象,建立合理的证券投资组合,防范风险,获取较高的收益。

第二,根据资金实力进行投资选择。投资者的资金实力是建立证券投资组合的物质前提。从理论上分析,投资组合中证券种类越多,分散、降低风险的效果越明显,但是实际中,

投资组合的建立受到资金实力的限制。同时,资金实力也制约着投资者的风险承受能力。如果投资者资金实力较雄厚,风险承受能力就较强,在建立证券投资组合时,可以较多地选择购买各种股票。

第三,设计适宜的风险和收益目标。建立投资组合是为了分散、降低投资风险,保持较高的收益水平,而风险与收益具有同步增减的关系,因此投资者在建立投资组合前,应设计一个适合自身的风险和收益目标。在设计这一目标时,一方面要了解不同证券的风险和收益差别,另一方面要正确估计自身的资金实力和风险承受能力。投资者的风险承受能力,除了受资金实力的制约以外,还受投资者对风险好恶程度的制约。投资者应对自身的风险偏好进行分析,使选择的证券组合适合于自己的风险偏好。一般来讲,喜欢冒险又具有雄厚资金实力的投资者,适宜设计一个较高的风险和收益目标水平,反之,则应当设计一个较低的风险和收益目标水平。

第四,经常不断地修正投资组合。投资组合建立以后,由于各方面情况的变化,该证券组合的适应性也发生变化。投资者必须随着时间的推移和各种影响因素的变动,经常不断地修正自己已经建立的投资组合,即调换组合中证券的种类及价值比例。修正投资组合的方法,一般分事先调整和事后调整两种。事先调整是投资者根据对未来股价走势的预测和判断,在实际股价变动之前进行调整,然后在股价变化的机会中获取利益或避免损失。事后调整是股市行情发生了变化,投资者根据变化后的股价高低和股票价值的比例进行调整。修正投资组合往往不只是为了获得高收益,还为了使证券组合的风险保持在一个适宜的水平上。

4.2.5　风险偏好与证券投资选择

1. 风险偏好

在考察了风险以及风险溢价水平之后,你是否会做出投资于股票以及将多少资金投于股票的选择呢?这还要取决于你对风险的偏好,亦即风险厌恶程度。

在投资学中通常假定投资者是厌恶风险的,即如果风险溢价为 0,人们是不愿意投资于有风险的股票的。也就是说,必须有正的风险溢价存在,才能使厌恶风险的投资者投资于有风险的股票或继续持有现有的股票,而不是将资金全部投资于无风险资产。

除了风险厌恶投资者之外,实际的投资活动中可能还存在另外两种类型的投资者,即风险中性的投资者和风险爱好者。风险中性投资者只是按预期收益率来决定是否进行风险投资。风险的高低与风险中性投资者无关,这意味着不存在风险妨碍。对他们来说,为使无风险投资与风险投资具有相同的吸引力而确定的无风险投资的收益率就是预期收益率。风险爱好者是把风险的“乐趣”考虑在内的投资者,由此使其预期收益率上调。在风险爱好者看来,一个冒点儿风险的投资会带给你想要的所有刺激及正的预期收益。

虽然有风险中性投资者和风险爱好者,但是我们一般认为大多数投资者仍然是厌恶风险的。

拓展阅读 4-7　　　　　　　　风险偏好测试表

投资有风险,不同承受能力和风险偏好的客户,应选择不同的投资产品或投资组合。以下测试,可以帮助您更好地了解自己的风险偏好和风险承受能力。

提示:请在相应选项上打"√"。

(一) 客户风险承受能力测试

1. 您现在的年龄:

A. 60 岁以上　　　　　B. 46~60　　　　　C. 36~45　　　　　D. 26~35

E. 25 岁以下

2. 您的健康状况如何:

A. 一直都不是很好,要经常吃药和去医院

B. 有点不好,不过目前还没什么大问题,我担心当我老了的时候会变得恶劣

C. 至少现在还行,不过我家里人有病史

D. 还行,没大毛病

E. 非常好

3. 是否有过投资股票、基金或债券的经历?

A. 没有　　　　　B. 有,少于 3 年　　　　　C. 有,3~5 年　　　　　D. 有,超过 5 年

4. 您目前投资的主要目的是?

A. 确保资产的安全性,同时获得固定收益

B. 希望投资能获得一定的增值,同时获得波动适度的年回报

C. 倾向于长期的成长,较少关心短期的回报和波动

D. 只关心长期的高回报,能够接受短期的资产价值波动

5. 您投资的总额占您个人(或家庭)总资产(含房产等)的:

A. 低于 10%　　　　　B. 10%~25%　　　　　C. 25%~40%　　　　　D. 40%~55%

E. 55%以上

6. 您预期的投资期限是:

A. 少于 1 年　　　　　B. 1~3 年　　　　　C. 3~5 年　　　　　D. 5~10 年

E. 10 年以上

7. 在您投资 60 天后,价格下跌 20%。假设所有基本面均未改变,您会怎么做?

A. 为避免更大的担忧,全部卖掉再试试其他的

B. 卖掉一部分,其余等着看看

C. 什么也不做,静等收回投资

D. 再买入。它曾是好的投资,现在也是便宜的投资

8. 您有没有想过如果有一天您的财务状况发生很大的变化,比如说突然有一笔很大的开支,这笔开支可能会动用您 10%的个人资产或甚至更多。

A. 没想过,我感觉这种大变化不会在我身上发生

B. 经常想，我很担心整个生活都将变得一团糟，可是我又有什么办法呢

C. 想过一两次，感觉挺可怕的

D. 曾经想过一两次，但是我还年轻，无所谓的

9. 您对您目前的财务状况满意吗？

A. 不太好，常常要借钱

B. 刚刚好，我要特别小心打理

C. 我做的还行，一直按照我人生的规划在顺利进行

D. 特别好，现在想买什么就买什么

10. 当您退休后，您计划做什么：

A. 节俭地生活，避免把钱花光

B. 继续工作挣钱，因为我的养老金估计不够用

C. 享受人生，周游世界

D. 努力花钱，直到去见上帝之前还要给上帝带上一件最奢侈的礼物

（二）客户风险偏好测试

1. 风险投资于您而言：

A. 我觉得很危险　　　　　　　　B. 可以尝试低风险

C. 比较感兴趣　　　　　　　　　D. 非常感兴趣

2. 您的亲友会以下列哪句话来形容您：

A. 您从来都不冒险

B. 您是一个小心、谨慎的人

C. 您经仔细考虑后，您会愿意承受风险

D. 您是一个喜欢冒险的人

3. 假设您参加一项有奖竞赛节目，并已胜出，您希望获得的奖励方案：

A. 立刻拿到 1 万元现金

B. 有 50% 机会赢取 5 万元现金的抽奖

C. 有 25% 机会赢取 10 万元现金的抽奖

D. 有 5% 机会赢取 100 万元现金的抽奖

4. 因为一些原因，您的驾照在未来的 3 天无法使用，您将：

A. 搭朋友的便车、坐出租或公车

B. 白天不开，晚上交警少的时候可能开

C. 小心点开车就是了

D. 开玩笑，我一直都是无照驾驶的

5. 有一个很好的投资机会刚出现。但您得借钱，您会选择融资吗？

A. 不会　　　　　　　B. 也许　　　　　　　　C. 会

6. 您刚刚有足够的储蓄实践你自己一直梦寐以求的旅行，但是出发前 3 个星期，您忽然被解雇。您会：

A. 取消旅行

B. 选择另外一个比较普通的旅行

C. 依照原定的计划,因为您需要充足的休息来准备寻找新的工作

D. 延长路程,因为这次旅行可能成为您最后一次豪华旅行

7. 如果投资金额为 50 万元人民币,以下 4 个投资选择,您个人比较喜欢:

A. 最好的情况会赚 2 万元(4%)人民币,最差的情况下没有损失

B. 最好的情况会赚 8 万元(16%)人民币,最差的情况下损失 2 万元(4%)人民币

C. 最好的情况会赚 26 万元(52%)人民币,最差的情况下损失 8 万元(16%)人民币

D. 最好的情况会赚 48 万元(96%)人民币,最差的情况下损失 24 万元(48%)人民币

8. 如果您收到了 25 万元的意外财产,您将:

A. 存到银行里   B. 投资到债券或债券型基金

C. 投资到股票或股票型基金   D. 投入到生意中

根据测试,您的风险承受能力测试评分:_____分,风险偏好测试评分:_____分

属于投资者类型:_____

风险承受能力类型:_____

风险偏好类型:_____

使用说明:

本测试仅适用于个人投资者,其结果作为向个人投资者设计投资组合方案的参考。

评分标准及分类:

A×1 分;B×2 分;C×3 分;D×4 分;E×5 分。

风险承受能力类型(最低 10 分,最高 44 分)

10～15 分:保守型

16～20 分:收益型

21～30 分:稳健型

31～38 分:进取型

39 分以上:积极进取型

风险偏好类型(最低 8 分,最高 31 分)

8～15 分:风险厌恶型

16～25 分:风险中性

26 分及以上:风险偏好型

---

2. 投资选择

我们知道股票投资的预期收益 $E(r)$ 和标准差 σ 分别为 14% 和 21.21%,无风险资产

——国库券的收益率为5％。现在假设你可以在股票和国库券之间进行投资选择,那么你将做出何种选择呢?

显然,如果你只追求最大的收益率,你就应当选择投资于股票,因为股票具有正的风险溢价率9％。但是,拟进一步考虑透支的风险程度,投资于国库券是没有风险的,可以获得确定的5％的收益,而股票投资的风险非常高,其收益的标准差高达21.21％。由于你可以在股票和国库券两者之间进行选择,加上投资于国库券是没有风险的,因此,虽然股票投资可以获得9％的风险溢价,但问题是9％的风险溢价是否足以弥补股票投资所承担的风险。

 **本章小结**

1. 证券投资的收益与风险既相互依存,又相互制约。尽管在投资过程中,收益与风险因投资品种、投资期限以及其他因素的不同而程度各异,但收益与风险在总体上表现为正相关关系,即收益越高则风险越大,收益越低则风险越小。收益与风险是证券投资中的一对最基本的矛盾,证券投资者的目标为追求既定风险下的最大收益,或既定收益下的最小风险。

2. 利息的计算方法有单利和复利两种,在一个计息期(即 $n=1$ 时)单利与复利的投资价值是相等的;而在多于一个计息期时,复利计算的投资价值要比单利计算的大。复利可以以任何频率进行,连续复利是在既定利率水平下的最大名义利率。

3. 净现值与内部收益率是投资决策中最基本和最常用的评价指标。内部收益率是指能够使未来现金流入量现值等于未来现金流出量现值的贴现率。

4. 年金是指每个相同的期间(如每年或每月)收入或支出的一系列相等数额的现金流,有普通年金、即付年金、递延年金、永续年金。

5. 债券收益由利息收入、资本损益、利息的再收益和其他收益4部分构成,其中利息收入是债券收益的基础,也是债券收益的主要组成部分。

6. 持有期收益率就是投资者在投资期间由于拥有某一证券所获得的收益与初始投资的比率,如果投资者持有期与证券发行期限相同,到期收益率等于持有期收益率。

7. 不考虑通货膨胀的影响的利率就是名义利率,它衡量的是货币增长率。实际利率是剔除物价波动因素后的利率,反映的是货币购买力增长率。简单地说,实际利率等于名义利率减去通货膨胀率。

8. 股票的投资收益是指投资者从购入股票开始到卖出股票为止,整个持有期间内的收入,包括股利收入、资本损益和资本增值收益三部分。

9. 系统风险与市场的整体运动相关联,主要来源于宏观经济因素变化对市场整体的影响,这种风险通常难以规避和消除,因而也称为不可分散风险。

10. 非系统风险则基本上只同某个具体的证券相关联,而与其他证券和整个市场无关,因而也称为独特风险或特定公司风险。非系统风险可以通过分散化投资策略规避或消除,故也称为可分散风险。

11. 投资者是否做出风险投资选择,取决于两个因素,一是风险溢价的高低,二是投资者的风险厌恶程度。

12. 风险溢价也称风险补偿,是投资于风险资产的预期收益与无风险收益之差。美国证券市场长达 77 年的历史数据表明,股票投资的风险溢价远高于证券投资的风险溢价,风险溢价可以在长期投资中转化为购买力的大幅提高;相应地,股票投资收益的波动性远高于债券投资收益的波动性。

13. 根据投资者的风险偏好程度,我们将投资者划分为风险厌恶、风险中性和风险爱好这 3 种类型。

 ## 练习题

一、名词解释

收益　　风险　　净现值　　内部收益率　　年金　　非系统风险　　系统风险
无风险收益率　　风险溢价

二、计算题

1. 一张 3 年期贴现发行债券,面值 1 000 元,售价 800 元,其到期收益率是多少?

2. 如果名义利率为 18%,通货膨胀率为 10%,试精确计算实际利率。

3. 年初,小李提取了 10 万元存款投资于一个股票和债券的组合。其中,4 万元投资于股票,6 万元投资于公司债券。1 年以后,小李的股票和债券分别值 5 万元和 6.6 万元,在这一年中,股利收入为 2 000 元,债券利息收入为 6 000 元(股利和债息没有进行再投资)。问:

(1) 小李的股票在这 1 年中的收益率是多少?

(2) 小李的债券在这 1 年中的收益率是多少?

(3) 小李的总投资在这 1 年中的收益率是多少?

4. 有 A、B 两种面值均为 10 000 元的证券:证券 A 为 6 个月期国库券,售价 8 764 元;证券 B 为 12 个月期国库券,售价为 8 539 元。问:

(1) 哪一种证券的实际年收益率更高?

(2) 计算这两种国库券的银行贴现收益率。

5. 投资者考虑投资 10 万元于 1 年期银行大额存单,利率 8%。或者投资于 1 年期与通货膨胀率挂钩的银行大额存单,年收益率为 4%+通货膨胀率。问:

(1) 哪一种投资更为安全?

(2) 哪一种投资预期收益率更高?

(3) 如果投资者预期来年通货膨胀率为 3%,哪一种投资更好? 为什么?

(4) 如果我们观察到无风险名义利率为每年 8%,无风险实际利率为 4%,我们能推出市场预期通货膨胀率是每年 4% 吗?

6. 假定有 5 万元的初始投资于股票,有 60% 的概率盈利 50%,有 40% 的概率亏损 30%。无风险收益率为 5%。股票投资的预期风险溢价是多少?

第 5 章　证券投资基本面分析

 **学习目标**

1. 熟悉证券投资基本面分析的内容和作用
2. 了解影响证券投资的各个因素
3. 熟悉宏观经济分析的方法
4. 熟悉行业分析的方法
5. 熟悉微观经济分析方法,掌握公司财务指标的基本内涵

5.1　基本面分析概述

5.1.1　基本面分析的定义及内涵

基本面分析是指利用公司的盈利前景、对未来利率的预期以及公司风险的评估来确定证券的内在价值,然后将内在价值与市场价值比较,发现内在价值与市场价值不一致的证券。通过买入价值低估证券或卖出价值高估证券获利。

基本面分析包括宏观经济分析、行业分析和公司分析这 3 个方面。不过在进行基本面分析时,为了更好地从行业分析过渡到公司分析,通常在证券投资实务中,证券投资分析师都会对资本市场进行系统分析。资本市场分析主要是对股票市场、债券市场、基金市场以及金融衍生品市场的发展轨迹,现状及趋势进行系统分析。

在股票分析过程中,如果是从宏观经济分析着手,接着进行行业分析,然后再进行公司分析,那么这种分析就称为"由上至下"的分析;如果是先进行公司分析和行业分析,再进行宏观经济分析,就是"由下至上"的分析。至于哪种形式更好没有定论,通常投资者是依据自己的行为习惯来定,比如巴菲特就是经常采用由下至上的分析方法,也就是先从公司下手,结合其所在的行业、当前的宏观面来分析决策投资方案。

5.1.2　基本面分析的优缺点及应用

1. 优点

基本面分析中的宏观经济分析对股票供求关系的影响是长期的、潜在的,主要影响股票

价格的长期走势;基本面分析中上市公司的行业状况、各项财务指标、前景等直接反映了个股情况,有利于投资者精选个股;应用基本面分析法与各种技术分析法比较起来相对简单。

2. 缺点

基本面分析法适合中长期投资者,其时间跨度比较长,对把握整个股市的近期走势作用不大。实际选股时,对基本因素的考虑约占 80%;而在预测股市近期大势时,对基本因素的考虑不超过 5%。

5.1.3 分析辨别基本因素

1. 利多因素与利空因素

基本因素的生成、变动会导致市场或个股价格上涨,从而有利于买进者(多头),是利多因素;与之相反有利于卖出者(空头),则是利空因素。利多或利空因素是市场利多消息或利空消息的源泉。基本因素的利多、利空性质取决于以下几个方面:

(1) 基本因素本身的性质。某些因素的性质本身就是利多因素,如增加市场上允许进入的机构投资者;某些因素的性质本身就是利空因素,例如券商的佣金比例提高。

(2) 基本因素的变动方向。比如降低银行存款利息,这样会减少存入银行的资金,增加流入证券市场的资金。

(3) 基本因素的相对性质。某些基本因素的出现或变动是利多还是利空,取决于具体的市场环境。

2. 实质因素与非实质因素

实质因素一般指能长期发生作用、具有重大意义的因素;非实质性因素则是短暂发生的作用、意义较小的因素。基本因素对市场走势的作用往往是以突发方式进行的。而这种突发式升跌能达到的幅度、持续时间的长短、回落(或回升)的停止位置,则与消息的实质性相关。

市场对重大消息的消化过程往往包含以下阶段:利多消息传出后,股指跳升,在股价升涨的示范下,由对消息知晓、朦胧知晓、不知晓的投资大众合力出击,股指终以暴涨收市;冷静后,投资人反过头来了解、分析消息,判定消息是实质性还是非实质性的,来检验评价股指上涨的合理性,并决定下一步的操作策略;接下来,股指的走势将取决于大众对消息的理性判断,大市将恢复理性运转,如果消息是非实质性的,前期超涨的将回落合理价位。消息是利空时,股指变动方向相反,但消化理解其为实质性还是非实质性消息的过程特点是一样的。

拓展阅读 5-1   个人投资者的行为特征和表现

1. 过度自信

大量的实证研究结果表明,人们在进行决策时有过高估自己能力的倾向,这会导致个人投资者的交易过度频繁,使投资者获得的收益无法抵补交易次数过多所产生的交易费用。另外,有专家指出,人们还会对小道消息反应过度,而对公共信息则反应不足。

2. 代表性推理

人们在对某件事情不确定的时候,会抓住其某一突出特征直接推断结果,而不对该特征出现的真实概率和与该事件有关的其他因素进行深入分析。

3．顽固信条

大量证据表明，一旦人们形成某一观点，他们将会深信不疑地这样认为，并且还会持续很长时间。一些研究还发现，人们甚至会按照自身的想法去曲解事实，或尽力寻找证据证明自己的想法，而对反面的事实视而不见。

4．锚定效应

通常人们在形成估计时，很可能是基于一任意值的初始值。然后，在此基础上再进行调整。然而，事实结果证明，这种调整一般是不够充分的，换句话说，人们会盯住这一初始值牢牢不放。

5．易得性偏误

人们在对某一事件发生的概率作出判断时，经常会在自己的记忆中寻找相关的信息，这是一种相当感性的做法，由于并不是所有的记忆都是清晰的，这样做会得出有偏误结果。

6．羊群效应

羊群效应，简单地说就是跟风，指单个投资者受到从众心理的驱使而忽视了自己拥有的信息，采取与其他投资者相同的投资策略。在金融市场上，投资者彼此之间相互模仿，买卖行为逐渐趋于一致，可能会导致最终失去理智。羊群效应可视为投资者针对信息不对称所做出的有限理性的反应。鉴于金融市场复杂又不确定的状态特征，认为自己拥有有限信息的投资者会试图"搭便车"，与他们认为信息较为充分的投资者采取相同的策略。

7．损失厌恶

损失厌恶是指投资者对一定金额损失的厌恶程度大于同等金额的收益所带来的喜悦程度。投资者面对损失时，是风险偏好的，即愿意冒更大的风险以期减少目前遭受的损失；而在面临具有不确定性的收益时，是风险厌恶的，即宁可把握住就要到手的少量收益，也不愿意承受一定的风险以在将来获得更大的收益。由此导致投资者不愿意轻易卖出亏损的股票而是继续持有，却急于卖出盈利的股票。

8．家乡情结

人们有购买自己国家公司发行的股票的偏好，更有甚者会倾向于持有自己居住地企业发行的股票。究其原因，应该是投资者认为自己对本土的企业较为熟悉和了解，比其他投资者拥有较为充分的信息。

5.2　宏观经济分析

所谓宏观经济分析，就是分析整体经济与证券市场之间的关系，其主要目的是分析将来经济状况及前景是否适合进行股票投资。证券市场作为资本市场的重要组成部分，总是在特定的宏观经济环境下运作的，证券市场的参与主体及其经济行为、证券市场的运行状况，都会受到宏观经济的深刻影响。宏观经济分析包括宏观经济因素分析、宏观经济运行分析和宏观经济政策分析 3 个方面。

5.2.1 宏观经济因素分析

所有的公司(企业)都在宏观经济这个大环境中运行,宏观经济是影响投资业绩的一个重要因素。为了预测国内宏观经济前景,有必要对经济活力具有重大影响的一些宏观经济因素进行分析。

1. 国内生产总值

国内生产总值(GDP)是衡量宏观经济发展状况的主要指标之一。GDP 是一个国家(或地区)在某一特定的时期内(通常为 1 年)所创造的最终商品和提供的劳务的价值总和,是对一国(或地区)经济总体状况的综合反映。快速增长的 GDP 表明该国经济正迅速扩张,因此,该国公司有更多的机会获得优良的经营业绩,从而促进股票价格的上涨;而增长缓慢或负增长的 GDP 则表明该国的经济比较低迷,大部分公司的盈利前景就比较暗淡,股票价格就会上升乏力,甚至下跌。

统计国内生产总值时,常用的公式为:

$$GDP = C + I + G + (X - M)$$

式中,C 为消费;I 为投资;G 为政府支出;X 为出口;M 为进口;$X - M$ 为净出口。

2. 通货膨胀

通货膨胀是指一般物价水平呈持续、普遍、明显的上涨,表现为流通中货币增加、平均物价上涨、货币贬值等现象。通货膨胀一般表现为物价上涨,但不能说物价上涨就一定是通货膨胀。只有流通中的货币供给过多引起的物价上涨才是通货膨胀。

通货膨胀是影响经济活动的一项重要因素。通货膨胀对市场利率、国内经济增长和公司的经营策略都有比较大的影响。当通货膨胀发生时,市场利率就会上升。市场利率和通货膨胀的关系可用以下公式来表示:

市场利率＝无风险利率＋风险溢价＋通货膨胀风险溢价

其中,风险溢价指的是对投资者承担的系统性风险的补偿,通货膨胀风险溢价是对投资者承担的通货膨胀风险的补偿。

3. 通货紧缩

通货紧缩是与通货膨胀相反的一种经济现象,是指一般物价水平的持续下跌,并且其下跌的原因是由于货币供给不足而造成的。通货紧缩会给现代社会经济发展带来极大的危害。在股市上,通货紧缩造成公司投资减少,销售收入下降,盈利水平降低,经营业绩下滑,股价下跌。

4. 失业率

失业率是失业人数占全体劳动人数的比率,反映一国(或地区)在某一时点的失业水平。失业率反映了经济运行中生产能力的运用程度,从中可以衡量实际产出与潜在生产能力之间的关系(就是两者的比值)。失业率与经济增长率有很强的相关关系,失业率高,表明该国(地区)经济发展缓慢,经济也不景气,同时,人均国民收入降低,股市投资额减少,这些都会促使股票价格的下跌;而失业率低,则表明该国(地区)经济发展迅速,公司前景看好,居民收

入增加,股市的资金也会比较充足,从而促使股票价格上涨。

5. 利率

利率是投资者需要关注的一个极其重要的宏观经济指标。一方面,利率作为金融市场上资金借贷成本的反映,其变动会影响整个社会的投资水平与消费水平,从而影响公司的经营业绩,进而对股票价格造成影响;另一方面,利率作为投资所得的未来现金流的折现因子,其变动会影响未来现金流的现值,而股票价格正是未来现金流的折现值,因而必然受到利率变动的影响。当利率上升时,公司的投资成本增加,公司的经营业绩通常会有不同程度的恶化,而同时利率的上升又减少了未来现金流的现值,从而都导致了股票价格的下跌。

拓展阅读 5-2　　　我国历次利率调整对股市的影响

从理论上来讲,利率调整与股票价格指数的运行方向应该是相反的,详见表 5-1。

表 5-1　　　　　　　　历次调整利率对股市的影响统计

调整时间	调 整 内 容	公布当天或第二交易日沪指表现	方向
19930515	各档次定期存款年利率平均提高 2.18%;各项贷款利率平均提高 0.82%	5 月 17 日跌 2.35%	反向
19930711	一年定期存款利率上调 1.8%	7 月 12 日跌 2.65%	反向
20041029	一年期存贷款利率均上调 0.27%	10 月 29 日跌 1.58%	反向
20050317	提高了住房贷款利率	3 月 17 日跌 0.96%	反向
20060428	金融机构贷款利率上调 0.27%	4 月 28 日跌 2.35%	反向
20060819	一年期存贷款基准利率上调 0.27%	8 月 21 日涨 0.20%	正向
20070318	一年期存贷款基准利率上调 0.27%	3 月 19 日涨 2.87%	正向
20070519	一年期存款基准利率上调 0.27%;一年期贷款基准利率上调 0.18%	5 月 21 日涨 1.04%	正向
20070720	一年期存贷款基准利率上调 0.27%	7 月 23 日涨 3.81%	正向
20070822	一年期存贷款基准利率上调 0.27%	8 月 23 日涨 1.49%	正向
20070915	一年期存贷款基准利率上调 0.27%	9 月 17 日涨 2.06%	正向
20071220	一年期存款基准利率上调 0.27%。一年期贷款基准利率上调 0.18%	12 月 21 日涨 1.15%	正向
20080916	一年期贷款基准利率下调 0.27%	9 月 17 日跌 2.90%	正向
20081009	一年期存贷款基准利率下调 0.27%	10 月 10 日跌 3.57%	正向
20081030	一年期存贷款基准利率下调 0.27%	10 月 30 日跌 1.97%	正向
20081126	一年期存贷款基准利率下调 1.08%	11 月 27 日涨 1.05%	反向
20081222	一年期存贷款基准利率下调 0.27%	12 月 23 日跌 4.55%	正向
20101019	一年期存贷款基准利率上调 0.25%	10 月 20 日跌 0.07%	正向
20101225	一年期存贷款基准利率上调 0.25%	12 月 27 日跌 1.9%	反向
20110208	一年期存贷款基准利率上调 0.25%	2 月 9 日跌 0.89%	反向
20110405	一年期存贷款基准利率上调 0.25%	4 月 6 日涨 1.14%	正向
20110706	一年期存贷款基准利率上调 0.25%	7 月 7 日跌 0.58%	反向
20120607	一年期存贷款基准利率下调 0.25%	6 月 8 日跌 0.51%	正向

从表中看到,2007年和2008年,正是股票价格泡沫形成和破灭期。在价格出现过度上涨时,即使央行上调基准利率,股票价格也表现出单边上扬的走势,利率和股票价格表现为正向关系的假象;同理,当股票价格出现恐慌性的暴跌走势时,即使央行下调基准利率,也不能马上阻止股票价格单边下跌的走势,利率和股票价格也表现为正向关系的假象。表中,除去2007年和2008年的极端时期,利率调整和股票价格走势大多数呈反向关系。

6. 汇率

汇率是不同国家货币之间的交换比率。随着经济全球化的不断加强,各个国家之间的经济联系越来越密切,汇率对各国国内经济的影响也越来越大,对于出口导向型的国家来说,尤其如此。一国汇率的变动,会影响其出口产品价格的高低变动。当本国货币贬值时,国内出口企业提供的商品和服务在国际市场上以外币表示的价格就会降低,国际竞争力增强,促进本国商品的出口和国内经济的发展。这样,公司(尤其是出口公司)的盈利前景就会比较好,使股票价格有上涨的空间。如果本国货币升值,出口商品的外币价格上升,降低了国际竞争力,阻碍商品的出口,影响国内经济的发展。这样,公司(尤其是出口公司)的盈利就会下降,使得股票价格下跌。

5.2.2　宏观经济运行分析

宏观经济运行分析是指对一个开放的经济体的各经济变量之间的相互作用关系及其运动规律的分析。宏观经济运行分析包括经济周期分析、通货膨胀分析、经济增长速度和结构分析以及投资和消费分析等。

1. 经济周期分析

研究和实验证明,宏观经济呈螺旋式上升,波浪式前进,具有周期轮回的特征。这种周期性波动,指以国内生产总值(GDP)衡量的经济活动总水平出现扩张与收缩有规律变化的现象,被称为经济周期,即复苏→扩张→繁荣→衰退→复苏的循环往复过程。

当经济持续衰退至尾声,新一轮经济的复苏增长即将到来时,敏感的投资者对经济形势作出合理判断,开始逐步购买股票,股价也缓慢上涨;当经济好转迹象明显显现时,股价实际上已经提前涨了很多了;随着人们普遍认同及投资者境况的不断改善,股市日渐活跃,需求不断扩大,股价大幅上涨,加上机构投资者借各种利好哄抬,普通散户在利欲和乐观从众心理的驱使下极力捧场,股价屡创新高。而先知先觉者在综合分析经济形势的基础上,认为经济将由繁荣转至衰退阶段,悄然抛出股票,股价虽然还在上涨,但供需力量逐渐发生转变。当经济形势逐渐为更多的投资者所认识,供求趋于平衡直至供大于求时,股票便开始下跌。当经济形势发展按照人们的预期走向衰退时,与上述相反的情况便会发生。

这里需要注意的是:

(1)股价的变动周期与经济周期基本一致。经济总是处于周期性运动之中,股价伴随经济相应的波动,但股价的波动超前于经济运行。一般来说,股价走势比经济周期提前约几个月到半年。经济发展不是一个直线运动的过程,股市也不例外,既没有永远的牛市,也没有永远的熊市。

（2）经济周期的任何阶段往往是波浪式完成的，即大周期中有小周期，股价的变动也有中长期趋势和短期波动之分。作为投资者，要注意判断中长期趋势，千万不要被经济周期的小周期及其相应的股价短期波动所迷惑。

（3）经济周期对不同行业的影响程度是不一样的，投资者应根据其所在行业受经济周期影响的特性，作出科学的投资决策。根据行业与国民经济发展周期的相关性，可以将行业分为增长型行业，周期型行业和防御型行业 3 类。增长性行业是应用新技术或开发新产品所形成的行业，它包括通信技术、生物制药、金融服务、媒体咨询等。由于这类行业与经济周期的关联性较小，因而其股价不会随着经济周期的变化而变化。周期性行业是受经济周期影响较大的行业。由于这类行业与经济周期的关联性较大，因而其股价随着经济周期的变化而变化。投资者可以在经济繁荣时期或由复苏向繁荣的过渡阶段选择这些行业投资。防御型行业是产品需求弹性较小的行业。由于这类行业与经济周期的关联性较小，因而投资者在经济衰退阶段投资于这些行业比较稳定。

2．通货膨胀分析

通货膨胀对证券市场的影响主要从以下两个方面进行分析：

（1）不同类型的通货膨胀影响不同。需求拉动型通货膨胀影响以生产投资品为主的上市公司，如建材、石化、机械、家电、商业等。这些公司会因其产品价格上涨而增加公司账面盈利；成本推动型通货膨胀往往会使企业生产的产品成本增加，公司利润减少，股价下跌。

（2）时点不同，通货膨胀对公司股价的影响程度不同。在通货膨胀初期，企业销售增加，原有的低价原材料生产的产品成本低，具有价格优势，公司利润会有大幅度增长；在通货膨胀后期，持续的物价上涨会导致生产要素价格大涨，企业成本急剧增加，上市公司盈利减少，股票价格下跌。

3．经济增长速度和结构分析

保持适度的经济增长速度和协调的经济结构，是一国经济增强实力、提高竞争力的必然途径，也是政府追求的首要目标。衡量经济增长速度的主要指标是：国内生产总值年增长率。一国的 GDP 的增长率多大为好，并没有一个统一的标准，不同国家有不同的国情、不同的发展起点和基数，同一国家的不同发展阶段情况也不大相同。一般来讲，适当的发展速度应与本国国力相符且又能保持国民经济持续稳定协调发展。在此速度下，社会总供给和社会总需求协调增长，经济结构呈现合理格局，大多数企业盈利水平不断提高，人们对经济前景的预期良好，必然会增强股票投资的信心。于是，就形成了 GDP 增长与股票市场良性互动的关系，说明运行态势健康而稳定，为股票投资提供了良好的宏观背景，反之亦然。

4．投资和消费分析

投资和消费是经济增长的两驾马车。投资可以用固定资产投资这一指标来衡量。在分析时，既要分析投资的总量规模是否适度，又要分析投资结构是否合理。因为投资规模和结构不仅关系到宏观经济的当前运行状况，还影响其未来前景。而股票投资正是对未来的投资，所以必须对这一宏观经济指标给予必要的关注。

生产的最终目的在于消费，消费在社会总支出中所占比重远远大于投资。因此，消费状况对证券市场的影响更为长远和深刻。但由于国民消费水平在一定时期内是相对稳定的，

不像投资那样易变,因此消费对证券市场短期波动的影响不如投资那么大。反映社会消费状况的常用指标是居民消费支出、社会消费品零售额和消费者信心指数。这些指标的变化能够直接反映经济发展形势和行业景气状况。无论是经济发展态势还是行业景气指数,都是证券市场的主要影响因素,因此研究这一宏观经济指标是证券投资分析的重要内容。

5.2.3 宏观经济政策分析

对社会经济适时地进行宏观调控是政府重要的职能之一。宏观调控有利于保证经济平稳地运行,平抑经济的周期性波动,实现各项社会经济指标。一般而言,政府进行宏观经济调控的政策工具主要有财政政策、货币政策、收入政策和产业政策等。这些政策工具的使用在影响经济运行的同时,也自然地对股票市场产生影响。因此,股票投资决策也离不开对宏观经济政策的分析。

1. 财政政策

财政政策是政府依据宏观经济规律制定的指导财政工作和处理财政关系一系列原则和策略的总称。各种财政政策都是为相应时期的宏观控制总目标和总政策服务的。财政政策的短期目标是促进经济的增长和稳定,中长期目标是资源的合理配置,另一个重要目标是收入的公平分配。目前世界各国尤其是发达国家通常的做法是,运用政策中的税收和转移支付手段来调节各地区和各阶层的收入差距,达到兼顾公平和效率、促进经济社会协调发展的目的。

财政政策的主要手段包括国家预算、税收、国债、财政补助、财政管理体制、转移支付制度等。财政政策大类上分为扩张性财政政策和紧缩性财政政策。

(1)扩张性财政政策会促使股价上涨。扩张性财政政策会刺激经济增长,从而促使股价上涨。降低税率、减少税种、扩大减免税范围是扩张性财政政策的主要手段。它可以降低经营成本,增加企业利润,刺激企业进行投资,同时提高公司股票价值。而降低印花税和所得税,可以使股票交易成本降低,刺激股市交易活跃,推动股价上扬。扩大财政支出是扩张性财政政策的又一项内容,它包括增加政府购买与公共支出。这将带动企业投资,扩大企业产品销路,提高企业利润,从而使股票升值。同时,通过降息、补贴,也可以提高企业与居民收入,促进更多资金流入股市,推动股价上涨。

(2)紧缩性财政政策会促使股价下跌。紧缩性财政政策会使过热的经济增长速度受到控制,股市也将受到同样的影响。其主要手段有提高税率、增加税种、缩小减免税范围、降低财政支出、减少财政补贴、大量发行国债等。其对股市的影响与扩张性财政政策的影响相反,即导致股价下跌。

拓展阅读 5-3   历次印花税调整后股市的走势

从历史上看,每次调整股票交易印花税都对股市产生较大影响。调整股票交易印花税针对股市过热或过冷,尽管不一定在当天产生效果,但从一个阶段来看,最终都达到抑制或催热股市的效果。

- 1991 年 10 月 10 日,印花税率从 6‰降到 3‰

大牛市行情从这里启动,半年后上证指数从 180 点飙升至 1992 年 5 月的 1 429 点,升幅高达 694%。

- 1992 年 6 月 12 日,明确按 3‰征收印花税

当天股指并未剧烈反应,但随后指数在盘整一个月后就掉头向下,一直从 1 000 多点跌到 300 多点,跌幅超过 70%。

- 1997 年 5 月 12 日,印花税率从 3‰降到 5‰

股指在当天就形成大牛市的顶峰,此后股指便一路向下,沪指半年内下跌近 500 点,跌幅逾 30%。

- 1998 年 6 月 12 日,印花税率从 5‰降到 4‰

沪指此后形成阶段性头部,调整近一年。

- 1999 年 6 月 1 日,印花税率从 4‰降到 3‰(B 股)

上证 B 指一个月内从 38 点飙升到 62.5 点,升幅逾 50%。

- 2001 年 11 月 16 日,印花税率从 4‰降到 2‰

股指产生一波 100 多点的波段行情,11 月 16 日是这轮行情的启动点。

- 2005 年 1 月 23 日,印花税率从 2‰降到 1‰

此后一个月内现波段行情,随后继续探底,直至年中股改行情启动。

- 2007 年 5 月 30 日,印花税率从 1‰上调到 3‰

沪指 5 月 31 日低开 5.69%,跌 6.5%。经过近两个月的震荡整理后重新步入升势,直到当年 10 月 16 日的 6 124 点,3 个月大涨逾 2 700 点。

- 2008 年 4 月 24 日,印花税率从 3‰下调到 1‰。

当日收盘上证指数上涨 9.29%。

- 2008 年 9 月 19 日,印花税调整为单边征收

当日上证指数上涨 9.46%。

---

2. 货币政策

货币政策是中央银行为实现特定的经济目标运用各种货币政策工具调节货币供给和利率水平,进而影响宏观经济的方针和措施的总称。货币政策主要是通过影响市场利率水平来实现的。货币政策分为扩张性货币政策和紧缩性货币政策。货币政策对经济的调控是总体和全方位的,对股市的影响表现在:

(1) 扩张性货币政策总体上会促使股价上涨。扩张性货币政策的基本特点是:增加货币供应量,降低利率,放松信贷控制。如果市场产品销售不畅、经济运转困难、资金短缺、设备闲置,被认为是社会总需求小于总供给,中央银行则会采取扩大货币供应的办法增加总需求。

扩张性货币政策的实施,从总体上说将导致股票价格上扬。因为银根松动,可使企业发展有充足的资金,利息支出减少必然扩大利润比重,这就形成了成本降低→利润增加→再投资规模扩大→利润增加这一良性循环。企业业绩好,可分配利润增加,使股价上扬有坚实的

基础。此外,利率下降使部分资金从银行转向股市,又增加了股市资金供给量,进一步推动股价上涨。当然货币政策过度松动,累积到一定程度会产生通货膨胀。

(2)紧缩性货币政策与扩张性货币政策情况相反,对股市的影响也相反。

3. 收入政策

收入政策是国家实现宏观调控总目标和总任务在分配方面制定的原则和方针。收入政策目标包括收入总量目标和收入结构目标。

收入总量目标着眼于近期的宏观经济总量平衡,根据供求不均衡的两种状况分别选择紧分配政策和松分配政策。与产业政策相同,收入政策的实施也要借助于财政、货币政策工具。紧分配政策导致社会可分配收入减少,同时企业和居民收入增长率降低,人们对未来经济预期形成悲观态度,导致股价下跌;反之,则会推动股价上扬。当然,当超越一定界限时,会导致严重通货膨胀,从而对股市产生不利的影响。

收入结构目标着眼于中长期的产业结构优化和经济与社会协调发展,着重处理积累与消费、公共消费和个人消费、各种收入的比例、个人收入差距等关系。如果财政收入、公共消费比重降低,企业居民可支配收入减少,在银行利率大幅度下调的情况下,将会促使资金流入股市;反之,则产生相反效应。收入差距拉开,使得社会游资比重增大,会强化股市的投机性,有利于股市上扬;反之,则会使得股价走势相对平稳。

4. 产业政策

产业政策是政府为了促进国民经济稳定协调发展,对国家产业结构、产业组织进行某种形式干预的经济政策。产业政策因为影响了某一产业,所以是从经济结构角度来讲对经济产生了影响;对股市的影响也是这样。即产业政策不对股市总体波动产生影响,仅仅对行业、区域板块及个股价格产生影响。

产业政策主要包括产业结构政策、产业组织政策和产业技术政策。产业结构政策将影响不同企业和行业的发展,优先扶持的行业将获得稳定发展,有利于该行业股价上涨。反之,则会导致相关企业股价下跌;产业组织政策的实施,将是企业组织结构、企业分工格局产生巨大变化,所引起的购并控股必然对各类股票价格产生影响;产业技术政策则从扶持新兴科技产业、传统产业的技术改造方面影响各类行业发展,进而对各个行业的股票价格产生影响。

5.3 行 业 分 析

投资者进行宏观经济分析的目的是预测未来经济前景,决定是否进行股票投资。如果认为未来经济前景看好,可以进行股票投资。那么接下来就应该进行行业分析。由于即使在宏观经济适合进行股票投资的情况下,不同行业之间的经营业绩也会存在较大的差别。例如,美国1997年的行业分析报告,对美国一些主要行业在2001年的每股收益增长率进行预测,其中最低的是能源行业,增长率为5.1%;最高的是高科技行业,增长率为37.9%。如果用股市收益率来进行比较,那么行业之间的表现就相差更大了。在美国,1999年收益最高的10个行业中,移动通讯行业的收益率最高,达到了222.22%,而收益最低的只有

67.68%；而在收益最低的 10 个行业中，即使收益最高的纺织也只有－24.33%，最差的烟草行业则亏损 54.40%，进行行业分析的目的就是判断哪些行业具有良好的前景，股票价格最具上升空间。

5.3.1　行业的定义及其分类

1. 行业的定义

行业一般是指生产或提供相同或类似产品或服务的一个企业群体。不过，即使可以比较清楚地表达出行业的定义，在现实生活中也很难对企业属于哪个行业进行非常准确的划分。例如，有些企业生产的产品种类繁多，而且各种产品的跨度很大，而有些公司则开展一些全新的业务，这样就很难准确地将这些企业划入哪个行业。

对投资者来说，进行行业分析的目的是选择具有良好前景，股票有较大上涨空间的行业，这就要求整个行业内公司股票的价格变化具有大致相同的趋势，同一因素的变动对它们有相似的影响，如果整个行业内的公司股票价格变动千差万别，那么进行行业分析也就毫无意义。

2. 行业的分类

1) 联合国经济和社会事务统计局制定并建议各国采用的《全部经济活动国际标准行业分类》，把国民经济划分为 10 个门类：

（1）农业、畜牧狩猎业、林业和渔业

（2）采矿业和土石采掘业

（3）制造业

（4）电、煤气和水

（5）建筑业

（6）批发和零售业、饮食和旅馆业

（7）运输、仓储和邮电通信业

（8）金融、保险、房地产和工商服务业

（9）政府、社会和个人服务业

（10）其他

2) 按照证监会的要求，我国上市公司可分为 19 大类：

（1）农、林、牧、渔业

（2）采矿业

（3）制造业

（4）电力、热力、燃气及水生产和供应业

（5）建筑业

（6）批发和零售业

（7）交通运输、仓储和邮政业

（8）住宿和餐饮业

（9）信息传输、软件和信息技术服务业

(10) 金融业

(11) 房地产业

(12) 租赁和商务服务业

(13) 科学研究和技术服务业

(14) 水利、环境和公共设施管理业

(15) 居民服务、修理和其他服务业

(16) 教育

(17) 卫生和社会工作

(18) 文化、体育和娱乐业

(19) 综合类

5.3.2 行业的经济结构分析

根据行业中企业的数量、产品性质、价格的制定和其他一些因素,各种行业基本上可以分为 4 种市场类型:完全竞争市场、不完全竞争市场、寡头垄断市场和完全垄断市场。

1. 完全竞争市场

完全竞争市场是指许多生产者生产同性质产品的市场类型。其特点是:

(1) 生产者众多,各种生产资料可以完全流动。

(2) 生产的产品是同性质的、无差别的。

(3) 生产者不是价格的制定者,生产的盈利基本上由市场对产品的需求决定。

(4) 生产者和消费者对市场情况非常了解,并可以自由进入或者退出市场。初级产品市场多属于这种市场类型。

2. 不完全竞争市场

不完全竞争市场是指许多生产者生产相同类别但不同性质产品的市场类型。其特点是:

(1) 生产者众多,各类生产资料可以流动。

(2) 生产的产品是同类别但不同性质,产品之间存在差异。

(3) 由于产品差异性的存在,生产者可以借以树立自己产品的信誉,从而对其产品的价格有一定的控制能力。制成品市场一般都属于这种市场类型。

3. 寡头垄断市场

寡头垄断市场是指相对少量的生产者在某种产品生产中占有很大市场份额的市场类型。在这个市场上通常存在一个起领导作用的企业,其他企业则随着该企业定价与经营方式的变化相应地进行某种调整。资本密集型、技术密集型产品等市场多属于这种市场类型。

4. 完全垄断市场

完全垄断市场是指独家企业生产某种产品,没有或者缺少相近的代替品的市场类型。完全垄断可以分为政府完全垄断和私人完全垄断两种。在这种市场中,由于市场被一个企业完全控制,因此垄断者能够根据市场供求情况制定理想价格和产量。在高价少销和低价多销之间进行选择,以获得最大利润。但垄断者在制订产品的价格与生产数量的自由是有

限度的,它要受到反垄断法和政府管制的约束。公用事业和某些资本、技术密集型或稀有资源开采等企业,都属于这种市场类型。

5.3.3　行业生命周期分析

1. 经济周期与行业发展的关联度分析

各行业的发展趋势与国民经济总体的周期变动有关,但是关系密切的程度不一样。据此,可以将行业分为3类:

(1)增长型行业。增长型行业的运动状态和经济活动总水平的周期及振幅无关。这些行业收入增长的速度相对于经济周期的变动来说,并没有出现同步影响,因为它们主要依靠技术的进步、新产品推出及更优质的服务,从而使其经常呈现出增长状态。

(2)周期型行业。周期型行业的运动状态直接与经济周期相关。当经济处于上升时期时,这些行业会随其扩张;当经济衰退时,这些行业也相应跌落。

(3)防御型行业。防御型行业运动状态受经济周期影响比较小。主要因为其行业的产品需求相对稳定,不会因经济周期变化而出现大幅度变动,甚至在经济衰退时也能取得稳步发展。这类行业的产品往往是生活必需品或必要的公共服务。如食品业、医药业、公共事业等。

2. 行业生命周期分析

每个行业都要经历从初创到衰退的发展演变过程。行业的生命周期大致分4个阶段:初创期、成长期、成熟期、衰退期。

(1)初创期。新行业开创之时,由于前景光明,该行业的商品销售量在巨大的需求推动下迅速增加,供不应求给行业带来丰厚利润,从而吸引越来越多的公司进入这一行业。随着进入该行业的企业数量的增加,产品供不应求的状况逐渐改善,价格和利润随之下降,企业间的竞争越来越激烈;结果使一些获胜的企业逐渐占领并控制了市场,而更多的企业则在竞争中被淘汰。因此在行业开创的初期,虽然整个行业生产率很高,利润极为可观,但风险也最大,不同公司的股价往往会出现大起大落的现象。由于竞争激烈,经营能力不强、适应性差的企业将被淘汰。此时投资者要慎重选择投资对象,选择那些竞争能力强、管理水平高的公司。

(2)成长期。在这个时期,拥有一定市场营销和财务能力的企业逐渐主导市场。这些企业往往是较大的企业,其资本结构比较稳定,因而开始定期支付股利并扩大经营。在成长阶段,新行业的产品经过广泛宣传和消费者的试用,逐渐以其自身的特点赢得大众的欢迎,市场需求开始上升,新兴行业也随之繁荣起来。与市场需求变化相适应,供给方面相应地出现一系列变化。由于市场前景良好,投资于新行业的厂商大量增加,产品也逐步从单一、低质、高价朝多样化、优质和低价方向发展,从而出现生产厂商和产品相互竞争的局面。这种状况会持续数年或数十年。由于这一原因,这一阶段有时称为投资机会时期。随着市场竞争的不断发展和产品的不断增加,生产厂商必须依靠追加投资、提高生产技术、降低成本以及研发新产品的方法来争取竞争优势、战胜竞争对手、维持企业的生存。

(3)成熟期。在这个阶段,竞争中生存下来的少数大企业垄断了整个行业的市场,每个

厂商都占有一定的市场份额。由于彼此势均力敌,市场占有率变化幅度较小。厂商和产品之间竞争,逐渐从价格手段转向各种非价格手段。行业的利润由于一定程度的垄断达到很高的水平,而风险却比较稳定。

（4）衰退期。经过一段时间的发展后,市场趋于饱和,而且随着社会需求的改变、新技术的问世,社会对该行业产品的需求日益减少,从而使生产规模的扩大受阻,甚至出现收缩或衰退。但这一阶段行业内部的各家公司为保住自己的市场份额,会通过各种手段加强竞争,因此利润出现下降的趋势,大多数公司因该行业市场份额的缩小而逐渐被淘汰。在衰退期,该行业的股票市场表现平淡或出现下跌。有些行业被淘汰时,会对股价产生严重影响。因此,投资处于停滞阶段的行业,不仅投资收益较低,而且风险较大,要特别慎重对待。

5.3.4 影响行业兴衰的主要因素分析

影响行业兴衰的因素主要有以下几个方面:

1. 技术进步因素

技术进步对行业的影响是巨大的。例如工业机器人的出现代替了传统的生产线;3D打印技术对未来传统行业的影响深远。

2. 政府的影响和干预

每个行业都在不同程度上受到政府的管制。这种管制能够影响到行业的经营范围、增长速度、价格政策和利润率等方面。政府实施管理的行业主要是公用事业、交通运输业和金融业等。这些行业都直接服务于公共利益或与公共利益密切相关。政府除了对上述关系到国计民生的重要行业进行直接管理外,通常还制定有关的反垄断法来间接地影响其他行业。

3. 社会倾向对行业的影响

现代的消费者和政府的社会意识日益增强。越来越强调经济行业所应负的社会责任,越来越注意工业化给社会带来的种种影响。这种社会倾向对许多行业已经产生了明显的作用。即把社会效益放在第一位、经济效益放在第二位,注重工业化给社会带来的影响,主要是防止环境污染和保持生态平衡日益受到重视。所以涉及环境保护行业的股票发展势头良好。比如,许多西方国家对不少行业的生产及产品作出了种种限制性规定。在美国,政府要求汽车制造商加固汽车保险杠、安装安全带、改善燃油系统、提高防污染系统的质量等。这种社会倾向对企业的经营活动、生产成本、收益等都会产生一定的影响。

5.3.5 行业发展预测及投资选择

1. 行业发展预测主要从行业的收益性和成长性两方面来考虑

（1）行业收益性分析。净资产收益率是评价行业盈利水平最具客观性、公正性和代表性的指标。该指标反映了每股净资产的实际盈利能力。

主营业务利润率是考察上市公司主营业务收益能力的主要指标,该指标反映了行业产品的竞争能力,是产品销售价格和销售成本的综合表现,是行业利润最主要、最稳定的来源。

（2）行业成长性分析

主要考察指标有：行业平均的主营收入增长率、主营利润增长率、主营净利润增长率。

2. 投资选择

投资者根据以上分析内容，可以对企业所处行业及其发展前景作出大致评判，并形成自身投资风格，来选择市场中的各种股票进行投资。需要注意的是，不同行业，其股票价格走势在股票市场发展的不同阶段表现出很大的差异。例如，在股票市场的低迷阶段，消费类、医药类股票表现出较强的抗跌性。而在股票市场的上升阶段，高新技术等成长类股票往往涨幅惊人。所以，投资者为了取得较为理想的投资效果，就应在行业分析的基础上，再根据行业股票在股票市场各阶段的不同表现进行分析决策。

根据不同行业的股票在股票市场不同阶段的表现，并结合行业市场类型、行业生命周期分析的内容，在充分考虑企业自身特点的基础上，可将不同性质、不同行业的股票划分为低速增长型、高速增长型、可能复苏型、周期起伏型、稳健发展型和资产隐蔽型等类型。

（1）低速增长型。低速增长型股票一般存在于行业生命周期的衰退阶段。这类股票一般属于夕阳行业，前景不被投资者看好，特点是收益逐年下降，股票价格低廉。除了其中某些行业可能会由于某种特殊原因（如战争、政府购买、国外市场的开辟等）而暂时"返老还童"外，投资这类股票很难获得令人满意的投资收益。

（2）高速增长型。高速增长型股票也就是成长型股票，是股票市场投资者主要追逐的对象。特点是一般处在行业的上升时期，企业利润增长迅猛，具有较大的上升潜力，俗称"黑马股票"。黑马股票在初期，特别是在股市的低迷时期并不被投资者看好，价格也比较低廉，一旦市场转暖，其投资价值被市场人士发现，则股价上升迅猛。

（3）可能复苏型。可能复苏型股票与低速增长型股票有着许多相似的特点，如收益率下降、股票价格低廉等。但这类股票由于其行业并不处于衰退期，只是由于经济衰退、行业暂时不太景气等因素的影响而处于休眠阶段。完全有可能在国家某些因素逐渐趋好的条件下重新启动。因此，在股票市场低迷阶段，投资者应对这类股票进行认真分析，它往往能令投资者获得可观的利润。

（4）周期起伏型。这类股票具有随着经济周期变化明显上下起伏的特点，股票价格在经济周期的不同阶段有较大的差别。经济高涨时期，行业看好，企业利润猛增，股票价格高升，而在经济低迷时期，行业不被投资者看好，企业利润急剧下降，股票价格低廉。由于周期起伏型股票的价格变动范围较大，投资风险也随之增加。投资者应根据经济周期起伏的特点，适时选择或调整手中的这类股票。

（5）稳健发展型。稳健发展型股票在股票市场上俗称"蓝筹股""白马股"，这类股票所属行业通常处在行业的稳健发展时期。由于行业利润稳定，被市场投资人士一致看好，因而价格高昂。蓝筹股的特征是在股票市场的上升阶段涨多跌少，但由于价格较高，若处于股市的下跌时期，其下跌空间同样会令人感到投资风险不小。

（6）资产隐蔽型。资产隐蔽型股票可以存在于所有企业，但一般多存在于房地产行业。资产隐蔽型股票的特点是该企业的资产具有较大的上升潜力，这种上升潜力在较长一段时间内不为市场投资人所看重，因而股票价位不高。投资者若能在行业分析的基础上，利用其他分析工具，选择资产隐蔽型股票作为投资对象，则常常能获得令人满意的投资回报。

5.4　微观经济分析

投资者做好行业分析之后,就要对所欲投资行业中具体的上市公司进行客观地分析。对上市公司的分析一般分为公司基本因素分析和公司财务分析。公司的基本因素分析包括公司的主营业务状况、行业地位、经营管理能力、产品竞争力和公司的成长性等的分析,是一个定性分析的过程。其重点是公司潜在竞争力的分析,包括公司在所处行业的竞争优势和劣势分析。投资者根据分析选择有产品竞争力、成长性好的上市公司的股票进行投资。

公司财务分析主要是财务业绩的比较分析,可分为纵向比较分析、横向比较分析和标准比较分析;比较分析法按其包括的财务数据范围可分为个别分析法和综合分析法。其中,个别分析法是根据财务报表的要素信息或个别财务比率,进行个别指标的分析和判断的方法;综合分析法是将财务报表作为一个整体来进行分析判断的方法。

5.4.1　基本因素分析

1. 主营业务分析

公司一定要具有鲜明的主营业务才能在激烈的市场竞争中立于不败之地。主营业务状况决定公司盈利能力以及经营状况的好坏,从而决定了投资者的投资回报。

投资者可以根据相关统计报表查看公司的经营方式是单一的还是多元的。单一的市场占有率高,但风险较大;多元的能降低经营风险,但主营业务不突出,影响公司盈利增长。考察公司主营业务的盈利能力和主营业务利润占净利润的比例,比例越高说明公司可持续发展的能力越强。

2. 行业地位分析

考察公司行业地位主要看公司的市场占有率是否在行业前列,其次要看公司产品销售增长率是否在行业内领先,还要看公司在行业内的技术是否领先。其中最重要的是市场占有率,其高低是投资者进行股票投资的重要的决策参考依据。只有市场占有率高,行业地位突出的公司,才能成为行业龙头,这样的公司会给投资者带来可观的收益。

3. 经营管理能力分析

上市公司的经营管理水平对企业的生存发展至关重要。经营者素质越好,管理水平越高的企业,往往获得盈利的能力越强;经营管理能力弱的企业,即使有竞争性产品,也会因经营管理不善而影响企业的发展甚至生存。特别是公司高层决策人物的经营管理能力及其在公司能否发挥中坚作用,对于企业具有决定性的意义。

在考察分析上市公司人才素质方面,主要考察各级领导人员的素质,重点是一把手的社会及历史背景,工作业绩和一些主要部门的领导人的能力,包括财务部门、销售部门、公关部门等。

上市公司的员工是公司经营的主体,他们的整体素质对企业的发展作用不容小觑。其中,考察的指标主要包括:高等学历人员构成、劳动者平均受教育的水平、劳动生产率、职业技术水平构成等。

4. 产品分析

产品是企业的生命。一个企业的产品直接关系到公司的盈利能力和发展前景,也就必然影响到公司股票的价格。产品竞争能力强,这个公司就能在市场上生存和发展,其股票的盈利能力就强。相对来说,投资者购买的这种股票的报酬就高,风险就小;相反,那些产品竞争能力不强的公司,在市场上将无太大的发展甚至惨遭淘汰,购买此类公司股票的投资者就无盈利可言,甚至会遭受巨大损失。衡量产品竞争能力的强弱,可以通过考察产品的质量、产品的知名度、产品的销售量及产品的市场占有率来实现。

另外,为了适应当今不断变化、竞争激烈的市场环境,就要不断地开发新产品以适应快速变化的市场。所以还要考察公司产品开发和技术创新能力,主要从以下几个方面入手:人力资源状况,公司是否拥有稳定的专业人才和技术骨干队伍,是否实施留住人才的措施;是否注重研究机构的设置;是否留有充足的研发费用;能否根据市场变化及时调整制定新产品的开发、试制。

5.4.2 财务分析

制定正确的投资决策,必须对投资对象的财务状况进行具体的了解。因为股票发行公司的财务状况及前景,是影响股票价格长期波动的根本因素之一。要进行股票投资,必须认真地进行企业财务状况分析。企业财务状况分析,就是从公司财务的角度,通过分析比较公司账面数字或者对账面数字进行科学的还原后的变化和相互关系,以评估公司经营状况的优劣,作为进行股票投资的决策依据。

1. 公司主要的财务报表

上市公司公布的财务资料中,最主要的是三大财务报表:资产负债表、利润表、现金流量表。

(1) 资产负债表。资产负债表又称财务状况表,是静态反映特定公司在某一时点上的财务状况,反映该时点上资产、负债、所有者权益三者之间的情况。资产是公司拥有的或能够控制的、能够以货币计量的经济资源;负债是由公司承担的能够以货币计量的,必须以资产或劳务偿付的责任;所有者权益是公司股东对公司净资产的要求权。

三者关系如下:

$$资产 = 负债 + 所有者权益$$

该等式表明了公司在某一特定时期所拥有的资产以及与之相对应的责任。我国的资产负债表将资产项目按其流动性由强到弱依次排列在表格的左边;将负债项目按债务偿还时间的长短,由短到长依次排列在表格的右上方;将所有者权益项目按其停留在公司时间的长短,由长到短依次排列在表格的右下方。

资产负债表的作用表现在:一是用货币金额反映公司制表日的资产、负债、所有者权益的规模大小、结构分布状况,便于投资者认识和评估公司目前的财务状况及今后的变化趋势;二是反映公司资产变现的能力,揭示公司偿还债务的能力;三是揭示公司资产的来源及其构成,有助于投资者评估公司的财务风险;四是反映公司资产、负债、所有者权益的期间变

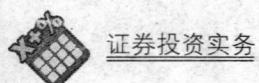

动情况,便于投资者了解公司的财务状况的变化趋势。表 5-2 所列的是万科企业股份有限公司 2011 年的资产负债表。

表 5-2　　　　　　　　　　万科企业股份有限公司合并资产负债表

编制单位:万科企业股份有限公司　　　　2011 年 12 月 31 日　　　　　　单位:元 币种:人民币

资产	2011 年 12 月 31 日	2010 年 12 月 31 日	负债和股东权益	2011 年 12 月 31 日	2010 年 12 月 31 日
流动资产:			流动负债:		
货币资金	34 239 514 295.08	37 816 932 911.84	短期借款	1 724 446 469.54	1 478 000 000.00
应收账款	1 514 813 781.10	1 594 024 561.07	交易性金融负债	17 041 784.19	15 054 493.43
预付款项	20 116 219 043.31	17 838 003 464.71	应付票据	31 250 000.41	一
其他应收款	18 440 614 166.54	14 938 313 217.77	应付账款	29 745 813 416.12	16 923 777 818.98
存货	208 335 493 569.16	133 333 458 045.93	预收款项	111 101 718 105.82	74 405 197 318.78
流动资产合计	282 646 654 855.19	205 520 732 201.32	应付职工薪酬	1 690 351 691.72	1 415 758 826.87
非流动资产:			应交税费	4 078 618 156.81	3 165 476 401.56
可供出售金融资产	441 261 570.00	404 763 600.00	应付利息	272 298 785.58	127 806 502.79
长期股权投资	6 426 494 499.65	4 493 751 631.16	其他应付款	30 216 792 566.99	16 814 029 349.10
投资性房地产	1 126 105 451.00	129 176 195.26	一年内到期的非流动负债	21 845 829 338.08	15 305 690 786.98
固定资产	1 595 862 733.95	1 219 581 927.47	流动负债合计	200 724 160 315.26	129 650 791 498.49
在建工程	705 552 593.56	764 282 140.58	非流动负债:		
无形资产	435 474 310.08	373 951 887.29	长期借款	20 971 961 953.04	24 790 499 290.50
长期待摊费用	40 999 359.45	32 161 415.85	应付债券	5 850 397 011.20	5 821 144 507.03
递延所得税资产	23 262 419 007.17	1 643 158 028.39	预计债券	38 677 896.70	41 107 323.15
其他非流动资产	463 792 750.00	1 055 992 714.51	其他非流动负债	11 798 188.07	8 816 121.26
非流动资产合计	13 561 785 174.86	10 116 819 540.51	递延所得税负债	778 906 118.75	738 993 358.99
资产	2011 年 12 月 31 日	2010 年 12 月 31 日	负债和股东权益	2011 年 12 月 31 日	2010 年 12 月 31 日
			非流动负债合计	27 651 741 167.76	31 400 560 600.93
			负债合计	228 375 901 483.02	161 051 352 099.42
			所有者权益:		
			股本	10 995 210 218.00	10 995 210 218.00
			资本公积	8 843 464 118.19	8 789 344 008.84
			盈余公积	13 648 727 454.84	10 587 706 328.79
			未分配利润	18 934 617 430.43	13 470 284 310.05
			外币报价折算差额	545 775 788.95	390 131 925.43
			归属于母公司所有者权益合计	52 967 795 010.41	44 232 676 791.11
			少数股东权益	14 864 743 536.62	10 353 522 851.30
			所有者权益合计	67 832 538 547.03	54 586 199 642.41
资产总计	296 208 440 030.05	215 637 551 741.83	负债及所有者权益合计	296 208 440 030.05	215 637 551 741.83

资料来源:根据万科企业股份有限公司 2011 年度报告整理。

虽然万科的资产负债表比我们前面理论上介绍的内容要复杂得多,不过从表 5-2 中可以看出,其基本结构和内容是与前面的叙述一致。其中,2011 年数据显示,流动资产总额为 282 646 654 855.19 元,非流动资产总额为 13 561 785 174.86 元,因此,公司资产总额为 296 208 440 030.05 元。同期相应的流动负债总额为 200 724 160 315.26 元,非流动负债总额为 27 651 741 167.76 元,从而公司总负债为 228 375 901 483.02 元。而万科企业 2011 年的股东权益净额为 67 832 538 547.03 元,与负债之和恰好为 296 208 440 030.05 元,等于公司资产总额。

(2) 利润表。利润表从总体上反映公司在一定的会计期间(通常为 1 年)的经营成果及其分配情况,是动态反映公司的经营业绩、获取利润的能力、发展趋势的财务报表。其直接揭示了公司的经营成果——盈利或者亏损情况。

利润表主要由 3 个部分构成:一是营业收入;二是与营业收入相关的生产性成本和费用、销售费用和其他费用;三是利润。有的公司公布财务资料是以利润及利润分配表代替利润表,其编制方法就是在利润表的基础上再加上利润分配的内容。

我国的利润表采用多步式的结构,对公司一定时期的收入进行确认,将与收入相对应的成本、费用进行配比,并按一定的方式表示出来,以反映公司利润的组成和大小。

利润表的作用表现在:一是可以用来衡量公司的经营业绩和公司未来的获利能力;二是可以通过对利润结构的分析,发现影响利润形成和变动的重要因素;三是可以分析公司利润的分配政策和分配结果,以及可能对公司未来经营能力所产生的影响。表 5-3 列出了万科企业股份有限公司 2011 年的利润表。

表 5-3　　　　　　　　　万科企业股份有限公司 2011 年度合并利润表

编制单位:万科企业股份有限公司　　　　　2011 年度　　　　　　　单位:元　币种:人民币

项　　目	2011 年	2010 年
一、营业总收入	71 782 749 800.68	50 713 851 442.63
二、营业总成本	56 716 379 546.64	39 581 842 880.99
其中:营业成本	43 228 163 602.13	30 073 495 231.18
营业税金及附加	7 778 786 086.49	5 624 108 804.74
销售费用	2 556 775 062.26	2 079 092 848.94
管理费用	2 578 214 642.30	184 636 925 759
财务费用	509 812 978.62	504 227 742.57
资产减值损失/(转回)	64 627 174.84	(545 451 004.03)
加:公允价值变动损失	(2 868 565.33)	(15 054 493.43)
投资收益	699 715 008.48	777 931 240.02
其中:对联营企业和合营企业的投资收益	643 987 754.62	291 703 045.44
三、营业利润	15 763 216 697.19	11 894 885 308.23
加:营业外收入	76 186 678.42	71 727 162.82
减:营业外支出	33 520 955.29	25 859 892.03
其中:非流动资产处置损失	1 144 283.45	1 211 776.17

(续表)

项 目	2011 年	2010 年
四、利润总额	15 805 882 420.32	11 940 752 579.02
减:所得税费用	4 206 276 208.55	3 101 142 073.98
五、净利润	11 599 606 211.77	8 839 610 505.04
归属于母公司所有者的净利润	9 624 875 268.23	7 283 127 039.15
少数股东损益	1 974 730 943.54	1 556 483 465.89
六、每股收益		
(一)基本每股收益	0.88	0.66
(二)稀释每股收益	0.88	0.66
七、其他综合收益	183 017 341.02	6 577 300.5
八、综合收益总额	11 782 623 552.79	8 846 187 805.57
归属于母公司所有者的综合收益总额	9 807 892 609.25	7 289 704 339.68
归属于少数股东的综合收益总额	1 974 730 943.54	1 556 483 465.89

资料来源:根据万科企业股份有限公司 2011 年度报告整理。

表 5-3 显示的是现实世界中的公司利润表,因此比前面理论上介绍的利润表要更具体,也更复杂。其中,2011 年度的数据显示,公司的营业总收入总金额为 71 782 749 800.68 元,而同期的营业总成本为 56 716 379 546.64 元。营业总收入扣除营业总成本后,再加上公允价值变动损失及投资收益就得到营业利润 15 763 216 697.19 元。营业利润再扣除或加上一些相应的项目后,得到公司税前利润额 15 805 882 420.32 元,再减去所得税部分,就得到公司的净利润 11 599 606 211.77 元。

(3)现金流量表。现金流量表反映的是一段时间内(通常为 1 年)公司现金的来源与运用情况。现金流量表有 3 个主要组成部分:经营活动产生的现金流量;投资活动产生的现金流量;筹资活动产生的现金流量。对公司现金流量表进行分析,可以让投资者了解公司获取现金和现金等价物的能力,从而有助于投资者评价公司今后支付股份的能力、公司的增长潜力及公司的偿债能力。

前面介绍的资产负债表和利润表都是建立在权责发生制的基础上,即使没有发生现金交易,收入和费用也在其发生时就进行确认。与资产负债表和利润表不同,现金流量表只记录已经发生的现金交易。例如,假设某公司销售一批商品,价值 500 万元,买方 30 天后付款。那么在该笔交易发生时,资产负债表就会在流动资产项下的应收账款项目上登记这一笔款项,而利润表也会确认这一笔款项为公司收入,但现金流量表只有在 30 天后公司收到货款时才会确认该笔交易。

现金流量表与利润表在折旧问题的处理上也存在着一个重大差别。对于一笔金额较大的资本支出,利润表试图让这一笔支出比较平均地分配到一个较大的时段上,以便真实地反映公司的盈利能力。因为一次性的、比较偶然的大额支出会使处于支出时段上的公司盈利水平受到很大的影响,所以这笔支出应该由多年来分摊。但现金流量表则在这一笔资本支出发生时就记录到现金流出项目上,并不进行分摊。

我国上市公司从 1998 年度开始向投资者公开披露年度现金流量表,它是以现金和现金等价物为基础,按直接法编制的。在反映公司现金流量时,要按类别分别列出公司现金收入来源和现金流出方向。并在表中提供按间接法将净利润调整为经营活动现金流量的信息。表 5-4 显示的是万科企业股份有限公司 2011 年度的现金流量表。

表 5-4　　　　　　　　　　　　　　　现金流量表

编制单位:万科企业股份有限公司　　　　　2011 年度　　　　　　　单位:元　币种:人民币

项　　目	2011 年	2010 年
一、经营活动产生的现金流量		
销售商品、提供劳务收到的现金	103 648 873 001.82	88 119 694 493.30
收到其他与经营活动有关的现金	6 894 667 980.25	2 976 047 156.82
经营活动现金流入小计	110 543 540 982.07	91 095 741 650.12
购买商品、接受劳务支付的现金	84 918 243 555.06	66 645 895 259.85
支付给职工以及为职工支付的现金	2 480 848 005.23	1 848 827 752.37
支付的各项税费	14 698 127 348.02	9 381 585 316.90
支付其他与经营活动有关的现金	5 056 897 501.84	10 982 177 869.55
经营活动现金流出小计	107 154 116 410.154	88 858 486 198.67
经营活动产生的现金流量净额	3 389 424 571.92	2 237 255 451.45
二、投资活动产生的现金流量		
收回投资收到的资金	207 894 484.10	282 454 288.12
取得投资收益收到的现金	18 757 998.26	367 769 277.76
处置固定资产、无形资产和其他长期资产支付的现金	1 115 844.63	462 241.52
处置子公司或其他营业单位收到的现金净额	——	17 179 172.33
收到其他与投资活动有关的现金	637 601 626.55	2 032 857 298.14
投资活动现金流入小计	865 369 953.54	2 700 722 277.87
购建固定资产、无形资产和其他长期资产支付的现金	261 560 892.00	261 938 551.22
投资支付的现金	1 195 068 075.60	2 183 848 057.74
取得子公司或其他营业单位收到的现金净额	4 075 842 283.38	1 364 056 191.97
支付其他与投资活动有关的现金	985 466 442.61	1 082 538 787.40
投资活动现金流出小计	6 517 937 693.59	4 892 381 588.33
投资活动产生的现金流量净额	(5 652 567 740.05)	(2 191 659 310.46)
三、筹资活动产生的现金流量		
吸收投资收到的现金	3 904 944 000.00	1 979 021 435.08
其中:子公司吸收少数股东投资收到的现金	3 904 944 000.00	1 979 021 435.08
取得借款收到的现金	23 574 576 259.94	27 070 090 551.02
筹资活动现金流入小计	27 479 520 259.94	29 049 111 986.10
偿付债务支付的现金	19 974 613 437.08	11 985 374 651.54
分配股利、利润或偿付利息支付的现金	6 698 048 516.13	4 039 207 571.75
其中:子公司支付给少数股东的股利、利润	1 426 449 140.20	638 540 999.59

(续表)

项 目	2011 年	2010 年
筹资活动现金流出小计	26 672 661 953.21	16 024 582 223.29
筹资活动产生的现金流量净额	806 858 306.73	13 024 529 762.81
四、汇率变动对现金及现金等价物的影响	(26 539 031.04)	24 034 574.5
五、现金及现金等价物的净(减少)/增加额	(1 482 823 892.44)	13 094 160 478.37
加:年初现金及现金等价物余额	35 096 935 415.75	22 002 774 937.38
六、年末现金及现金等价物余额	33 614 111 523.31	35 096 935 415.75

资料来源:根据万科企业股份有限公司 2011 年度报告整理。

2. 财务报表分析的基本方法与具体指标

1) 财务分析的基本方法主要有 3 种:比率分析法、比较分析法和趋势分析法。

(1) 比率分析法。它是将公司一个财务年度内的财务报表各项目之间进行比较,计算比率,判断年度内偿债能力、资本结构、经营效率、盈利能力等情况的一种方法。这是财务报表分析的主要方法。

(2) 比较分析法。它是将公司同一经济指标在不同时期的执行结果进行对比、分析,以检验公司经营状况的一种方法。具体方法有 3 种:一是绝对数比较分析法,即将两期以上的同一指标的绝对数进行比较,分析绝对差异。二是相对数分析法,这是一种用百分比表示差异的分析方法。三是连环替代法。这种方法运用相关联的实际数与标准数的连续替代,分别计算和分析各因素的变化对分析指标的影响程度,以揭示影响经济活动变化的因素及其影响力度。

(3) 趋势分析法。它是将两个或两个以上连续期的财务指标或财务数据进行排列对比,以揭示指标的增减变化趋势,分析所涉及经济活动的发展前景的一种方法。趋势分析法常常采用统计图表和比较财务报表的形式。

这里需要注意的是:运用财务报表分析时,要坚持全面原则,将所有指标、比率综合在一起得出对公司的全面、客观的评价;另外要考虑个性原则,不要将公司简单地与同行业企业直接比较。

2) 具体的分析指标。

(1) 偿债能力分析:企业偿债能力分析指标分为短期偿债能力分析和长期偿债能力分析。

短期偿债能力分析指标主要有流动比率、速动比率、现金比率、应收账款周转率、应收账款周转天数。

$$流动比率 = \frac{流动资产}{流动负债}$$

流动比率是衡量企业流动资产在短期债务到期前可以变为现金用于偿还流动负债能力的一个指标;过去许多人都认为,流动比率保持在 2.0 左右,速动比率保持在 1.0 左右比较合适。在实际中,应该根据各企业的具体情况来做判断,不能一概而论。比如,有些企业可能流动比率甚高,但却是存货大量积压造成的,并不说明企业的短期偿债能力高,因为存货尤其是长期积压滞销的货物转化成现金的能力较差、时间较长(甚至几乎不可能),用他们来偿还债务的可能性不大。

$$速动比率 = \frac{流动资产 - 存货}{流动负债} = \frac{速动资产}{流动负债}$$

速动比率是衡量企业流动资产中可以迅速变现、立即用于偿还流动负债能力的一个指标。一般认为,速动比率应该大于1,小于1就表明短期偿债能力偏低。不过,和流动比率一样,由于行业特征不同,相应的速动比率也存在一些差异。因此,一个公司的速动比率应该和同行业的公司进行比较,以判断高低;同时考察最近几年的速动比率,分析变动趋势。

$$现金比率 = \frac{现金 + 有价证券}{流动负债}$$

现金比率太低,说明公司的短期偿债能力偏低;现金比率太高,则可能说明公司储备了过量的现金等价物,未能将其有效地运用于公司的经营活动中。

$$应收账款周转率 = \frac{赊销净额}{平均应收账款余额} \times 100\%$$

其中,

$$赊销净额 = 销售收入 - 现销收入 - 销售退回、折让、折扣$$

$$平均应收账款余额 = \frac{期初应收账款余额 + 期末应收账款余额}{2}$$

$$应收账款周转天数 = \frac{360}{应收账款周转率}$$

应收账款周转率也称收账比率,用于衡量公司应收账款周转快慢。由于公司赊销资料作为商业机密不对外公布,所以,应收账款周转率一般用赊销和现销总额即销售净收入计算。及时收回应收账款,不仅能增强公司的短期偿债能力,也反映出公司对应收账款方面的管理效率。应收账款周转率,是年度内应收账款转为现金的平均次数,它说明应收账款流动的速度。用时间表示的周转速度是应收账款周转天数,也叫应收账款回收期平均收现期,表示公司从取得应收账款的权利到收回款项转换为现金所需要的时间。

长期偿债能力分析主要指标有资产负债率、利息保障倍数、固定支出保障倍数。

$$资产负债率 = \frac{负债总额}{资产总额}$$

资产负债率是指企业负债总额占全部资产总额的比率,它是衡量企业利用债权人提供的资金进行经营活动的能力和反映债权安全程度的一个指标。公司资产负债比率低,表明公司的长期负债能力比较高,财务风险比较低。但是,过低的资产负债率会使公司无法充分利用财务杠杆利益,反而可能影响公司盈利能力的提高,从而削弱公司的长期偿债能力。相反,公司的资产负债率越高,公司扩大生产经营的能力和增加公司盈利的可能性也越大,财务风险也越高。

一般认为资产负债率的合理水平为50%左右。当然对于不同的行业,甚至行业内不同的公司来说,所要求的最佳比率也是不同的。

$$利息保障倍数 = \frac{息税前利润}{利息费用}$$

利息保障倍数表明每1元利息所能得到公司盈利保障的倍数。该比率越高,说明公司支付利息的能力就越强;比率较低,表明公司的长期偿债能力比较薄弱。一般来说,利息保障倍数应该大于2,以表明公司有较强的长期偿债能力。不过在分析该比率时,也需要与同行业的平均率进行比较,尤其需要考察公司连续几年来的比率水平,以分析该公司的长期偿债能力。

$$固定支出保障倍数 = \frac{息税前利润+资本化租金}{利息费用+资本化租金}$$

所谓的资本化租金是指公司租赁长期性的生产或销售设备所需支付的租金,因此,其实也可以看成是利息支出的一种形式。一般来说,如果公司的固定支出保障倍数大于3.5,则表明公司对长期固定支出有很强的保障。如果小于3.5,则表明公司保障长期固定支出的能力较弱;如果低于2,则表明公司对长期固定支出的保证能力很弱;一旦低于1,就表明公司已无力支付所有的长期固定支出。固定支出保障倍数较高,就表明公司的财务风险较低。

(2)盈利能力分析:主要指标有销售毛利率、销售净利率、总资产收益率、净资产收益率和主营业务利润率。

$$销售毛利率 = \frac{毛利}{销售收入} \times 100\%$$

其中,

$$毛利 = 销售收入 - 销售成本$$

销售毛利率越高,说明公司获利能力越强。

$$销售净利率 = 净利润/销售收入$$

净利润是指会计准则中的税后利润。销售净利率越高,表示销售收入的收益水平越高。

$$总资产收益率 = \frac{净利润}{平均资产总额} \times 100\%$$

其中,

$$平均资产总额 = \frac{期初资产总额+期末资产总额}{2}$$

该指标越高,说明企业资产的利用效果越好。

$$净资产收益率 = \frac{净利润}{平均股东权益} \times 100\%$$

该指标越高,表明股东投资的收益水平越高,获利能力越强。

$$主营业务利润率 = \frac{主营业务利润}{主营业务收入} \times 100\%$$

该指标反映公司的主营业务获利水平,只有在公司主营业务突出,即主营业务利润较高的情况下,才能在竞争中占优势地位。

(3)经营能力分析:包括存货周转率、存货周转天数、固定资产周转率、总资产周转率、股东权益周转率、主营业务收入增长率。

成长性分析是投资者选购股票进行长期投资最为关注的重要问题。

存货周转率和存货周转天数：

$$存货周转率 = \frac{产品销售成本}{平均存货成本} \times 100\%$$

其中，

$$平均存货成本 = \frac{期初存货成本 + 期末存货成本}{2}$$

$$存货周转天数 = \frac{360}{存货周转率}$$

存货周转率用于衡量公司在一定时期内存货资产的周转次数，反映公司购、产、销经营效率的综合性指标。存货周转率又叫存货周转次数。存货周转时间长短就是存货周转天数。

$$固定资产周转率 = \frac{销售收入}{平均固定资产} \times 100\%$$

该比率是衡量公司固定资产运用效率的指标。

$$总资产周转率 = \frac{销售收入}{平均资产总额} \times 100\%$$

该项指标反映资产总额的周转速度。

$$股东权益周转率 = \frac{销售收入}{平均股东权益} \times 100\%$$

该指标说明公司所有者资产的运用效率。

$$主营业务收入增长率 = \frac{本期主营业务收入 - 上期主营业务收入}{上期主营业务收入}$$

（4）资本结构：包括股东权益比率、资产负债率、长期负债比率、股东权益与固定资产比率。

$$股东权益比率 = \frac{股东权益总额}{资产总额} \times 100\%$$

该指标反映所有者提供的资本在总资产中的比重，反映公司基本财务结构是否稳定。该指标主要用来反映公司的资金实力和偿债安全性，它与负债比率之和等于1。股东权益比率高，公司经营相对安全。但该比率过高，则说明公司财务结构不尽合理，未能充分利用财务杠杆的作用。对于不同的行业，该是标高低标准有所不同。

$$资产负债率 = \frac{负债总额}{资产总额} \times 100\%$$

资产负债率反映经营活动中资产中有多大比例是债务融资。可衡量公司负债水平的高低。也可衡量公司在清算时保护债权人利益的程度。

$$长期负债比率 = \frac{长期负债}{资产总额} \times 100\%$$

长期负债比率是从总体上判断公司债务状况的一个指标。

证券投资实务

$$股东权益与固定资产比率 = \frac{股东权益总额}{固定资产总额} \times 100\%$$

该比率是衡量公司财务结构的稳定性的一项指标,反映购买固定资产所需要的资金有多大比例是来自所有者权益的。

(5)投资收益:包括普通股每股净收益、红利派发率、市盈率、投资收益率、每股净资产、市净率、资本保值增值率。

$$普通股每股净收益 = \frac{税后利润 - 优先股股利}{发行在外的加权平均普通股股数}$$

该项指标反映公司每股普通股在1年中的净收益。根据我国目前上市公司没有优先股以及每股面值为1元的情况,可直接用税后利润除以平均股本计算,此时,这一指标称为"股本净利率"。

$$红利派发率 = \frac{每股红利}{每股净收益} \times 100\%$$

该项指标反映公司的股利政策。这一指标的评价,很大程度上取决于投资者注重于现金分红还是注重于公司的发展潜力。一般来说,若作为短期投资,注重于现金分红者应选择红利派发率比较高的股票;注重于公司发展潜力者,则应选择红利派发率不是很高的股票。因为这预示着该公司正在把资金想投资于好的发展项目。从而将使其未来的利润增长具有较大的动力,投资者投资这类股票中往往能有较好的资本利得。

$$市盈率 = \frac{每股股票价格}{每股税后利润}$$

该项指标又称价格盈利比,表示股票的市场价格是每股税后利润的多少倍,即按每股税后利润水平,需要多少年收回投入的资金。这是一个评价股票投资价值的指标,其倒数表示投资于该种股票的投资回报率。如某股票市盈率20倍,其投资回报率就是1/20=5%。

$$投资收益率 = \frac{投资收益}{\dfrac{期初长、短期投资 + 期末长、短期投资}{2}} \times 100\%$$

该项指标反映公司利用资金进行长短期投资的获利能力。

$$每股净资产 = \frac{净资产}{发行在外的普通股股数}$$

该项指标反映每股普通股所代表的股东权益额。

$$市净率 = \frac{每股市价}{每股净资产} \times 100\%$$

该项指标表明股价是每股净资产值的多少倍。有人把低市净率股票看做是较安全的投资,因为他们把账面价值看做市价的底线。这种观点是值得商榷的。事实上,账面价值并不一定代表股票的流动性价值,这使得"安全升水"概念不可靠。

$$资本保值增值率 = \frac{期末所有者权益总额}{期初所有者权益总额} \times 100\%$$

124

该项指标主要反映投资者投入公司的资本完整性和保全性。如果资本保值增值率等于100％，为资本保值；资本保值增值率大于100％，为资本增值。

在财务分析中，比率分析用途最广，但也有局限性。突出表现在：比率分析属于静态分析，对于预测未来并非绝对合理可靠。比率分析所使用的数据为账面价值，难以反映物价水平的影响。可见，在运用比率分析时，一是要注意将各种比率有机联系起来进行全面分析，不可单独地看某种或各种比率，否则便难以准确地判断公司的整体情况；二是要注意审查公司的性质和实际情况，而不是着眼于财务报表；三是要注意结合差额分析，这样才能对公司的历史、现状和将来有一个详尽的分析和了解，达到财务分析的目的。

3．进行公司财务分析时对财务报表中的数据去伪存真

公司对外报送的财务报告，是投资者进行公司财务分析所需信息中最重要的也是最主要的来源，但其在反映公司财务状况时，存在着一定的局限性。

（1）会计准则的缺陷引起了财务报表的偏差。财务报表编制总存在一些假定前提，财务报表的编制方法必须符合会计准则的要求。在编制时，会计处理方法可能符合准则的要求，但却不能完全反映公司的客观实际。如报表数据因为通货膨胀率进行调整，有些项目是估计的，或发生了非常或偶然的事件等，这些都可能影响资产计价的准确性、真实性和可靠性。

（2）预测的偏差引起的会计数据和实际经营结果的偏差。财务分析很难准确地把握公司的未来。财务报表中所反映的财务信息，是公司过去事件影响的结果。根据历史资料编制的报表、计算的财务指标，能否完全有效地预测未来，是难以准确把握的。分析者只有尽可能减少而不能完全避免分析的无效性。

（3）编表人员的素质。社会公众机构如会计师事务所的审计、监管力度和质量，在一定程度上决定了财务报表的质量，这些对投资者来说都是不能掌握及控制的因素。

（4）财务分析没有考虑资金的时间价值。以财务报表分析、财务指标分析为内容的公司财务分析，大都是以账面的价值或收益为基础的，在分析公司的经营业绩、盈利能力时，忽略了资金时间价值的存在。因此，分析的可靠性也会受到影响。

拓展阅读 5-5　　　　　　绿大地案例研究

2010 年 3 月，证监会由于绿大地公司涉嫌信息披露违规进行立案稽查。经调查，绿大地涉嫌虚增资产、虚增收入及利润等多项违法行为。我们根据公开披露和公开可获得的资料构建了这一案例。需要特别说明的是，文中分析结论和逻辑仅供学术研究和参考。

1．绿大地虚构资产和收入

经过调查，绿大地抬高总资产价值高达 22.96％。以马鸣基地为例，除了虚报地产价格、其地上设施，如三口深水井，每口造价不过万元，而绿大地将其计入固定资产时每口井计价72 万元；马鸣基地的地价虚增了 3 200 万元，地上设施虚增 2 000 万元。而对于广南一处价值 600 多万元的林地，绿大地虚报为价值 1 亿元的固定资产。

此外，绿大地采用销售退回的方式进行关联交易，从而粉饰报表虚增收入。自 2004 年

至 2007 年,其对于关联客户的销售额合计分别占当期主营业务收入的 58.02%、43.56%、27.83% 和 26.33%。然而,绿大地上市后不久,这些关联客户纷纷出现销售退回举动。

2. 绿大地以非经常性损益掩盖主营业务亏损情况

绿大地因 2009 年的过度亏损引起证监会怀疑。2009 年苗木销售退回额高达 1.58 亿元,直接导致当年亏损 1.51 亿元,然而 6 个月前绿大地的预报盈利是 6 000 多万元。对此,绿大地给出的解释是云南旱灾导致巨额亏损。然而实地考察发现旱灾影响被夸大,林地设施良好、供水充足。另外,若旱灾导致了苗木大片死亡,其苗木价格应上涨,但事实并非如此。

绿大地以自然灾害为由,将企业亏损的大部分转移至非经常性损益,从而掩盖主营业务的亏损。2009 年年底绿大地非经常性损益占净利润的比重高达 139.44%,2011 年年底非经常性损益仍占净利润的近 60%。然而,这两年同行业平均值仅为 18.18% 和 4.53%。

3. 绿大地通过操纵现金流粉饰报表

通过注册大量第三方公司,绿大地签订阴阳合同进行买卖。现金以资本购买的方式流出,以销售收入的方式流入,伪造现金流。

经调查,在绿大地 2010 年一季报中,合并现金流量项目记录错误高达 27 项,其中取得借款收到的现金、筹资活动流入现金小计、偿还债务支付的现金分别为 1.57 亿元、1.57 亿元和 6.14 亿元,更正后均为空白。

4. 绿大地的财务指标远低于同业水平,存在巨大风险

如表 5-5 所示,以 2010 年为例,绿大地的流动比率为 1.17,行业平均值为 2.32,说明短期可转换成现金的流动资产不足以偿还到期的流动负债;绿大地的速动比率为 0.51,行业平均值为 1.82,因此扣除存货后,其流动资产只能偿还到期流动负债的 51%;绿大地的净资产收益率在 3 年中持续低于行业平均水平,企业投资价值低;总资产周转率长年低于同业平均值,表明其管理能力及企业经营存在问题。

表 5-5 绿大地的财务指标与行业指标对比数据

时间	2009-12-31		2010-12-31		2011-12-31	
财务指标	同业平均水平	绿大地	同业平均水平	绿大地	同业平均水平	绿大地
资产负债率	53.81%	42.74%	44.16%	60.37%	44.81%	68.33%
流动比率	1.82	1.27	2.32	1.17	2.38	1.13
速动比率	1.36	0.92	1.82	0.51	1.81	0.6
净资产收益率	24.34%	−23.34%	18.61%	3.74%	16.39%	−15.07%
总资产周转率	1.31	0.51	1.18	0.42	1.02	0.3

通过以上案例我们得到以下结论:

(1) 上市公司的财务指标与行业财务指标的对比是我们评估上市公司财务状况的重要依据。对绿大地和同行业的非经常性损益占净利润比重的比较显示,两者差距巨大。另外,绿大地和同行业的总资产周转率及净资产收益率等指标也差异明显。从表 5-5 可见,2009—2011 年绿大地总资产周转率最高不超过 0.51,而同业平均值连续 3 年大于 1。虽然同行业内不同上市公司的各种财务指标可能会由于上市公司不同的特点具有一定的差异,

但是如果存在巨大差异,而这种巨大的差异又无法通过可信的证据证明,那么应该对这一差异进行质疑,并推断此差异产生的真正原因及其后果。

(2) 上市公司的流动比率、速动比率等数据是评估上市公司偿债能力及风险的重要数据。绿大地的流动比率和速动比率的缺陷体现了偿债能力的不足,从而直接关系到企业通过债务方式融资的能力,进而也会影响到企业的日常经营。即使企业的产品、经营不存在任何问题,仍会产生严重的后果。因此,对于上市公司偿债能力指标的判断,不仅需要了解其含义,更应了解其恶化所带来的严重后果。

本章小结

1. 基本面分析就是利用一切可以获得的公开信息,运用多种多样的经济指标,采用比例、动态的分析方法从分析影响宏观的经济环境的因素开始,逐步过渡到中观的行业兴衰因素分析,进而根据微观企业基本素质分析和财务报表分析来判断公司经营、盈利的现状和前景,从而对企业所发行的股票作出客观的评价,并尽可能预测其未来的变化,作为投资者选股的依据。

2. 基本面分析主要是挖掘有成长潜力的公司进行投资,进而分享公司未来的成长价值。基本面分析是准备做长线分析投资的投资者和普通股民所应采取的最主要分析方法。

3. 宏观经济分析是分析整体经济与证券市场之间的关系,其主要目的是分析将来经济情况及前景是否合适进行股票投资。

4. 为了预测国内宏观经济前景,必须分析对经济活力具有重大影响的一些宏观经济变量,这些变量包括:国内生产总值、通货膨胀、失业率、利率、汇率、财政收支状况及心理因素。

5. 宏观经济对证券市场的影响主要通过两个途径:一是宏观经济政策;二是宏观经济的周期性运行,即经济周期。

6. 投资者除了进行宏观经济分析之外,还需要进行行业分析,目的是判断哪些行业具有良好的前景,股票价格最具上升空间。在进行行业分析时,需要注重对行业的划分。

7. 公司财务报表分析是公司分析的核心。三种最基本的公司财务报表包括公司资产负债表、利润表和现金流量表。资产负债表反映了公司在某一特定时点的财务状况,反映了该时点公司的资产、负债和股东权益三者之间的情况。现金流量表反映的是公司在一段时期内(通常为 1 年)公司现金的来源与运用情况。

8. 在公司盈利能力分析中所用的财务比率是:销售毛利率、销售净利率、资产收益率、净资产收益率和主营业务利润率。

9. 关于公司偿债能力的判断,应从公司短期偿债能力和长期偿债能力两个方面进行分析。

10. 在公司经营能力分析中采用了存货周转率、存货周转天数、固定资产周转天数、股东权益周转率、总资产周转率和主营业务收入增长率。

11. 在进行公司财务报表分析时,还需要特别注意报表的真实可靠性问题。

练习题

一、名词解释

基本面分析　　财政政策　　货币政策　　行业生命周期　　资产负债表　　流动比率　　速动比率　　主营业务利润率　　主营业务利润率

二、简答题

1. 股票投资的动机是什么?

2. 财政政策、货币政策是如何对股价产生影响的?

三、计算题

假设某公司资产负债表和利润表如表 5-6 和表 5-7 所示。

表 5-6

资产负债表

2011 年 12 月 31 日

资　　产		负债与股东权益	
流动资产		流动负债	
货币资金	400	短期借款	800
交易性金融资产	500	应付账款	2 400
应收账款(净额)	6 500	应付票据	4 000
存货	6 800	流动负债合计	7 200
流动资产合计	14 200	非流动负债	
非流动资产		长期借款	3 000
长期投资(净额)	5 800	应付债券	10 000
固定资产	24 000	非流动负债合计	13 000
减:累计折旧	4 000	负债合计	20 200
固定资产净值	20 000	股东权益	
非流动资产合计	25 800	股本	10 000
		留存收益	9 800
		股东权益合计	19 800
资产总计	40 000	负债与股东权益总计	40 000

表 5-7

利 润 表

2011 年度

项　目	余　额	项　目	余　额
营业收入(净额)	48 000	税前利润	10 800
营业成本	35 600	减:所得税额(税率按40%计算)	4 320
其中:销售及管理费用	4 400	税后净利润	6 480
息税前利润	12 400	减:现金股利	3 880
减:利息费用	1 600	留存收益	2 600

请根据该公司的资产负债表和利润表回答以下问题。

（1）请计算该公司的流动比率、速动比率和现金比率。

（2）请计算该公司的利息保障倍数和资产负债率。

（3）该公司年初资产总额为 38 000 元，年初存货余额为 5 400 元，请计算该公司的总资产周转率。

（4）假设该公司 2011 年的销售收入中有 60% 的赊销，年初应收账款余额为 6 100 元，请计算该公司的应收账款周转率。

（5）请计算该公司的销售毛利率、销售净利率、资产收益率和净资产收益率（假设年初资产总额为 38 000 元）。

第6章 证券投资技术分析

 **学习目标**

1. 熟悉证券投资技术分析的定义及内涵
2. 了解技术分析的分类
3. 了解技术指标的应用
4. 了解运用技术分析应注意的问题

6.1 证券投资技术分析概述

证券投资除了基本面分析法外,还有一种技术分析法。在现实的投资生活中,技术分析作为基本面分析的辅助工具,具有弥补基本面分析短期失灵的作用。因此,有必要在介绍基本面分析法之后,对技术分析的主要内容进行介绍。

6.1.1 技术分析的定义及内涵

所谓技术分析,就是利用证券市场过去和现在的交易资料及相关信息,以市场行为为分析对象,应用数学和逻辑的方法,通过绘制和分析股票价格变化的动态趋势图表,或计算分析有关交易指标,探索出一些典型变化的规律,并据此预测市场证券未来变化趋势的技术方法。技术分析法主要用于股票投资,也适用外汇、期货和其他金融市场。

技术分析方法在学术上还没有形成一套完整的、稳定的、严密的体系,其内容繁杂、流派众多,各流派自成一套,至今还不断地有新的技术方法出现,即使同一种技术分析方法,也会因不同的人使用而产生不同的看法,结论也就不同。所以,要想熟练地、有效地掌握和运用各种技术分析方法难度极大。

6.1.2 技术分析的假定前提

作为一种投资分析的工具,技术分析是以一定分析假设条件为前提的。这些假设是:市场行为涵盖一切信息,价格会沿着一定的趋势运行,历史会在类似的情境下重演。

1. 市场行为涵盖一切信息

该假设的主要思想是股票市场上客观的交易行为与状态本身,对影响股票价格变动的各

种因素作出了综合反应。换言之,市场价格过去和当下的变动已经反映了所有的信息。作为技术分析人员,只需要关心这些信息对市场行为的影响效果(上涨或下跌以及幅度大小),而不必关心具体导致这些变化的信息究竟是什么。正是基于这种假设,使得技术分析这种非定性的、不说明理由的分析方法才能存在和发展。所以,谈起技术分析,总是让人感到玄妙,难以理解。

2. 价格会沿着一定的趋势运行

这是技术分析最为核心的一条假设,从上述技术分析的含义可知技术分析的作用是预测趋势,而使得预测趋势有现实应用意义的理由是"价格沿趋势运动"这一假设。

这一假设的具体含义是:因为股票价格以及整个股票市场行情的变动存在着惯性,所以,当一种上升或下降的趋势形成后,就会沿着这种趋势继续发展,指导推动这种趋势的力量逐步衰竭或遇到阻力为止。

以上证指数为例,在 2005 年 7 月到 2007 年 10 月这段时间内,在 1 000 点到 6 124 点这段空间中,指数形成明显的向上发展的走势形态。可以认为这一段走势中价格保持上涨运动趋势;在 2007 年 11 月到 2008 年 10 月这段时间内,在 6 124 点到 2 315 点这段空间中指数形成明显的向下发展的走势形态,可以认为这一段走势中价格保持下跌运动的趋势。价格沿着趋势运动并不是技术分析人员凭空生造的概念,而是从上述这种已有的历史走势中不断分析总结出来的。很多学者试着从行为金融学、心理学角度去解释"价格沿趋势运动"的依据,从而为该假设提供理论支撑。但是,技术分析人员则认为该假设来自历史走势的提炼总结,历史事实本身就构成最大的假设。

在投资实践中,由该假设延伸出的一条投资原则是"顺势而为"。其中"势"指的就是趋势,"顺势而为"即在下跌的趋势结束或上涨的趋势开始时做多;在上涨趋势结束或者在下跌趋势开始时做空。

3. 历史会在类似的情境下重演

这是技术分析的第三条假设,也是后文将要介绍的形态技术分析法等技术分析方法得以成立的前提。"历史会重演"并不是简单的指历史的走势会在当下或未来的市场上以类似的走势重复出现。而是股票价格的变动会在相似的市场状态下显示出相似的发展趋势和特征。人们在过去特定的市场背景下遇到了某种情况,得到了某种结果,便会形成一种经验。当类似的情况重现时,人们就不自主地根据自己的经验进行比较和预测,并采取相应的行动,其结果就促成了历史的反复重演。所以,技术分析法中大量运用了经验法则。只是在该假设下,技术分析者根据历史走势研究总结的相关规律在当下和未来才有应用的空间。

6.1.3　技术分析的 4 大要素——价、量、时、空

各种技术分析都是根据证券市场股票的价、量、时、空 4 个方面来进行分析预测的,研究这 4 大要素之间的相互关系是进行正确分析的基础。

价,即价格。价格指的是股票价格或者指数,可分为开盘价、收盘价、最高价、最低价以及最新价等,这是投资者最关注的问题。

量,即成交量。成交量是指股票过去和现在的成交量或成交额。技术分析就是利用过去和现在的成交价和成交量资料来预测市场未来的走势。价升量增、价跌量减、价升量减、

价跌量增构成了技术分析中价量关系。这里的量的因素很重要,因为价格可以因市场操纵行为引起变化,但在量上很难做假。

时,即时间。时间是指某一行情或者走势持续的时间。股市是时刻变化的,某种行情不可能一成不变,必然会有变化的时刻。一个已经形成的趋势在短期内是不会发生根本转变的,中途若出现了反向波动,也是暂时的,对原来的趋势不会产生大的影响。一个形成了的趋势也不可能永远不变,经过一定时间的调整就会形成新的趋势。

空,即空间。空间是指某一趋势可能达到的高点和低点。股价的涨跌总是有一定的限度的,不可能总是一个方向运动下去,投资者要做的就是运用技术分析方法预测适当的买卖价位。

6.1.4　技术分析方法的分类

技术分析方法体系庞杂,流派众多,分析视角、侧重点和手段上不尽相同,适用范围存在差别,有些形成交叉,而且不断有新的流派和方法产生,其分类没有统一的标准。根据研究手段一般分为形态分析法和指标分析法。

形态分析法也称图表分析,是以原始数据(价、量、时、空)构成的图形为研究对象,来分析判断市场未来状况的变化,来帮助投资决策,如 K 线分析、形态理论等。

指标分析是指以技术指标为对象进行的分析,其中技术指标是以原始数据计算而来的。如 KDJ、RSI、MACD 等,反映的是市场中不易被人们察觉到的某一方面的特征。

6.1.5　技术分析的局限性

技术分析能够及时反映股票价格波动的现状,帮助投资者了解股票过去和现在的价格变动情况以及交易情况,并以此分析判断未来的走势,帮助投资者决策。但是,作为一种分析工具,技术分析不可能是万能的,可以说它只能为投资者提供一个可能的机会,帮助投资者减少投资失误,提高投资成功率。所以投资者不能完全依靠技术分析方法,必须全面分析影响股价变动的因素,以基本面分析为主,以技术分析为辅来进行投资决策。

6.2　技术分析的基础理论——道氏理论

道氏理论是技术分析的鼻祖,是一种最古老、最著名的价格运动方法。创始人是美国人查尔斯·亨利·道,他与爱德华·琼斯创立了著名的道琼斯平均指数,用来反映股票市场的总体波动趋势。今天我们提到的道氏理论是后人根据他在华尔街日报上发表的文章整理归纳而形成的。

6.2.1　道氏理论的主要内容

道氏理论预测的是股票价格变动的长期走势,并不是预测短期股票价格走势,其内容很多,以下介绍主要的 5 点内容。

1. 股票平均价格指数可以解释和反映市场的大部分行为

道氏理论认为,股票价格平均指数反映了所有影响股票供给和需求的因素,包括经济、

政治、社会及投资者心理等众多因素,因此投资者无需考虑这些因素而只需考虑股票价格平均指数就可以了。

2. 股票市场具有三个变动趋势

道氏理论认为,虽然价格的起伏形态各异,但是最终可以将他们划分为三种趋势:主要趋势是一段时间内股票价格走势所呈现出来的总的方向,持续期为 1 年以上,是一种长期趋势;次要趋势是相对于主要趋势而言的,在股票市场主要趋势的演进过程中,会出现一些相对短期的、与主要趋势相反的逆向趋势,是对主要趋势的短期修正,一般来说,这种下降的幅度为主要上升趋势的 1/3 到 2/3 之间,持续时间为 3 周到 3 个月;短暂趋势是主要趋势和次要趋势的一部分,指股票价格的日常波动,可持续几个小时到几天,但一般不超过 3 周的时间。

3. 趋势必须得到交易量的确认

在确定趋势时,交易量是重要的附加信息,交易量应在主要趋势的方向上放大。交易量与价格的关系是技术分析的重要内容。

4. 把收盘价放在首位

道氏理论并不注意一个交易日当中的最高价、最低价、开盘价,而只注意收盘价。

5. 在反转信号出现之前主要趋势仍将发挥影响

一旦股市的长期趋势(牛市或熊市)被确认后,该趋势就会继续下去,直到另一长期反向趋势被确认时为止。

6.2.2 道氏理论存在的缺陷

技术分析人员认为道氏理论主要存在以下几个缺陷。

(1) 对市场趋势确立的信号太滞后,错过了最好的入货和出货的机会。例如,当牛市出现时(或者说一种股票平均指数已经呈现出牛市的征兆了),道氏理论需要另一种股票平均指数印证之后,才能发出牛市的信号,而此时股市已经上升了一段时间,从而使得投资者未能在更接近低点的价格买进,降低了投资者的利润。同样,道氏理论也只有在股市下降了一段时间后,才会发出熊市的信号,这样就使得投资者未能在更接近高点的价格出售,同样降低了投资者的利润。

(2) 道氏理论只对预测股票市场的长期趋势有较大的帮助,对各时刻发生的小波动却无能为力,在选股上更没有帮助。因此,对于投资者来说,道氏理论并不能为其提供相应的具体指导和帮助。

(3) 道氏理论存在近 100 年,有的内容对今天的投资者来说已经过时。

6.3 技术分析的几种常用方法

6.3.1 K 线分析法

K 线图的原型最早出现在日本的米市中。在 17 世纪,日本的期货投资者就开始采用 K

线图,直到20世纪80年代才被西方证券界所接受,此后就迅速获得全球投资者的青睐,成为最主要的绘图法。

所以K线也叫日本线,是将股市中每日的开盘价、收盘价、最低价和最高价用画线的方式记录下来,画成蜡烛状的图形,并用阳线或阴线来表示当日开盘价和收盘价之间的关系。下面就先介绍一下K线图的绘制方法。

1. K线图的绘制方法

取横轴代表时间,时间单位可以是小时、天、周、月等;纵轴代表股票价格将单位时间内的开盘价、收盘价在坐标区内分别用一条与横轴平行的短线标示出来,并把短线两端用线连接起来形成一个矩形,该矩形称为实体。确定最低价、最高价在图中的相应点,并分别由该点引直线与实体相连。这些实体外的连线称为影线。一般来说,影线连在实体上下端的中间。

如果单位时间内收盘价高于开盘价,则实体就涂成红色或白色,称为阳线;如果单位时间内收盘价低于开盘价,则实体就涂成绿色或黑色,称为阴线;如果单位时间内收盘价与开盘价相等,则称为中性线。一根K线记录的是某只股票一天的价格变动情况。将每天的K线按时间顺序排列在一起,就组成日K线图了。同理,可得到周K线图、年K线图等,如图6-1所示。

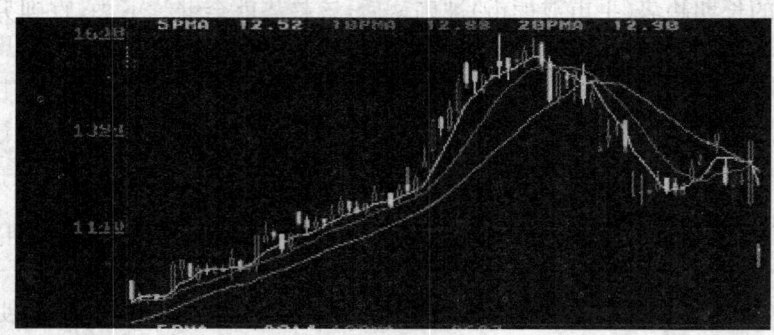

图6-1 日K线图

2. 单根K线的应用

由于每天每周或每月的股市行情都会呈现出不同的特点,K线图也就多种多样。除了图6-2所示的基本形状外,K线还有很多变形,加在一起有三十几种。

阳线看涨,阴线看跌,这是K线最基本的应用。但结合了上下影线和实体的长短等因素后,单根K线的含义又会有很多微妙的变化。阳线是股市上升的基础,表示收市时买气增强,阴线是股市下跌的基础,表示收市时卖气增强。阴阳线的长度表示升跌的力度,大阳线一般出现在上升趋势中,表示买盘强劲,后市看好;大阴线则表示抛盘沉重,行情下跌。

阳线的上影线代表上升趋势的削弱,阴线的上影线则代表下跌趋势的增强。因为对于阴阳线来说,上影线表示估价升至最高价后在卖压的打击下回落,多方进攻受阻;对于阴线来说,上影线表示股市开盘后股价升高,但在卖压打击后跌到开盘价以下收盘。因此,一般来说,上影线越长,后市越被看淡。

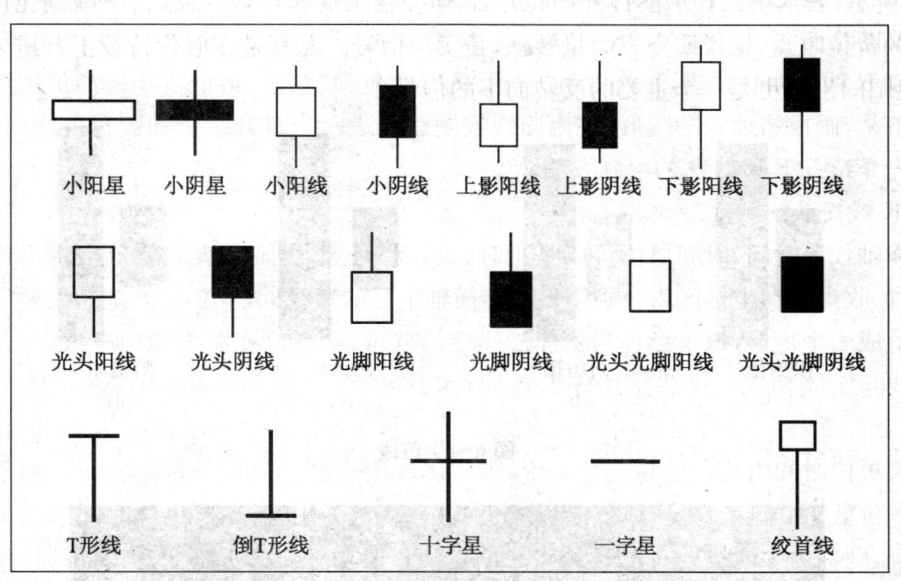

图 6-2　K 线的基本形状

小阳星　小阴星　小阳线　小阴线　上影阳线　上影阴线　下影阳线　下影阴线

光头阳线　光头阴线　光脚阳线　光脚阴线　光头光脚阳线　光头光脚阴线

T形线　倒T形线　十字星　一字星　绞首线

阳线的下影线表示上升趋势的增强,阴线的下影线则代表下跌趋势的削弱。因为对于阳线来说,下影线表示开盘后股价虽然下跌,但在强大的买压下股价上升到开盘价之上收盘;对于阴线来说,下影线表示股价下跌最低价后遭多方反击,虽然最后未能上升到开盘价收盘,但已表明空方进攻受阻。因此,一般来说,下影线越长,表明多方的反击力道越强。

如果开盘价与收盘价相等,称为中性线,表明多空双方势均力敌,市场处于重要转折关口。中性线又可以分为"十"字线、"T"字线、"倒 T"字线、"一"字线等,如图 6-2 最下一行前 4 种 K 线所示。

3. K 线组合的应用

K 线组合分析就是把几根 K 线联系起来进行分析。一般来说,一个 K 线组合中的 K 线不超过 5 根。与单根 K 线比较,进行 K 线组合分析的预测准确率会大大提高。由于 K 线组合千变万化,在此就只介绍几种典型的 K 线组合。

蒙线。前一日为大阳线,第二日股价承前日上升趋势高开后回落,并收盘在前日大阳线的实体部分,拉出一根大阴线蒙住前日的大阳线。如图6-3(b)所示,这种组合对后市没有明确的指示。

包线。包线(也成抱线)就是第二日的阳线或阴线完全包住前日的阴线或者阳线。阳线包住阴线就称阳包阴,如图 6-4(a)所示,表明第二日承前日跌势低开后,强大的买卖推动股价上升到比前日最高价更高的价位收盘,这说明多方力量转强,股价将回升。尤其是在股价持续下跌而进入低价区后,阳包阴的出现是一个重要的反转向上信号。如图 6-5 所示。阴线包住阳线则称为阴包阳,如图

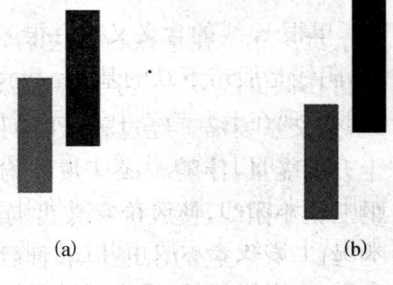

(a)　(b)

图 6-3　蒙线

6-4(b)所示,表示第二日承前日升势高开后,遭受强大的卖压,使得股价下跌到比前日最低价更低的价位收盘,这说明空方力量转强,是卖出信号。尤其是在股价持续上升进入高价区后,阴包阳的出现更是一个重要的反转向下的信号。

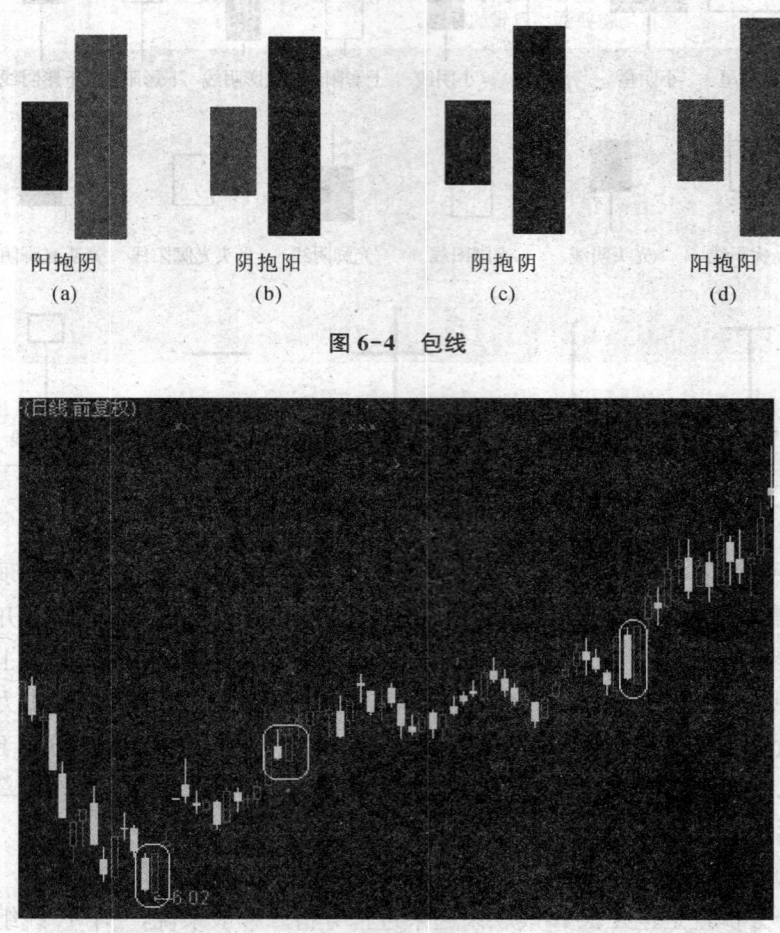

阳抱阴	阴抱阳	阴抱阴	阳抱阳
(a)	(b)	(c)	(d)

图 6-4 包线

图 6-5 包线

约会线。前日大阴线,第二日承前日跌势低开后价格有所回升,形成阳线,且恰好在前日的收盘价处收盘,如图6-6(a)所示;或者前日为大阳线,第二日承前日升势跳空高开后价格回落,形成阴线,且恰好在前日的收盘价处收盘,如图 6-6(b)所示。约会线是市场反转的信号。

红三兵。在暴跌行情之后,空方已无力继续打低股价,股价在低价区呈"一"字形窄幅波动,小阳线与小阴线交替出现,成交量萎缩。经过较长时间整理之后,多方积蓄了足够上升的能量,伴随着成交量的均匀放大,盘面出现连续上升的三根小阳线,使股价突破盘局开始上升。这三根小阳线称为"红三兵",它的出现预示着后市大幅上升的可能性很大。如图 6-7 所示。

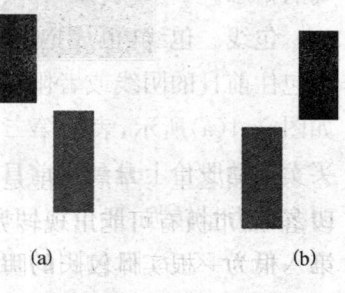

(a)   (b)

图 6-6 约会线

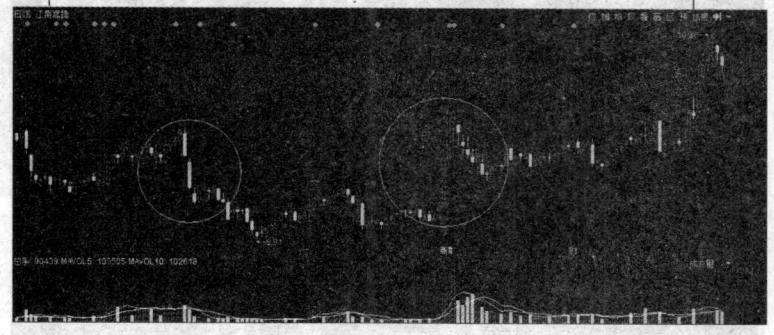

● 红三兵

如果红三兵出现在已经下降了很长时间后，每天的开盘较低，而收盘却是最近的新高，这种价格运动行为上升稳定：这将是市场将要强烈反转的标志。

图 6-7　红三兵

三乌鸦。也常常被称作"黑三兵"，由三根长阴线所组成，第二日的开盘价都在前日的实体之内，而收盘价都比前日的收盘价低，并且每日的收盘价为当日的最低价或接近于当日的最低价，如图 6-8 所示。三乌鸦的市场含义同样与其所处的位置有关，如果在跌势初期出现三乌鸦，意味着空方下跌将可能加速；若在一段大幅下跌或连续急跌后出现三乌鸦，则要注意：这可能意味着跌势趋缓。

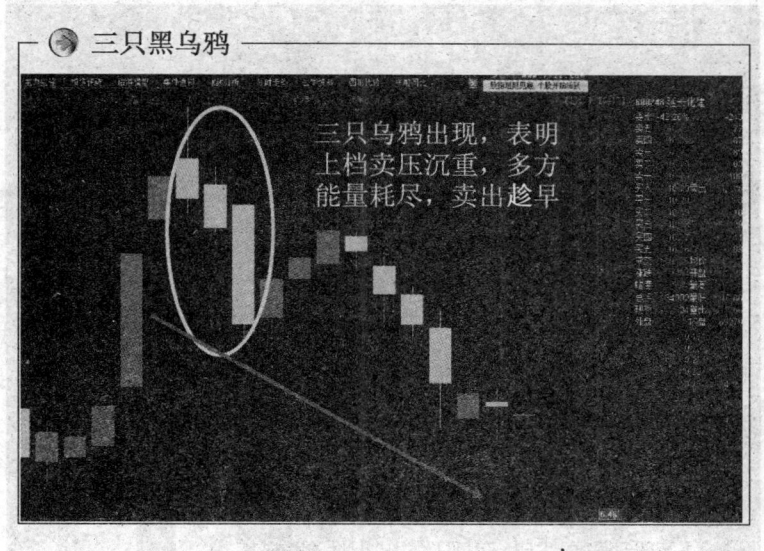

● 三只黑乌鸦

三只乌鸦出现，表明上档卖压沉重，多方能量耗尽，卖出趁早

图 6-8　三乌鸦

早晨之星。早晨之星是一个最为可靠的底部反转信号，其表示原先的下跌走势已告一段落，后市极有可能出现转势。它出现在明显的下跌趋势中，通常由三根连续的 K 线组成。第一根为一根实体较长的阴线，第二天的 K 线是一根带上下影线的小阳线或十字星，关键是第三天的一根大阳线，收盘价一定要超过第二根 K 线的最高价且同时要超过第一根 K 线实

体的一半以上。第三根 K 线越长且收盘价相对于第一根 K 线的位置越高,则反转的力量越强,可能性就越大。如图 6-9 和图 6-10 所示。

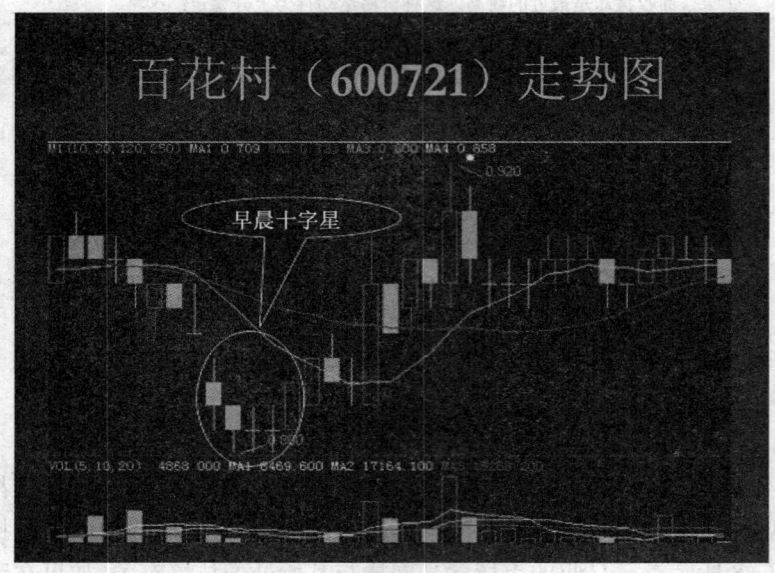

图 6-9　早晨之星

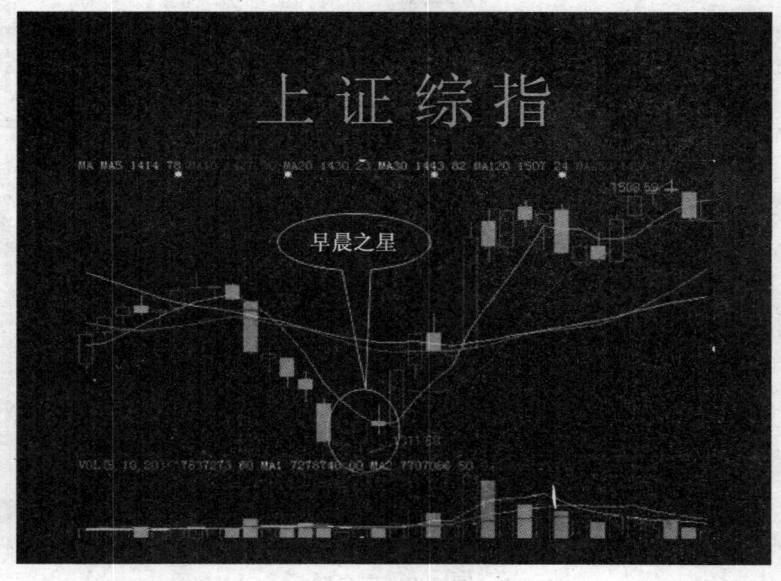

图 6-10　早晨之星

黄昏之星。黄昏之星是一个顶部反转信号,它出现在明显的上升趋势中,通常由三根连续的 K 线组成。第一根为一根实体较长的阳线,第二天的 K 线是一根带上下影线的小阴线或十字星,第三天的一根大阴线,收盘价一定要低于第二根 K 线的最低价且同时要超过第一

根 K 线实体的一半以上。第三根 K 线的实体越长且收盘价相对于第一根 K 线的位置越低，则反转的力量越强，可能性越大。如图 6-11 所示。

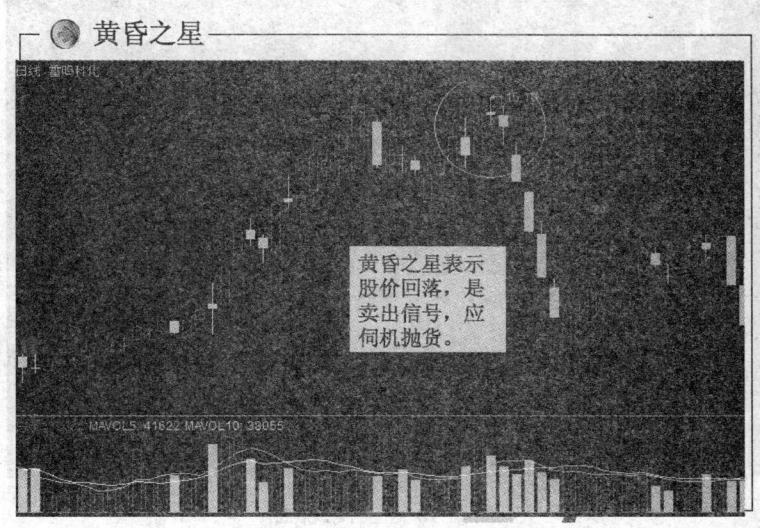

图 6-11 黄昏之星

上升三部曲。上升三部曲通常出现在股价的上升趋势中，由五根 K 线组成。第一根是长阳线，第二到第四根是 3 根较小的阴线且均处于第一根阳线的实体中，最后一根是收盘价高于第一根阳线收盘价的长阳线。该类组合表示一组小阴线只是对股价进行小幅的调整作用，最后一根长阳线结束了调整，开始继续涨势，向上趋势不变。如图 6-12 和 6-13 所示。

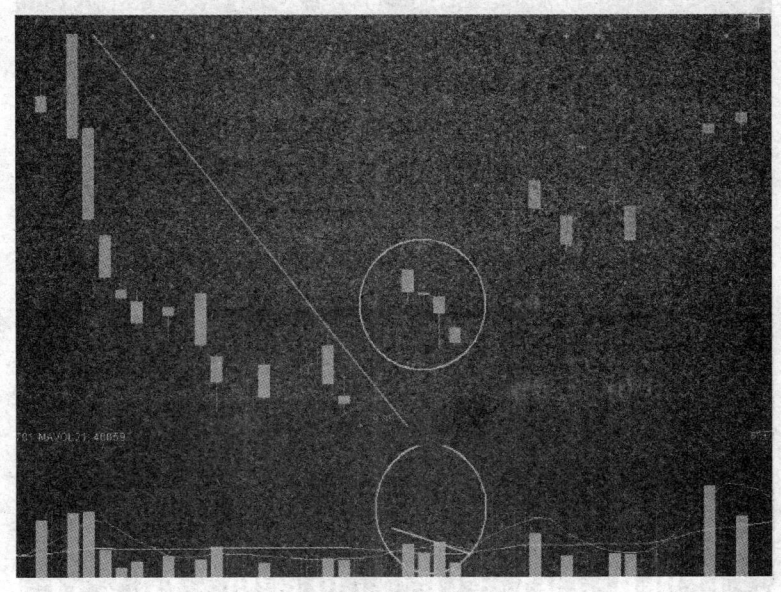

图 6-12 上升三部曲

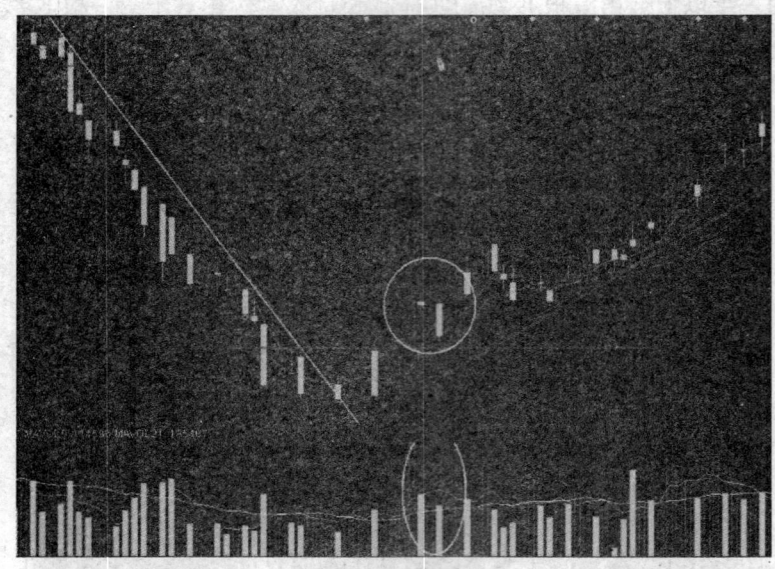

图 6-13　上升三部曲

　　下跌三部曲。下跌三部曲通常出现在股价的下跌趋势中，由 5 根 K 线组成。第一根是长阴线，第二根到第四根是 3 根较小的阳线且均处于第一根阴线的实体中，最后一根是收盘价低于第一根阳线收盘价的长阴线。该类组合表示一组小阳线只起到股价小幅的反弹作用，最后一根长阴线结束反弹，开始继续下跌，下降趋势没有改变。如图 6-14 所示。

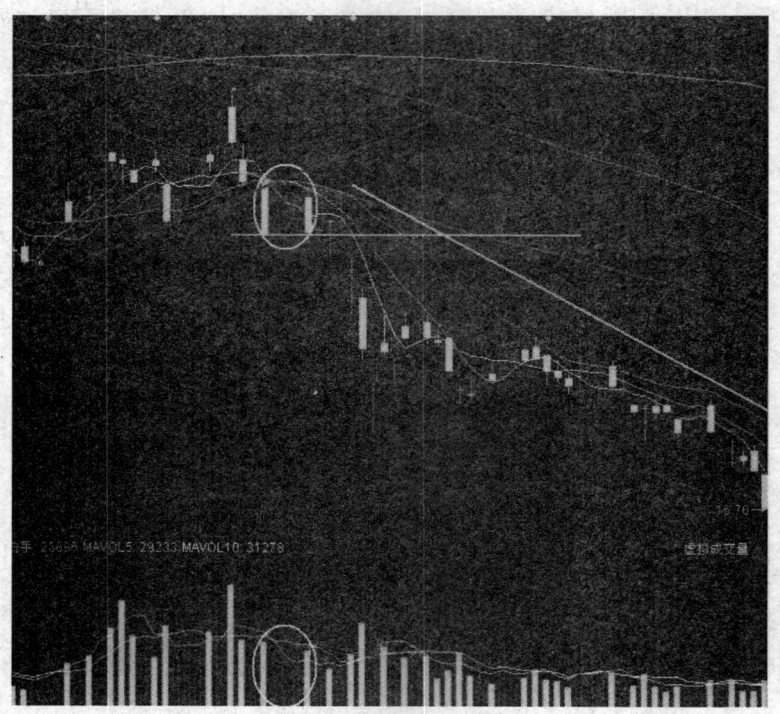

图 6-14　下跌三部曲

穿头破脚。穿头破脚是市场上一种常见的最为剧烈的 K 线组合形态，是市场强烈反转的信号。若出现在熊市的尾部，往往会形成"井喷"行情，如图 6-15 所示；若出现在一个涨势的后期，可能会带来"崩盘"的严重后果。如图 6-16 所示。

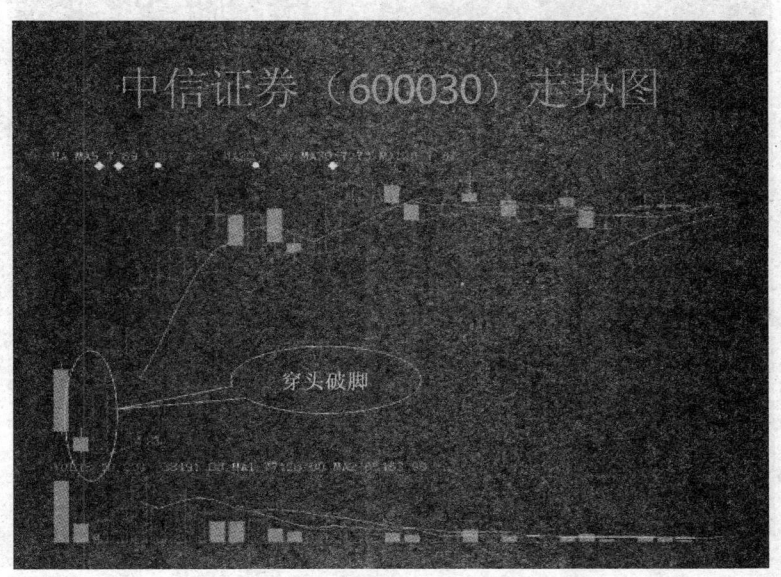

图 6-15　穿头破脚

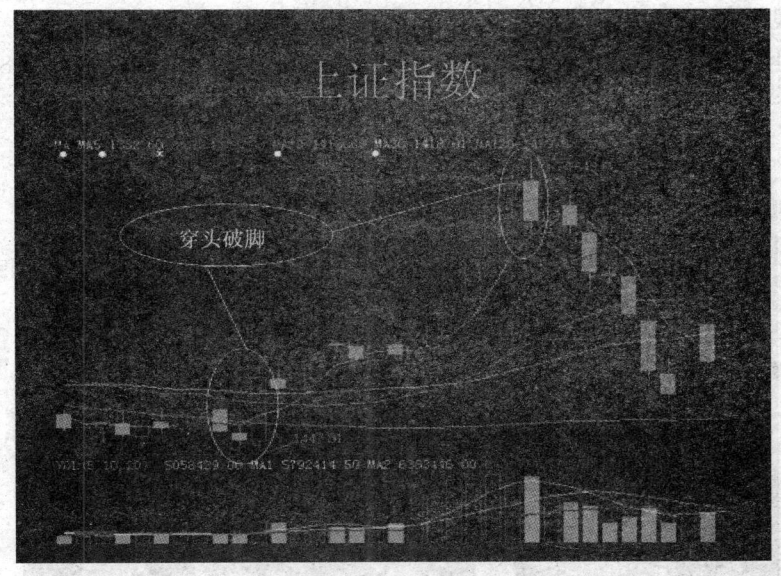

图 6-16　穿头破脚

身怀六甲。所谓"身怀六甲"是指这样的一种 K 线形态，它是由两根 K 线组成，前一根 K 线的实体较长，后一根 K 线的实体相对来说要短一些。一个突出的特点是：后一根 K 线的最高价与最低价，均未超过前一根 K 线的最高价与最低价。其看上去就好像是长 K 线怀中的胎儿,故而该形态又称孕线形态。"身怀六甲"形态的出现,一般预示着市场上升或下跌的力量已趋衰竭,随之而来的很可能就是股价的转势。如图 6-17 所示。

图 6-17　身怀六甲

锤头和吊颈。锤头出现在下跌行情中,下影线是实体的 2 倍或 2 倍以上,没有上影线或上影线很短的阴线或阳线。代表股价止跌回稳,是见底回升的强烈信号,后市转跌为升的可能性较大,如果锤头 K 线实体为阳线,可靠性更高。如图 6-18 和图 6-19所示。

图 6-18　锤头

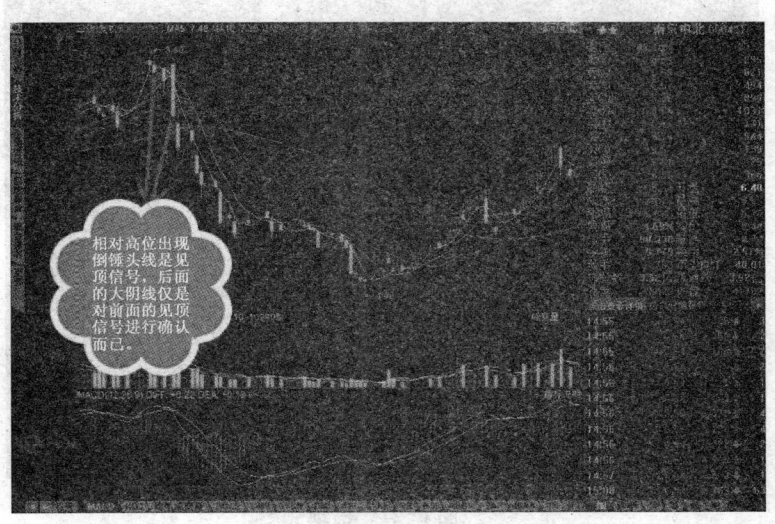

图 6-19 锤头

　　吊颈图形出现在上升势的顶部,其下影线亦是 K 线实体 2 倍或 2 倍以上,没有上影线或上影线很短。吊颈的出现预示着后市下跌可能性较大,是见顶回落的强烈信号,图形上可为阴线亦可为阳线,但阴线的可靠性和准确性要高于阳线。如图 6-20 和图 6-21 所示。

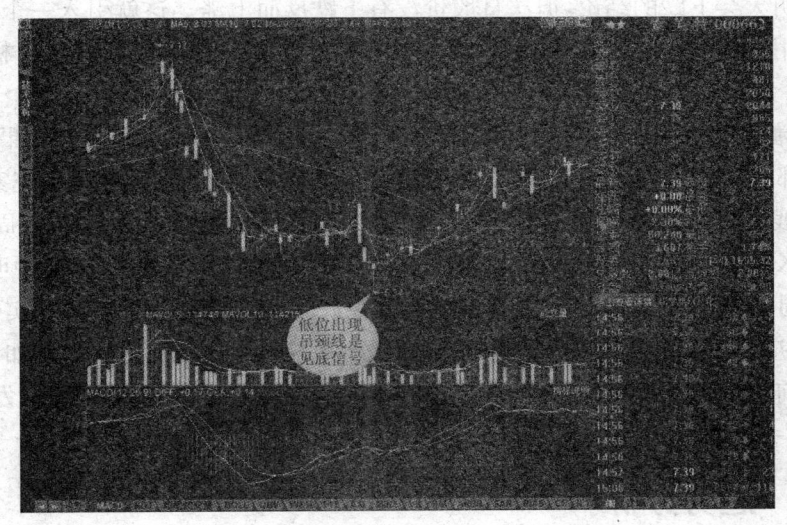

图 6-20 吊颈

　　锤头与吊颈的威力,在于实体与上下影线三个部分长短的组合,简言之,下影线越长,上影与实体部分越短,则图形的威力越大。

　　锤头或吊颈图形出现后,是否真的反转,要看后势的发展,比如锤头是以跳低开盘形式出现,而其后的 K 线又拉出中阳或大阳线,构成类似早晨之星的形态,则反转可能性大增。又比如吊颈形态出现后,紧随其后的 K 线低开,形成向下跳空缺口,并开始走低,在这根 K 线出现之初,我们即可当机判断,一波下跌行情已至。

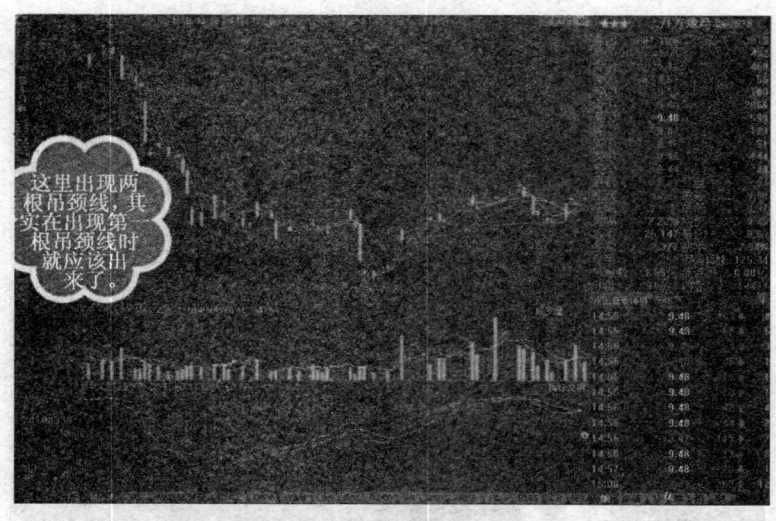

图 6-21　吊颈

4. 应用 K 线分析应注意的问题

无论是一根 K 线,还是两根、三根以至更多根 K 线,都是对多空双方争斗作出一个描述,由它们的组合得到的结论都是相对的,不是绝对的。对股票投资者而言,结论只是起到一种建议作用。在应用时,有时会发现运用不同种类的组合会得到不同结论。有时应用一种组合得到明天会下跌的结论,但次日股价没有下跌反而上涨。这就引入一个重要的原则,就是尽量使用根数较多的 K 线组合的结论,并将新的 K 线加进来重新进行分析判断。一般说来,多根 K 线组合得到的结果不大容易与事实相反。

其次,要善于使用周 K 线。周 K 线对于指导中线投资者操作有较好的效果。在股市中,多数投资者都看日 K 线,用日 K 线指导操作。但日 K 线容易出错,且经常被庄家操纵作出骗钱。而周 K 线反映的是中级行情,时间周期长,庄家做骗钱的难度非常大,所以周 K 线的准确性远高于日 K 线。例如,当日 K 线是底部形态,而周 K 线是持续下跌形态时,说明股价并未见底。只有当周 K 线见顶或见底,日 K 线也见顶或见底时,这个顶部或底部才真实可靠。

另外,还应将 K 线与趋势分析、指标分析等分析方法结合起来使用。例如,当使用波浪理论计算目前价位到了某一个技术目标,且恰逢某个重要的时间窗口,K 线又发出卖出信号时,这时卖出一般是不会错的,投资者应当机立断采取行动。

6.3.2　趋势分析

证券投资应"顺势而为"不能"逆势而动",这已经成为广大投资者普遍认同的投资原则。因此,投资者对趋势的研判显得格外重要。只有准确地研判趋势变化,才有可能准确地确立买卖时机,从而获取投资利润,避免相应风险。

1. 趋势线

尽管股票价格的波动反复无常,但是从一定时间范围看,股票价格的运动总是沿着某个特定的方向或状态发展变化。通常人们将这些特定方向或状态进行了归纳,得出趋势运动的分类。按照趋势运动的方向划分,可以分为上升趋势、下降趋势、水平趋势。如图 6-22 至图 6-24 所示。

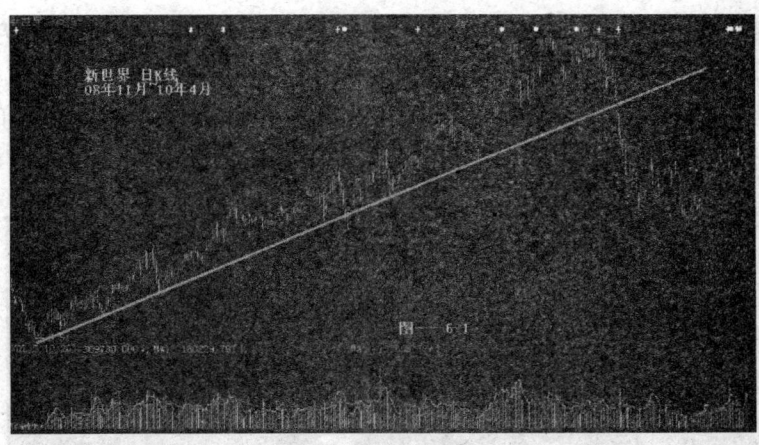

图 6-22　上升趋势

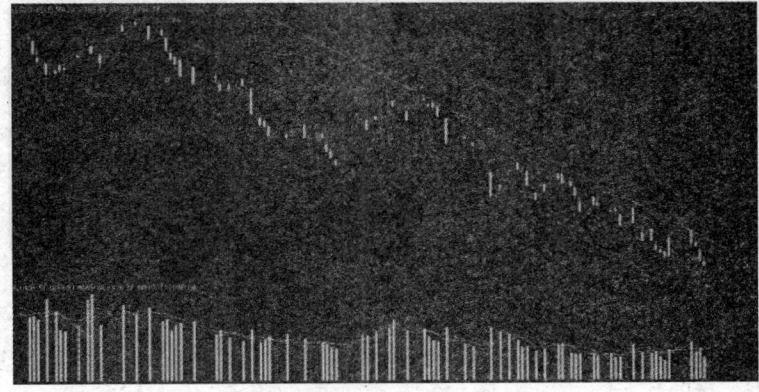

图 6-23　下降趋势

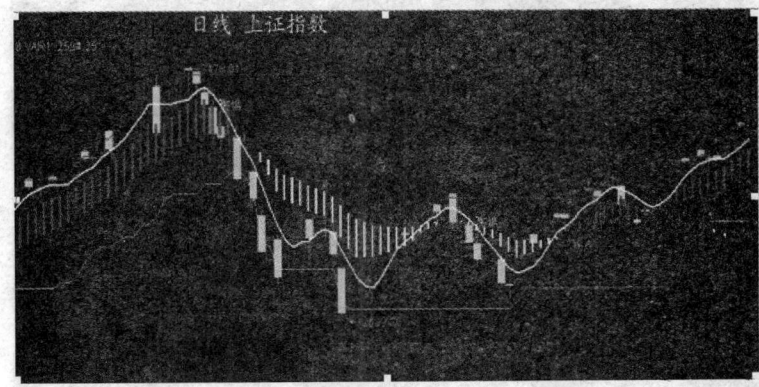

图 6-24　水平趋势

在目前各种股票分析软件中都可以通过画线工具绘制趋势线。

2. 压力线和支撑线

压力线和支撑线是趋势线在运用中的一种延伸。其形成原因一般为股价在某区域内上下波动,并且在该区域内累积成交量极大,那么股价冲过或跌破此区域后,该区域便自然成

为股价的支撑线或阻力线。这些曾经有过大成交量的价位时常由阻力线变为支撑线,将会成为下一个涨势的阻力线。

所谓压力线是指股价上升至某一高度时,有大量的卖盘供应或是买盘接手薄弱,从而使股价的继续上涨受阻。如图 6-25 所示。

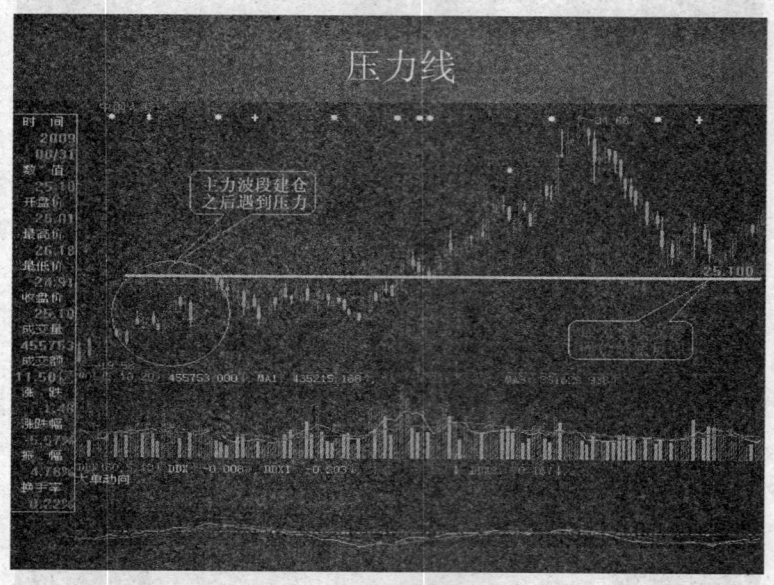

图 6-25 压力线

所谓支撑线则是指股价下跌到某一高度时,买气转旺而卖气渐弱,从而使股价停止继续下跌。如图 6-26 所示。

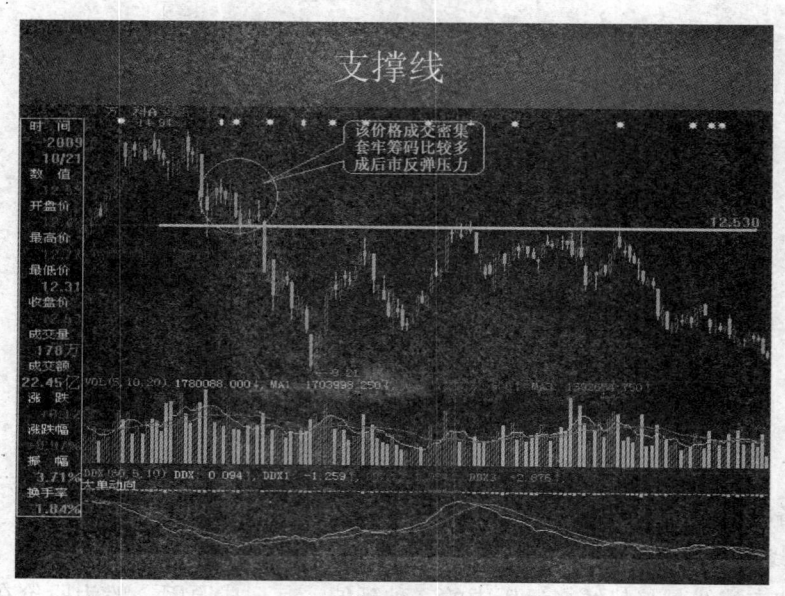

图 6-26 支撑线

从供求关系的角度看，"压力"代表了集中的供给；"支撑"代表了集中的需求。

一条支撑线如果被跌破，那么这个支撑线将成为压力线；同理，一条压力线被突破，这个压力线将成为支撑线。这说明支撑线和压力线的地位不是一成不变的，而是可以改变的。条件是它被有足够强大的股份变动突破。如图 6-27 所示。

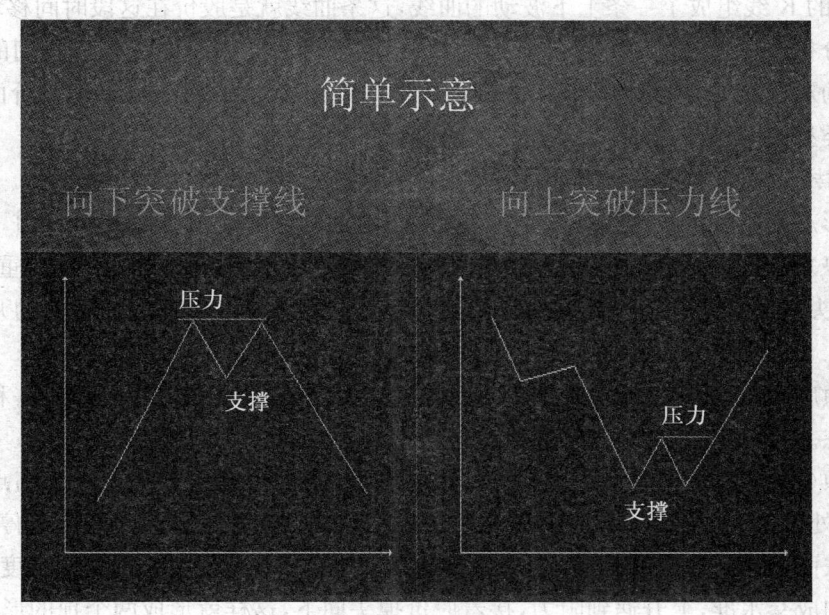

图 6-27　压力线、支撑线转变

3. 通道线

通道线又称轨道线，是趋势线概念的延伸，也是基于趋势线的一种分析方法。股价的变动趋势整个地局限于两条平行线之间——其中一条是基本的趋势线，加上另一条就是通道线。当股价沿着趋势上涨到某一价位水准会遇到阻力，回档至某一水准价格又获得支撑，股价就在接高点的延长线及接低点的延长线之间上下来回波动。当通道线确立后，股价就非常容易找出高低位所在，投资者可依此判断来操作股票。如图 6-28 所示。

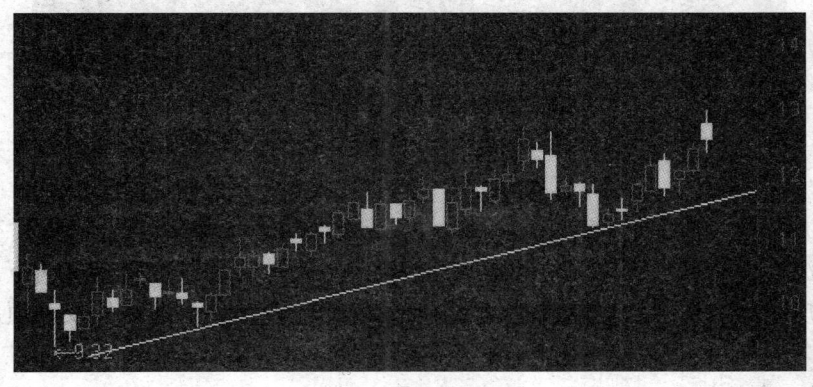

图 6-28　通道线

6.3.3 形态分析

之前的 K 线分析虽然对投资具有很好的指导意义,但是,它的预测结果只适用于往后很短的时期,有时仅仅是一两天。为了弥补这种不足,我们将 K 线组合中所包含的 K 线根数增加,众多的 K 线组成了一条上下波动的曲线,这条曲线就是股价在这段时间移动的轨迹。

形态分析法正是通过研究股价所走过的轨迹,分析和挖掘出曲线告诉我们的一些多空双方力量的对比结果,进而指导我们的行动。根据股价移动的规律,可以把股价曲线的形态分成两大类型:一是反转形态;二是持续整理形态。

1. 反转形态

反转形态是指股价波动趋势发生逆转时(即由上升趋势变成下降趋势或由下降趋势变成上升趋势)所形成的图形。一些比较常见的反转形态主要有:双重顶(底)、三重顶(底)、头肩形、复合头肩形、圆弧形、V 形顶(底)、菱形、喇叭形等。在这里只选择其中的几种进行简单的介绍。

双重顶底、双重顶和双重底形态就是市场上众所周知的 M 头和 W 底,是一种极为重要的反转形态。

双重顶(通常称为 M 头)即在上升过程的末期,股价急剧上升到第一个高点后受阻回跌,在峰顶处留下大成交量,受上升趋势线的支撑,这次回档在上升趋势线附近停止,成交量随股价下跌而萎缩。往后就是继续上升,股价又回至前一峰顶附近,成交量再度增加,却达不到前面的成交水准,上升遇到阻力,接着股价掉头向下,这样就形成两个顶的形状。如图 6-29 所示。

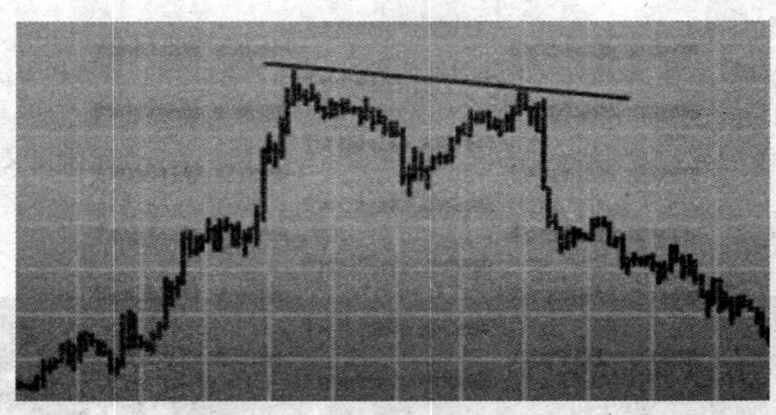

图 6-29 双重顶

M 头形成以后,有两种可能的走势:第一种是未跌破颈线的支撑位置,股价在颈线和高点之间上下波动,演变成具有支撑作用的矩形;第二种是跌破颈线位置继续向下。这种情况才是双重顶反转突破形态的真正体现。前一种情况只能说是一个潜在的双重顶反转突破形态出现。

双重底(通常称为 W 底),只要将双重顶的介绍反过来叙述就可以了。需要注意的是,

双重底颈线突破必须有大成交量配合,否则即可能成为无效突破。双重底的形状如图6-30所示。

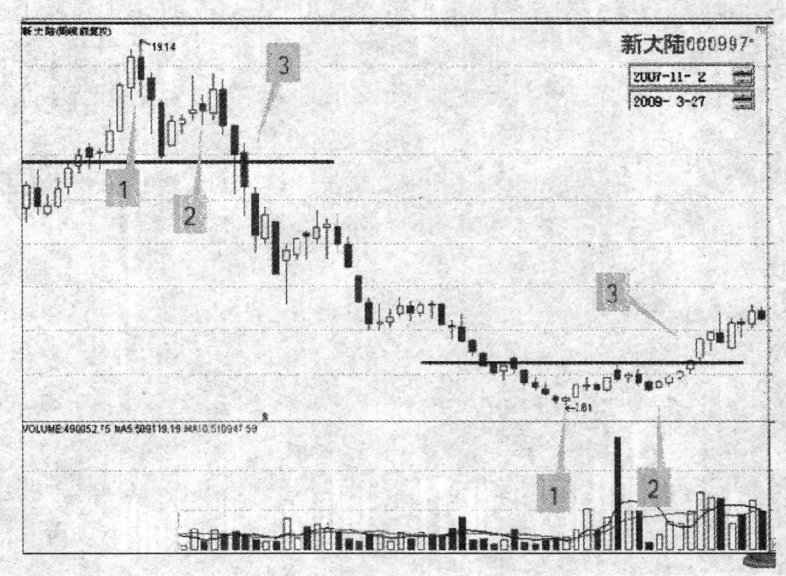

图 6-30　双重底

在判别双重顶形态时,应注意的几点方面:双重顶(底)的两个低点不会完全相同,会存在一些差异。两点不应定在同一水平,若小于 3％就不会影响形态分析的意义;两个顶(底)可能有多个小顶(底)所组成的复合形状。在形成顶(底)时,股价有时候并非一接触到高(低)点就立即发生逆转,因此就有可能经过多次小的波动冲击这个顶(底),不成功之后才逆转,因此就有可能形成一个顶(底)复杂多样的情况。双重顶(底)完成之后,股价突破颈线幅度超过 3％以上才为有效突破;双重顶(底)的反转形态一旦得到确认就具有测算功能。从突破点算起,股价的测量升(跌)幅度为谷底(峰顶)至颈线的垂直距离。

头肩形。头肩形可以分为头肩顶和头肩底两种形态。头肩顶和头肩底在实际价格形态中出现的最多,是一种重要的技术形态,也是一种很可靠的技术分析方法。

头肩顶的形成过程比较复杂一些,大概过程如下所述。左肩的形成过程:股市经过一段时间的上涨后达到一个顶峰,即左肩顶点,成交量也随着放大,此时前段时间买进股票的人已获利颇丰,有些投资者获利回吐,从而使得股价下跌,成交量随着锐减。头部的形成过程:股价经短期回落后,重新开始新一轮的上升走势,成交量也随之增加但低于左肩,表明买方跟进者减少,股价在获利盘的卖压下又回落到左肩的低点附近,在回落过程中成交量随之下降。右肩的形成过程:股价下跌至左肩低点附近时获得支撑,股价开始回升,但成交量明显减少,股价上升乏力,上升到左肩顶附近就开始回调。而当股价从右肩顶点下跌突破左肩底与头部底连接而成的颈线,并且回抽无法再次突破颈线时,头肩顶的形态便告形成,如图6-31所示。

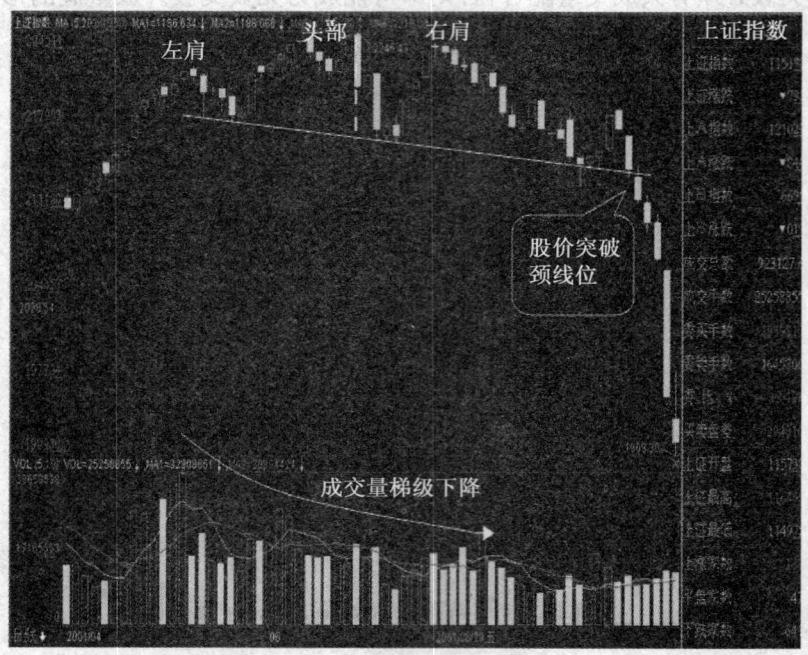

图 6-31　头肩顶

在判别头肩顶形态时,应该注意的几个方面:

(1)头肩顶形态有 3 个很明显的峰位,并且中间头部的高峰要高于左肩峰和右肩峰,左右肩的高点基本相当,有时也会出现右肩高点略低于或略高于左肩高点。但无论如何,右肩高点不能高于头部,否则头肩顶形态就不成立。

(2)在成交量方面,右肩的成交量一定是最小的,在一般情况下,左肩的成交量要高于头部的成交量,但有时也会出现头部的成交量高于左肩的情况。

(3)股价跌破颈线后,头肩顶形态才宣告形成。股价跌破颈线后可能会出现回抽的现象,但回抽的水平不能超过颈线,否则头肩顶就不成立了。

(4)股价跌破颈线时,并不要求成交量一定要增加。如果成交量猛增,就表明价跌量增,市场的抛压非常大,会加速股价的下跌。

(5)当股价有效跌破颈线后,股价的最小跌幅(从颈线算起)都相当于从头部最高点到颈线的垂直距离。

(6)头肩顶通常出现在股价长期上升趋势的后期,如果出现在低价区,则很有可能做空头陷进,需要特别注意。

头肩顶(包括头肩底)有很多变形体,就是所谓的复合头肩形(本章不做专门介绍)。复合头肩形的形状与头肩形相似,不过头部和肩部出现的次数不止一次。根据头部和肩部出现的次数,复合头肩形主要有:一头双肩形、一头多肩形和双头形。

头肩底又称倒头肩顶形,它的形态与头肩顶正好相反,如图 6-32 所示。头肩底与头肩顶的判别方法基本相同,需要注意的一点是:在头肩底形态中,股价突破颈线时应该伴随着

成交量的迅速放大，否则可能是多头陷阱。如图 6-32 所示。

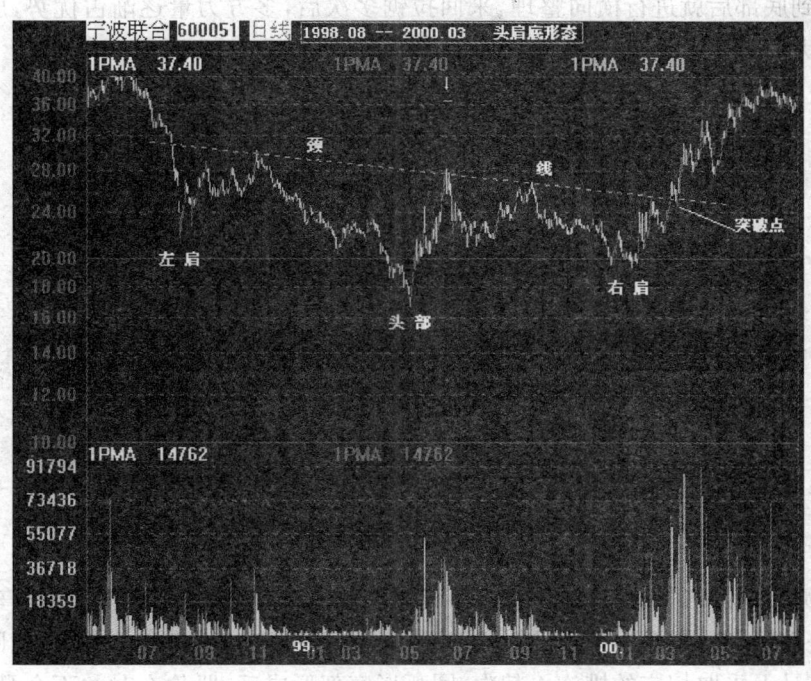

图 6-32　头肩底

圆弧形。圆弧形又称碟形、碗形、圆形等，包括圆弧顶和圆弧底两种形态。圆弧形与其他反转形态不同，其股价变动比较和缓，一般呈弧形。

圆弧顶的形成过程：股价最初从较低的价位开始持续上涨，伴随着成交量的明显放大，但随着股价的攀升，获利回吐所形成的卖压越来越大，成交量也不再增加；当股价缓慢上升到顶点后，多头力不从心，股价开始回落，但并非直接形成下降趋势，而是进行横向整理，形成众多的来回拉锯，最后由于空方力量处于绝对优势，股价迅速下跌，从而形成一个向下的圆弧形状，如图 6-33 和图 6-34 所示。

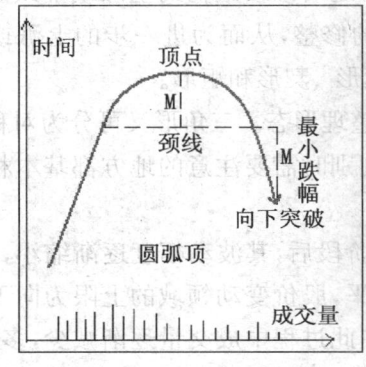
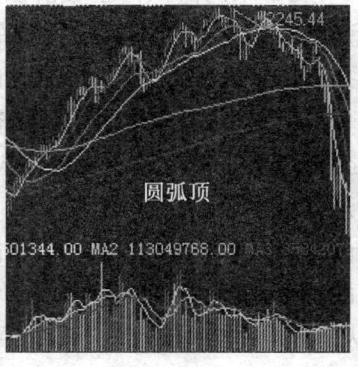

图 6-33　圆弧顶

圆弧底则相反,形成过程如下:股价最初从较高的价位开始持续下跌,成交量随之减少,当股价下跌到底部后就进行横向整理,来回拉锯多次后,多方力量逐渐占优势,股价伴随着成交量的放大而迅速上涨,形成一个向上的圆弧形状,如图 6-34 所示。

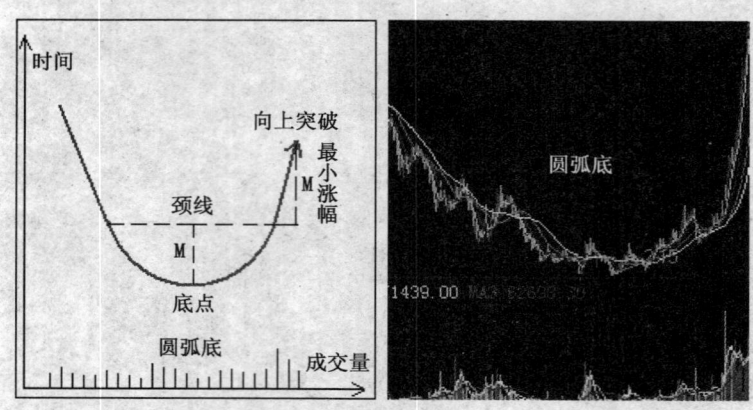

图 6-34　圆弧底

在判别圆弧形的形态时,应该注意以下几个方面。首先,圆弧形的形成需要经过较长的时间,尤其是在顶(底)部横向整理的时候,投资者要仔细观察,不可贸然进出;但圆弧形一经形成,就应该马上采取相应的措施。其次,圆弧形底部形成后,股价有时并不会马上就上涨,而是在走出圆弧底时形成一个来回窄幅拉锯的平台,这个平台可以作为圆弧底被突破的一个标志。在判断反转形态时,需要注意以下几点:首先,确定存在一定趋势(上升或下降),才能谈得上趋势反转的问题;其次,反转形态形成的一个重要的依据是某一条重要的支撑线或压力线被突破了;然后,某个形态形成的时间越长,规模越大,那么反转后其所造成的市场波动越大;最后,交易量是向上突破的一个重要参考因素(向下突破时,交易量的作用可能不大)。

2. 持续整理形态

持续整理形态是指股价经过一段时间的连续上涨或下跌后,继续上涨或下跌的动力暂时不足,股价进入一定区域内的横向整理阶段,之后继续最初的上涨或下跌走势。因此,可以说持续整理形态是股市上涨或下跌过程中的修整,从而为进一步的上涨或下跌做准备。持续整理形态主要有以下几种类型:三角形、旗形、契形和矩形。

三角形。在一般情况下,三角形属于持续整理形态。三角形又可分为对称三角形,上升三角形和下降三角形。由于三者形成过程和判别时需要注意的地方都基本相同,在这里就只介绍对称三角形。

对称三角形的形成过程:当股价进入盘整阶段后,其波动幅度逐渐缩小,即每次变动的最高价低于前次的水平,最低价高于前次的水平,股价变动领域的上限为向下的斜线,下线为向上的斜线,从而形成一个对称的三角形,在此过程中成交量逐渐减少,多空双方的力量对比趋于平衡。当股价走到三角形的顶部时,多空双方的力量对比发生变化,股价突破三角形区域,从而结束盘整状态而继续原先的走势,如图 6-35 至图 6-37 所示。

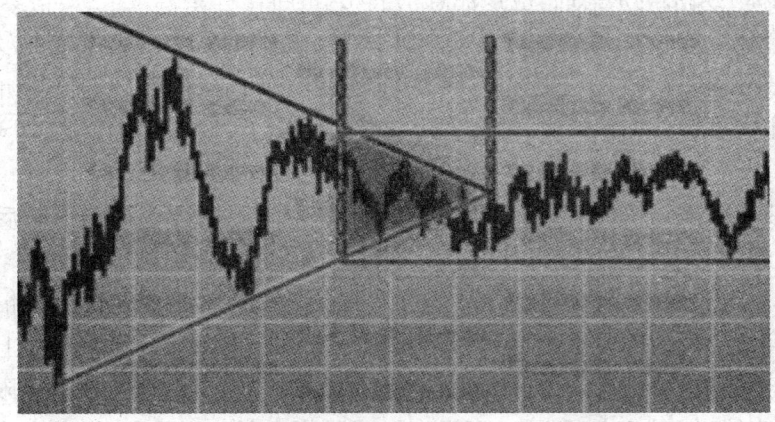

图 6-35　对称三角形

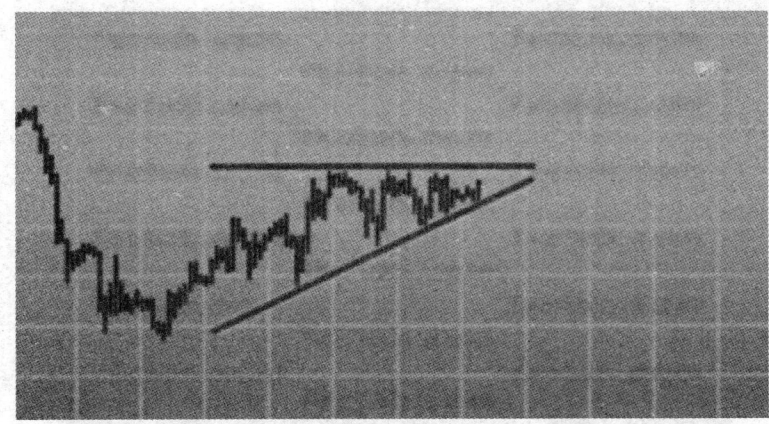

图 6-36　上升三角形

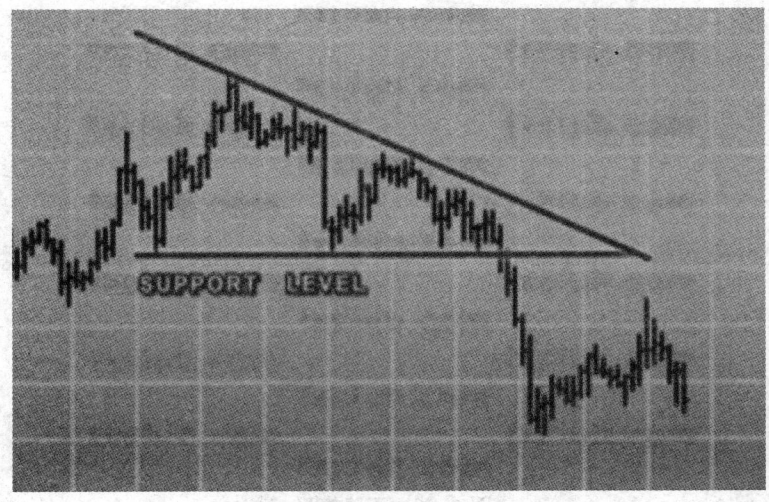

图 6-37　下降三角形

证券投资实务

在判别对称三角形的形态时,应该注意以下几个方面:

首先,在对称三角形中,股价越近其顶点而未能突破其界限时,其力量越小,太接近顶点的突破通常会失效。根据以往的历史经验,突破点应该位于距离三角形 1/2 至 3/4 的地方。

其次,股市向上突破三角形时,需要大成交量的配合,向下突破则没有这个要求。在此,当股价突破界限时,其上涨或下跌的幅度至少为三角形底边的距离。

最后,当股价突破三角形后,随时会出现反抽的现象,这时要求向上突破后的反抽应止于上界线的延伸及向下突破后的延伸,否则,这种突破可能是假突破。

旗形。旗形走势的形状就像挂在旗杆上的一面小旗,通常出现在快速大幅度的市场波动中,是一种经常出现的中段整理形状。旗形又分为上升旗形和下降旗形。上升旗形是股价在经过陡峭上升之后,进入一个稍微向上倾斜的狭窄区域进行整理,上下界限就是两条向上倾斜的平行直线,如图 6-38 所示。下降旗形是股价在急速下跌之后,进入一个稍微向下倾斜的狭窄区域进行整理,其上下界限也是两条向下倾斜的平行直线,如图 6-39 所示。

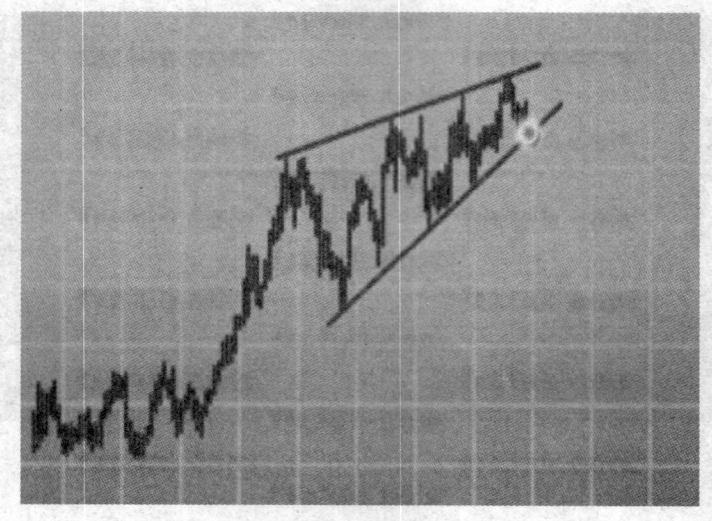

图 6-38　上升旗形

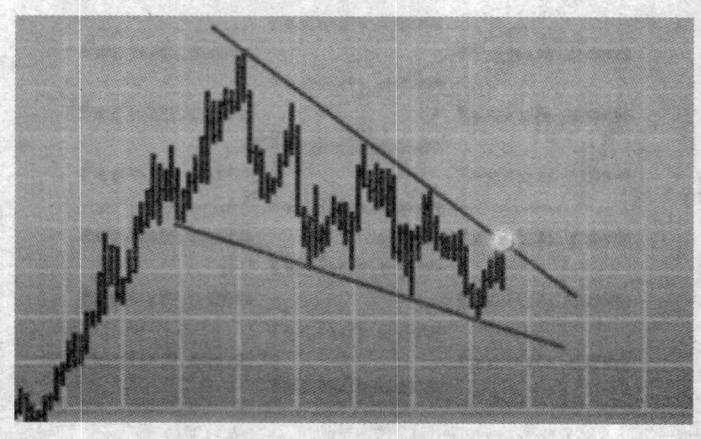

图 6-39　下降旗形

154

　　判断旗形时,需要注意以下几个方面:首先,成交量在旗形形成过程中是逐渐递减的,但在旗形形成之前和被突破之后(不管是向上突破还是向下突破,这与其他形态有点不同),成交量都很大。其次,旗形持续的时间不能太长,否则,旗形保持原来趋势的能力将会下降。最后,突破旗形后,股价上升(或下降)的幅度至少等于旗杆的长度,即从形成旗杆的突破点开始到旗形顶(底)点为止。

　　楔型。楔型的股价走势也是在两条收敛的直线之间变动,成交量也是逐渐递减。不过与三角形不同的是,楔型的两条直线是同时上倾或下斜的。楔型又分为上升楔型和下降楔型。上升楔型是指两条直线同时上倾,往往出现在熊市反弹整理形态中,如图 6-40 所示;下降楔型就是指两条直线同时下斜,往往出现在牛市整理形态中,如图 6-41 所示。

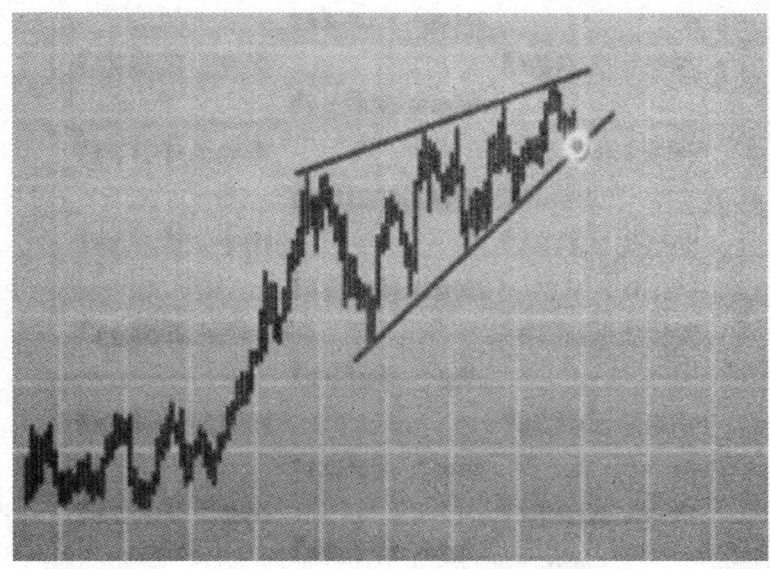

图 6-40　上升楔形

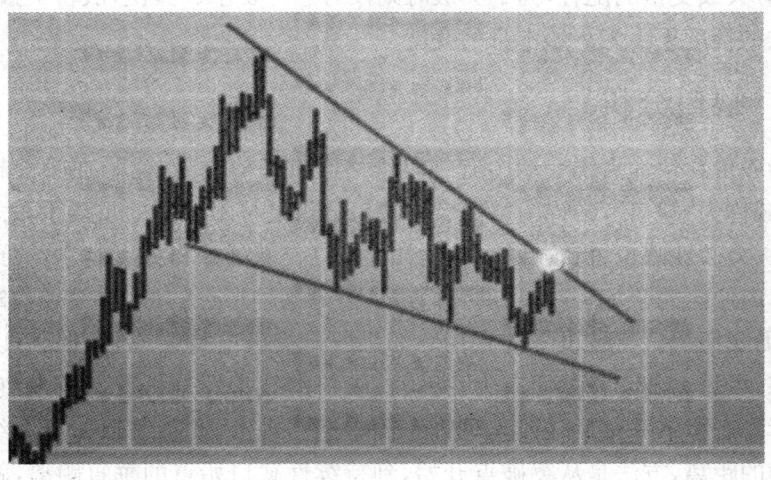

图 6-41　下降楔形

判别楔型时,需要注意以下几个方面。首先,楔型上下两条直线应该明显地收敛于一点,否则其形成的可能性就值得怀疑。其次,楔型形成过程中,成交量逐渐递减,上升楔型向下突破时并不要求有成交量的支持,但下降楔形向上突破时必须有大成交量的配合。

矩形。矩形又称箱型,是一种典型的持续整理形态。矩形走势是指股价在两条水平的上下界限之间波动,长时间没有突破。矩形走势在形成之初,多空双方争夺激烈,各不相让,形成拉锯战场面。当股价升至某一高点时,空方就大量抛售股票,打压股价;当股价低至某一低点时,多方就买入。这样时间一长,就形成两条明显的上下界限,并且随时间的推移,市场趋于清淡,多空双方的力量对比也逐渐趋于明朗,最后股价突破矩形形态,继续原来的走势。如图 6-42 所示。

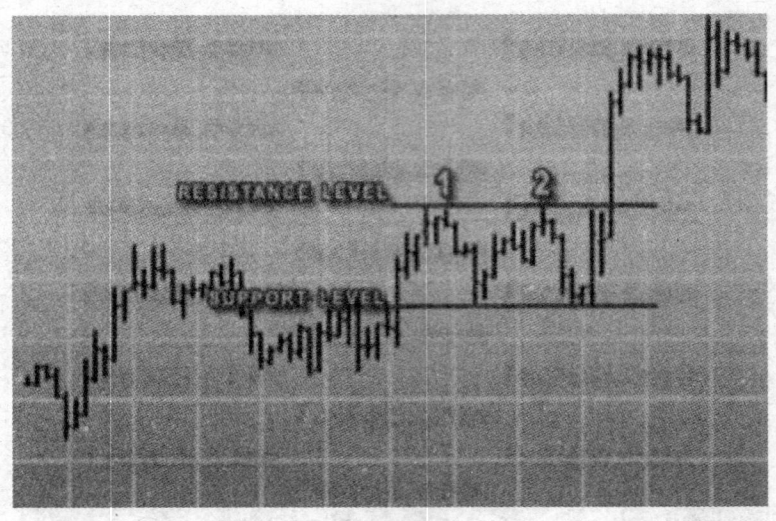

图 6-42　矩形

判别矩形形态时,需要注意的几个方面。首先,矩形形成过程中,成交量逐渐递减,向上突破时,需要有大成交量的配合,向下突破时则没有这种要求。其次,股价突破矩形形态后,其上涨或下跌的幅度至少为矩形本身的宽度。

6.3.4　缺口分析

缺口是指股价在快速大幅变动中有一段价格没有任何交易,显示在股价趋势图上断档区域,这个区域称为"缺口",常称为"跳空"。缺口分析是技术分析的重要手段之一。缺口可分为普通缺口、突破性缺口、持续性缺口、消耗性缺口。普通缺口并无特别的分析意义,一般在几个交易日内便会完全填补,它帮助我们辨认清楚某种形态的形成;突破性缺口的分析意义较大,可帮助我们辨认突破讯号的真伪。如果股价突破支持线或阻力线后以一个很大的缺口跳离形态,可见突破十分强而有力;持续性缺口的技术性分析意义最大,它通常是在股价突破后远离形态至下一个反转或整理形态的中途出现,因此持续缺口能大约地预测股价未来可能移动的距离,方法是从突破点开始,到持续性缺口始点的垂直距离,就是未来股价将会达到的幅度;消耗性缺口的出现,表示股价的趋势将暂告一段落。如图 6-43 和图 6-44

所示。

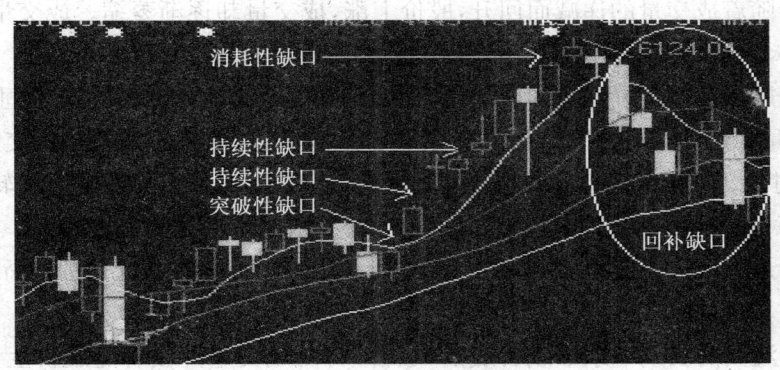

图 6-43 缺口实例

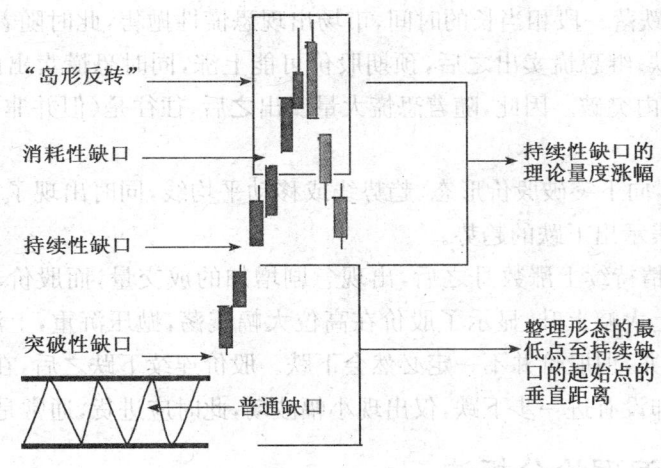

图 6-44 缺口示意图

6.3.5 量价关系分析法

在技术分析中,研究量与价的关系占据了极其重要的地位。成交量是推动股价上涨的原动力,市场价格的有效变动必须有成交量的配合,量是价的先行指标,是测量证券市场行情变化的温度计。通过其增加或减少的速度可以推断多空战争的规模大小和股价指数涨跌之幅度。然而到目前为止,人们并没有完全掌握量价之间的准确关系。这里仅就著名的量价关系——葛兰碧九大法则作介绍:

（1）价格随着成交量的递增而上涨是市场行情的正常特性,此种量增价升的关系,表示股价将继续上升。

（2）在一个波段的涨势中,股价随着递增的成交量而上涨,突破前一波的高峰,创下新高价,继续上扬。然而,此段股价上涨的整个成交量水准却低于前一个波段上涨的成交量水准。此时股价创出新高,但量却没有突破,则此段股价涨势令人怀疑,同时也是股价趋势潜

证券投资实务

在反转信号。

（3）股价随着成交量的递减而回升，股价上涨，成交量却逐渐萎缩。成交量是股价上升的原动力，原动力不足显示出股价趋势潜在的反转信号。

（4）有时股价随着缓慢递增的成交量而逐渐上升，渐渐地，走势突然成为垂直上升的喷发行情，成交量急剧增加，股价跃升暴涨；紧随着此波走势，继之而来的是成交量大幅萎缩，同时股价急剧下跌。这种现象表明涨势已到末期，上升乏力，显示出趋势有反转的迹象。反转所具有的意义，将视前一波股价上涨幅度的大小及成交量增加的程度而言。

（5）股价走势因成交量的递增而上升，是十分正常的现象，并无特别暗示趋势反转的信号。

（6）在一波段的长期下跌形成谷底后，股价回升，成交量并没有随股价上升而递增，股价上涨欲振乏力，然后再度跌落至原先谷底附近，或高于谷底。当第二谷底的成交量低于第一谷底时，是股价将要上升的信号。

（7）股价往下跌落一段相当长的时间，市场出现恐慌性抛售，此时随着日益放大的成交量，股价大幅度下跌；继恐慌卖出之后，预期股价可能上涨，同时恐慌卖出所创的低价，将不可能在极短的时间内突破。因此，随着恐慌大量卖出之后，往往是（但并非一定是）空头市场的结束。

（8）股价下跌，向下突破股价形态、趋势线或移动平均线，同时出现了大成交量，是股价下跌的信号，明确表示出下跌的趋势。

（9）当市场行情持续上涨数月之后，出现急剧增加的成交量，而股价却上涨无力，在高位整理，无法再向上大幅上升，显示了股价在高位大幅震荡，抛压沉重，上涨遇到了强阻力，此为股价下跌的先兆，但股价并不一定必然会下跌。股价连续下跌之后，在低位区域出现大量成交价，而股价却没有进一步下跌，仅出现小幅波动，此时应进货，通常是上涨的前兆。

6.3.6 波浪理论分析法

波浪理论也是技术分析中的一个经典理论，在技术分析中得到广泛的应用。波浪理论是美国的艾略特教授最先提出的，因此也经常被称为艾略特波浪理论。与道氏理论一样，波浪理论的形成也经历一个比较复杂的过程。艾略特关于波浪理论并没有形成完整的体系。其后很多人又对波浪理论做了进一步的研究。

1. 波浪理论的核心内容

艾略特认为，股票价格的波动就如同大自然的潮汐一样，一浪跟着一浪，并且周而复始具有一定的规律。因此，投资者可以根据这些规律性的波动，来分析和预测股票价格的未来走势，进而决定相应的投资策略。

艾略特波浪理论将股价变动循环周期分成 8 个浪，其中 5 个是上升（或下跌）浪，3 个是下跌（或上升）浪，如图 6-45 所示。

从图 6-45 中可以看到，第 1～5 浪和 a～c 浪共同构成了一个周期。其中第 1、第 3、第 5 浪成为推动浪，第 2、第 4 浪称为调整浪，第 1～5 浪合在一起就构成上升浪，形成多头市场。而第 a～c 浪就构成下跌浪，形成空头市场。在第一个 8 浪周期结束后，将会进入另一个周

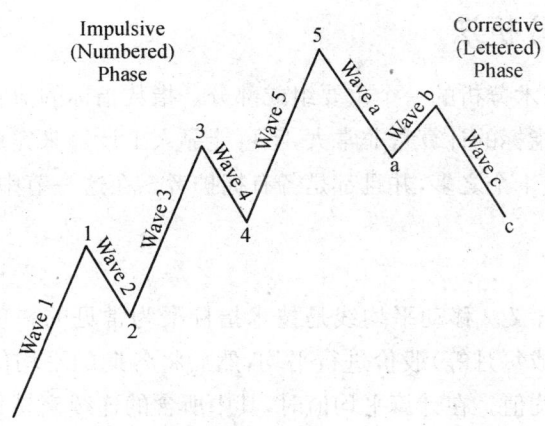

图 6-45　波浪理论

期,而新的周期依然遵循上面的波动规律。

2. 波浪理论的应用

我们知道了一个大的周期的运行全过程,就可以很方便地对大势进行预测。首先,我们要明确目前的位置,按波浪理论所指明的各种浪的数目就会很方便地知道下一步该干什么。

要清楚目前的位置,最重要的是认真、准确地识别 3 浪结构和 5 浪结构。这两种结构具有不同的预测作用。一组趋势向上(或向下)的 5 浪结构,通常是更高层次的波浪的 1 浪,中途若遇调整,我们就知道这一调整肯定不会以 5 浪的结构,而只会以 3 浪的结构进行。

如果我们发现一个 5 浪结构,而且目前处在这个 5 浪结构的末尾,那么就清楚地知道一个 3 浪的回头调整浪即将出现。如果这一个 5 浪结构同时又是更上一层次波浪的末尾,我们就知道一个更深的、更大规模的 3 浪结构将会出现。

3. 波浪原理的不足

(1)学习和掌握波浪原理的难度很大。波浪理论一个很大的不足之处就在于学习和掌握上的困难。从理论上讲,波浪理论的一个完整过程只是一个 8 浪结构,而且单纯的 8 浪结构也很简单。但在实务操作中,由于主浪和调整浪都会发生变异,而且单纯大浪套小浪、浪中有浪的多层次现象,使得使用波浪理论的投资者在具体数浪时会发生偏差。波浪层次的确定以及每个浪的起始点的确认是运用波浪理论的两大难点。

(2)结论的多样性和易变性。对于同一个具体的价格走势图,不同的分析人员会产生不同的数法,而且各有各的道理。而不同的数浪法可能会导致具有很大差异的结果。

(3)忽视交易量。波浪理论只考虑价格形态上的因素,忽视交易量方面的影响,这为人为制造各种形态提供了机会。

(4)更适用于事后验证。在运用波浪理论时,投资者会发现,当事情过去后,再回头观察股票走势,用波浪理论可以很完美地将 8 浪结构划分开来,但在当时进行波浪的划分就是一件很困难的事情。

6.3.7 指标分析法

技术指标分析是技术分析的一个重要组成部分。指数指标的流行是在计算机被广泛运用之后,因为许多技术指标的计算量非常大,不可能靠人工计算来完成。目前全世界各种各样的技术指标有成百上千个之多,并且都是各有拥护者。在这一节中,我们介绍几种常用的技术指标。

1. 移动平均线

1) 移动平均线的含义。移动平均线是技术指标最为常见的一项指标。移动平均线是将每一期(每天、每周、或每月等)股价进行平均,然后将各期的平均值连接起来形成一条曲线,该曲线就是移动平均值。在计算平均值时,其中所含的连续交易日的数目称为移动平均线的参数。为了说明移动平均线的计算方法,下面举一个简单的例子计算 3 日移动平均线,表 6-1 列出了其计算过程。

表 6-1　　　　某股票在 8 个交易日里的股价表现及相应的 3 日移动平均线

交易日	收盘价	三日移动之和	三日移动平均值
1	8.1		
2	8.4		
3	8.7	25.2(=8.7+8.4+8.1)	8.4(=25.2/3)
4	9.3	26.4(=9.3+8.7+8.4)	8.8(=26.4/3)
5	9.5	27.5	9.17
6	9.8	28.6	9.53
7	10.2	29.5	9.83
8	10.5	30.5	10.17

将 3 日移动平均值连成一条曲线,就得到该股票的 3 日移动平均线。

按照计算周期的不同,移动平均线可以分成短期移动平均线、中期移动平均线和长期移动平均线。短期平均移动线主要有 5 日、10 日和 20 日移动平均线;中期移动平均线主要有 30 日、60 日和 72 日移动平均线;长期移动平均线主要有 125 日、200 日和 250 日移动平均线。移动平均线的参数越大,股价短期波动对它的干扰就越小,因此就越能代表股价的长期变动趋势,但相对来说会比较迟钝;移动平均线的参数越小,对股价趋势的变动就越敏感,但比较容易受意外因素的干扰。可见,短期、中期、长期移动平均线各有利弊,因此技术分析人员通常会将几种移动平均线结合起来使用。

2) 移动平均线的功能

(1)揭示平均成本的功能。移动平均线反映了市场在一段时期内的平均持股成本,因此只要把当日股价与移动平均价进行比较,就可得知市场中大多数筹码是获利盘还是套牢盘。

(2)揭示股价运动趋势的功能。移动平均线向上,表面趋势向上;移动平均线向下,表示趋势向下。

（3）揭示买卖时机的功能。股价运动趋势发生改变时，短期、中期、长期移动平均线发生交叉，发出买卖信号。所谓交叉是指参数不同的两条移动平均线发生交叉的现象。交叉可以分为黄金交叉和死亡交叉两种。当较小的参数的移动平均线从下向上穿过较大参数的移动平均线就称为黄金交叉，为买入信号；当较小参数的移动平均线从上向下穿过较大参数额移动平均线就称为死亡交叉，为卖出信号。

（4）助涨、助跌功能。当股价突破移动平均线时，无论是向上突破还是向下突破，股价都有向突破方向继续前进的愿望。当然，在实务操作中，股价继续前进的幅度有大有小。

（5）起支撑或阻力作用。当移动平均线起支撑作用，促使股价反弹。相反，当移动平均线处于下降阶段时，对股价起阻力作用，即当股价从移动平均线下方反弹至移动平均线附近时，移动平均线起阻力作用，迫使股价回落。

（6）辨别多头市场与空头市场功能。股价和短期、中期、长期移动平均线的排列次序可以作为辨别股市是处于多头还是空头的一个依据。当股市和短期、中期、长期移动平均线自上而下排列时，就称为"多头排列"，表面股市处于多头市场；反之则称为"空头排列"，表面股市处于空头市场。

3）葛兰维尔法则。移动平均线中比较经典的使用法则是葛兰维尔法则，它是由美国投资专家葛兰维尔经过多年实践总结出来的。葛兰维尔法则总共有以下 8 条。

（1）当移动平均线从下降趋势逐渐转为水平，并且有抬头上升趋势时，股价由平均线下方向上突破，就是发出买入信号，如图 6-46 中 1 处所示。

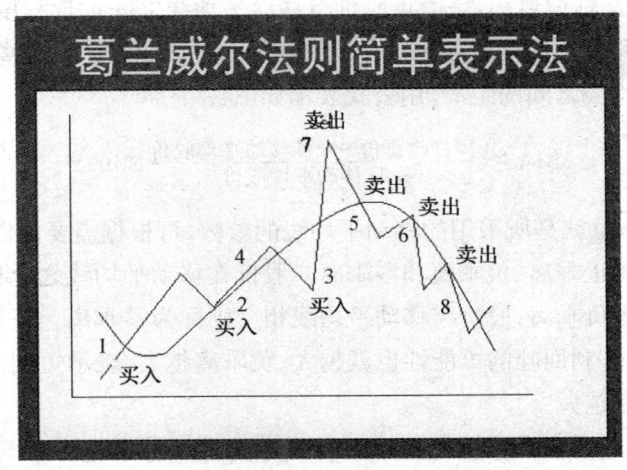

图 6-46　葛兰维尔法则

（2）股价走在移动平均线上方，从上往下跌但没有跌破移动平均线，又再度上升时，就是发出买入信号，如图 6-46 中 2 处所示。

（3）股价在移动平均线上方，从上往下跌，虽然跌破了移动平均线，但离线不远又很快回升突破移动平均线，而且移动平均线仍在上扬，那么就是买入信号，如图 6-46 中 3 处

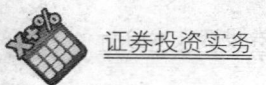

所示。

（4）股价跌破移动平均线后连续暴跌，远离移动平均线，由于股价极有可能再次逼近移动平均线，因此仍然为买入信号，如图6-46中4处所示。

（5）移动平均线已由上升趋势逐渐变平，且有向下倾斜的迹象，股价从上向下跌破移动平均线时，为卖出信号，如图6-46中5处所示。

（6）股价位于移动平均线的下方，回升逼近移动平均线但未能突破而回落，此时为卖出信号，如图6-46中6处所示。

（7）股价位于移动平均线之下，向上突破了移动平均线，但不久股价又回到移动平均线之下，为卖出信号，如图6-46中7处所示。

（8）股价位于移动平均线上方，大幅上涨，远离移动平均线，由于股价极有可能回落并向移动平均线逼近，此时为卖出信号，如图6-46中8处所示。

4）移动平均线的不足

首先，移动平均线只注重股票价格上的突破，而没有考虑到成交量的配合，有时会出现假突破，诱使投资者上当。因此在运用移动平均线时，应该与成交量配合进行分析。

其次，在股价波动幅度不大的牛皮市中，不同参数的移动平均线容易发生交叉现象，从而频繁地发出买卖信号，但其中很多信号是无效的，投资者需要注意判别。

最后，移动平均线分析未能指出股价偏离移动平均线多大幅度时会回落或反弹，而下面要介绍的乖离率可以弥补这个缺陷，因此有必要将其和乖离率指标结合起来使用。

2．乖离率

乖离率（BIAS）又称偏离率，是衡量股价与移动平均线之间远近程度的技术指标。乖离率是根据葛兰维尔移动平均线法则中所存在的不足而发展起来的。乖离率计算的是当日股票收盘价与移动平均线之间的距离，用公式表示如下：

$$BIAS = \frac{当日收盘价 - n\ 日移动平均股价}{n\ 日移动平均股价} \times 100\%$$

其中，n 为参数，也就是所采用的移动平均线的参数，可根据需要加以选择。

乖离率又可分为正乖离、负乖离和零乖离。股价在移动平均线之上称为正乖离；股价在移动平均线之下称为负乖离；股价与移动平均线相交则称为零乖离。正乖离越大，表示短期内多头的获利越大，获利回吐的可能性也就越大；负乖离越大，表示短期内空头亏损越大，则空头回补的可能性就越大。

可是，乖离率要达到多大才是买入和卖出的时机呢？遗憾的是，对于这个问题，乖离率并没有统一的标准，要视各股票市场的具体情况而定。这就要求投资者根据股票市场自身的特点及积累的经验加以判断。国外较为常见的一些参考法则如下。

5日乖离率：小于-3%是买入时机；大于+3.5%是卖出时机。

10日乖离率：小于-4.5%是买入时机；大于+5%是卖出时机。

20日乖离率：小于-7%是买入时机；大于+8%是卖出时机。

60日乖离率：小于-10%是买入时机；大于+11%是卖出时机。

3. 平滑异同移动平均线

平滑异同移动平均线（MACD）是在移动平均线基础上发展起来的，已成为现代欧美股票市场上广为流行的一种技术分析指标。

1) MACD 的计算方法。MACD 是由 DIF 和 DEA 两部分组成，DIF 是核心，DEA 是辅助。DIF 是快速指数平滑线 EMA(12) 与慢速指数平滑线 EMA(26) 之差，具体的计算方法如下：

（1）为了求得 EMA，需要先求出平滑系数，计算公式为

$$平滑系数 = \frac{2}{1+n}$$

其中，n 为参数。例如，12 日 EMA 的平滑系数为 2/(1+12)＝0.153 8，26 日的平滑系数为 2/(1+26)＝0.074 1。

（2）计算 EMA，其计算公式为

$$当日\ EMA(n)＝平滑系数×当日收盘价＋(1-平滑系数)×前日\ EMA(n)$$

例如，当日 EMA (12)＝0.153 8x 当日收盘价＋(1－0.153 8)×前日 EMA (12)，
当日 EMA (26)＝0.074 1x 当日收盘价＋(1－0.074 1)×前日 EMA (26)。
初始日的 EMA 可以用第一天的收盘价或者最初几天的平均收盘价来代替。

（3）计算两个 EMA 之间的离差值 DIF。计算公式为

$$DIF＝EMA(12)-EMA(26)$$

在持续上升走势中，12 日 EMA 线会在 26 日 EMA 线的上方，期间两者之间的正离差（＋DIF）会越来越大；在持续下跌走势中，12 日 EMA 线会在 26 日 EMA 线的下方，期间两者之间的负离差（－DIF）会越来越大。在行情发生变化时，正或负的离差值就会减小。

（4）计算 MACD。MACD 是计算 DIF 的移动平均，一般是计算 DIF 的 9 日平滑移动平均数。和前面计算 EMA 一样，MACD 的平滑系数为 2/(1+9)＝0.2，计算公式为

$$当日\ MACD＝平滑系数×当日\ DIF＋(1-平滑系数)×前日\ MACD$$
$$＝0.2×当日\ DIF＋0.8×前日\ MACD$$

（5）把离差值（DIF）和 MACD 绘在图上就会形成两条快慢移动平均线，当它们交叉的时候就发出买卖信号。除此之外，也有些分析人员将 DIF 与 MACD 的差绘成柱状线（BAR）。该柱状线以零为中心，如果差为正值，柱状线向上；如果差为负值，柱状线向下。

2) MACD 的应用法则

第一，以 DIF 和 DEA 的取值和这两者之间的相对取值对行情进行预测。其研判法则如下。

（1）DIF 和 MACD 均为正值时，两条线在 O 轴线上方，股市为牛市。此时，如果 DIF 线从上向下跌破 MACD 线，则多头平仓，但不卖空；如果 DIF 线从下向上突破 MACD 线，则为买入信号。

（2）DIF 和 MACD 均为负值时，两条线在 O 轴线下时，股市为熊市。此时，如果 DIF 线

从上向下跌破 MACD 线,则为卖出信号;如果 DIF 线从下向上突破 MACD 线,则空头补仓,但不追买。

(3)如果投资者采用柱状线,那么当横轴上面的正柱状线缩短时卖出,当横轴下面的负柱状线缩短时买进。如图 6-47 所示。

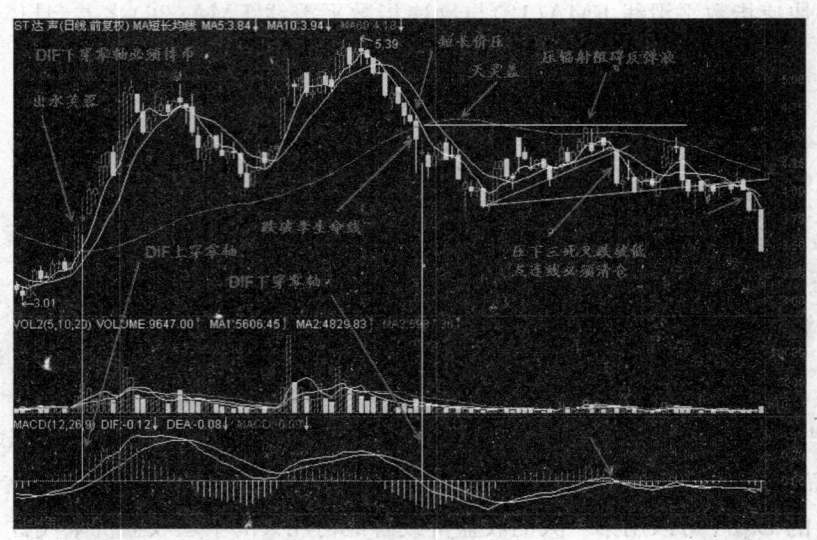

图 6-47　MACD 示意图

第二,指标背离原则。如果 DIF 的走向和股价走向相背离,此时是采取行动的信号。

当股价走势出现 2 个或 3 个近期低点时,而 DIF(DEA)并不配合出现新低点,可买入;当股价走势出现 2 个或 3 个近期高点时,而 DIF(DEA)并不配合出现新高点,可卖出。

MACD 的优点是除掉了移动平均线产生的频繁出现买入和卖出信号,避免一部分假信号的出现。用起来比移动平均线更有把握。

MACD 的缺点与移动平均线相同,在股价没有明显趋势而进入盘整时,失误的时候较多。另外,对未来股价的上升和下降的深度不能提供有帮助的建议。

4. 相对强弱指标(RSI)

相对强弱指标(RSI)也是常用指标之一,它是利用一段时期内股价平均收盘涨数与平均收盘跌数之间的对比来分析市场多空双方的强弱和意向,以此预测后市。

1)RSI 的计算方法。假设 $A = \dfrac{n\ 日内股价上涨数之和}{n}$,$B = \dfrac{n\ 日内股价下跌数之和}{n}$,其中 n 为参数,那么相对强度 RS 的计算公式为

$$RS = \frac{A}{B}$$

而 RSI 的计算公式为

$$RSI = 100 - \frac{100}{1 + RS}$$

其实,如果将以上两个公式进行整理,就可以得到

$$RSI = \frac{A}{A+B} \times 100$$

从上面的公式中可以看出,RSI 的取值介于 0 和 100 之间。RSI 的参数是天数,一般取 5 日、9 日、14 日等。

2) RSI 的应用法则

(1) RSI 在 50 以下为弱势,50 以上为强势。

(2) RSI 在 50～80 之间可以买入,上升到 80 以上时,表明行情进入超买区,可以卖出;RSI 在 20～50 之间可以卖出,下跌到 20 以下时,表明行情进入超卖区,可以买入。

(3) 不同参数的两条 RSI 曲线联合使用。参数 n 的值越小(参数小的 RSI 称为短期 RSI),对市场的反应越敏感;参数 n 的值越大(参数大的 RSI 称为长期 RSI),对市场的反应速度就越慢。两条 RSI 曲线联合使用的法则是:

短期 RSI＞长期 RSI,代表多头市场;

短期 RSI＜长期 RSI,代表空头市场。

(4) 从 RSI 的曲线形状判断。当 RSI 在较高或较低的位置形成头肩形和多重顶(底),是采取行动的信号。这些形态一定要出现在较高位置和较低位置,离 50 越远,结论越可靠。

另外,也可以利用 RSI 上升和下降的轨迹画趋势线,此时起支撑线和压力线的切线分析法同样适用。

(5) 从 RSI 与股价的背离方面判断行情。RSI 处于高位,并形成一峰比一峰低的两个峰,而此时股价却与对应的是一峰比一峰高,与顶背离,是比较强烈的卖出信号。与此相反的是底背离:RSI 在低位形成两个底部抬高的谷底,而股价还在下降,是可以买入的信号。如图6-48 和图6-49 所示。

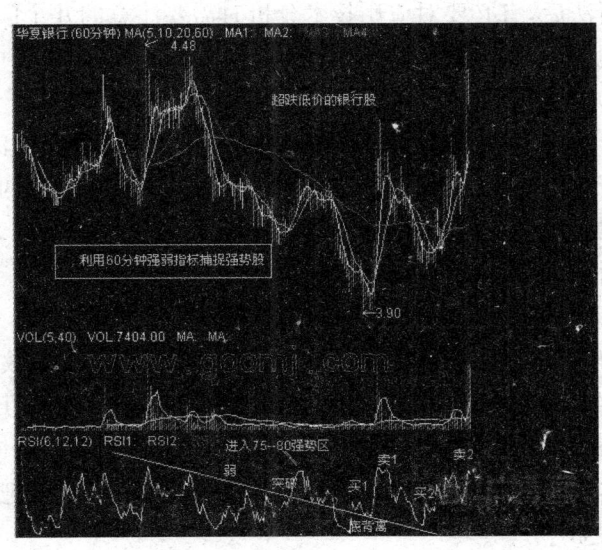

图 6-48　底背离

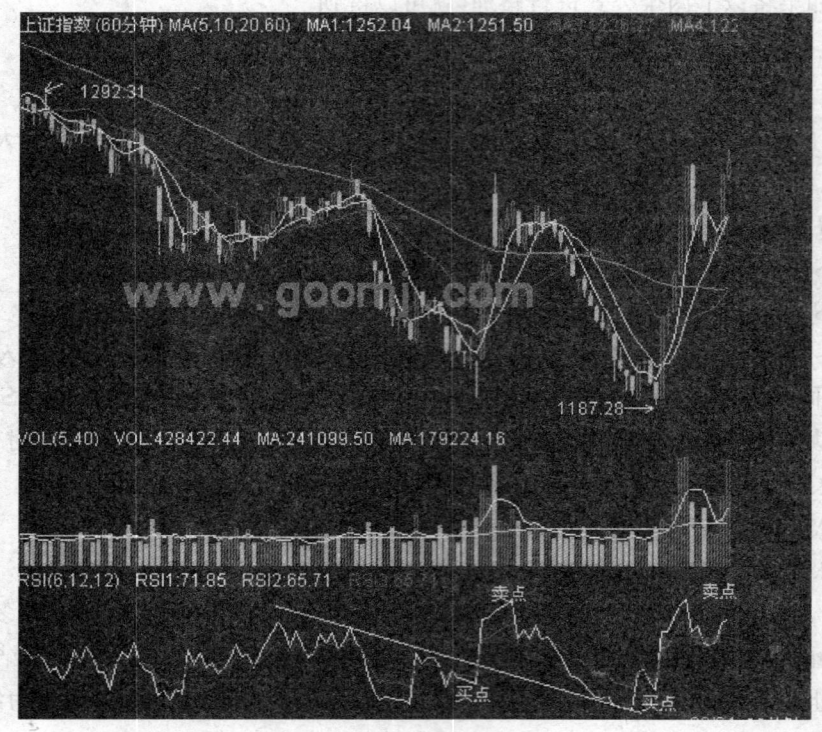

图 6-49　顶背离

6.4　技术分析应用需要注意的问题

在介绍技术分析法后,有必要对应用技术分析时需要注意的几个问题进行特别说明,以便投资者更加系统地了解和学习这些分析方法。

1. 多种技术分析方法需要互补使用

上文分别简要介绍了 K 线分析法、形态分析法、量价关系分析法、波浪理论分析法和指标分析法等技术分析方法。在实际应用中,这些技术分析方法可以同时应用,并互相补充和验证,从而使趋势预测准确率更高。值得注意的是,不同分析方法之间若出现明显背离或者共振是重要的行动信号,值得特别关注。

2. 技术分析的核心是经验积累

技术分析法作为一门技术,同现实中的"手艺"学习相似,需要长久的经验积累,才能够在市场上得心应手。技术分析是基于分析总结历史走势的规律,并应用到当下股市走势的分析,从而预测未来的趋势。随着股市走势的演变,这些规律并不是绝对一成不变的。学习者需要通过不断地实践,把握技术分析的精髓,才能够推陈出新,准确把握市场脉搏。

3. 技术分析只是投资工具之一

有必要指出的是,技术分析法只是一种工具。作为一种工具本身没有绝对的好坏之分,关键在于工具应用者自身的水平高低。因此,正确看待技术分析法,要求投资者既不要唯技术分析万能论,也不要认为技术分析一文不值。

 **本章小结**

时 1. 技术分析是以证券市场过去和现在的市场行为作为分析对象,应用数学和逻辑的方法,探索出一些典型变化的规律,并据此预测证券市场未来变化趋势的技术方法。

2. 技术分析主要基于三个假设,分别是:市场行为涵盖一切信息、价格沿趋势运动和历史会重演。

3. 道氏理论是技术分析的基础理论,也是一种最古老、最著名的股票价格分析方法,它适用于分析股票的长期趋势。

4. 技术分析的主要方法包括 K 线分析法、形态分析法、量价关系分析法、波浪理论分析法和指标分析法等。

5. 应用技术分析需要注意几个基本问题,包括多种技术分析方法需要互补使用、技术分析的核心是经验积累和技术分析法只是投资工具之一。

 练习题

一、名词解释

技术分析　　K 线　　支撑线　　趋势线　　移动平均线　　乖离率　　相对强弱指标

二、简答

1. 简述技术分析的三大假设。

2. 简述道氏理论的核心内容。

3. 道氏理论将股票市场趋势分成哪几种类型?

4. 列举几种主要的技术分析方法。

5. 趋势线有何作用?

6. 反转形态包括哪几种?

7. 波浪理论中,哪几浪是调整浪?

8. 简述葛兰维尔法则。

9. 简述移动平均线的功能。

10. 简述技术分析应用应注意的问题。

第7章 证券投资理念

 **学习目标**

1. 了解证券投资中人性弱点
2. 了解并掌握证券投资中克服人性弱点的方法
3. 理解投资名言

7.1 投资理念的概念

所谓理念,是指理性的观念,是对事物的一种理性的认识,一种世界观,一种概念化的指导思想。而投资理念就是通过对投资目的、投资工具、投资环境、投资方法、投资风险与收益、投资过程的理性认识而总结出的投资操作原则和纪律,是一种作用于投资行为的世界观,用来指导自己投资操作的原则和方法。

证券市场投资者是否具有成熟的的投资理念,对于其投资行为的成功与否至关重要。只有具有成熟的投资理念,投资者才能在面对纷繁复杂的市场时显示出气定神闲的定力,才能取得常人所不能及的投资业绩。而投资理念的养成,是对证券市场内在本质发展规律的深刻理解,需要更多的胆识、悟性、智慧和勇气,是一个长期而漫长的过程,是一个需要不断地学习、不断地实践、不断地反思,与市场斗、与人斗、更是与自己人性弱点斗的过程,最终比拼的是心态、境界和其投资的哲学思想,体现出来的是投资者的综合素质。

7.2 证券投资中的人性弱点

由于人性种种弱点的存在,所以在证券投资过程中,投资者往往会偏离前两章阐述的正确的市场分析方法,以主观的愿望代替客观分析,也常常会背离风险管理的基本原则。投资市场的残酷性还在于它毫不留情地展示人性的种种弱点,总结有以下 4 个方面。

1. "懒"

这种症状主要表现为不劳而获的心态,以为股市就是"提款机",换句话说,大多数人都把它当成是一种赌博。天下没有免费的午餐,你没有投入大量的时间和精力在这项"事业"中,你就不会取得超乎常人的收获。股票投资与其他任何行业都不同,干别的行业你都必须

先获得"赚钱的能力"，如果想当会计师或工程师都必须经过多年的学习并通过资格考试。但在股票市场，由于几乎所有投资人都有赚钱的经历，或者以为既然有了赚钱的经历就证明自己已经具备了赚钱的能力。这其实是对股票投资最大的误解！

《股市炒手回忆录》中有一段话："股票投资者获得的训练就该像接受医学教育，医生不得不兢兢业业很长时间学习解剖学、生理学、药物学及其他几十种旁系科目。他学会了理论，然后致力于实践，他观察各种疾病引起的现象，并将之分类。依靠他准确的观察和出色的预测，他学会了正确的诊断。当然，人类难免要出错，各种始料不及的因素也会妨碍他作出正确的诊断。但随着经验的积累，他不但学会了把事情做正确而且迅速做完，以至于别人会认为他天生就是干这行的。"证券投资由于高回报率吸引了大量的优秀人才，因此，它的难度要比绝大多数行业更高，但问题是证券投资者没有多少人付出了比其他专家更多的精力来研究怎样投资市场。

"懒"还表现在许多人总是不时想从朋友处、券商处或其他任何可能的渠道打听所谓的内部消息，或者十分注意报纸的所谓新闻，还有许多股民热衷于互相打听对股市的看法，或所谓专家的看法。消息相当于情报，确实很重要，在军事上也历来受到极端重视，但是想据此买卖股票都是不可靠的，和军事上的情报战一样，迷惑性假情报的数量要远远大于真的。真正有实战意义的黑马总是伴随着相当数量的假黑马，又岂是报摊上所能找到的。彼得林奇说："一些人买一双鞋要跑好几家店，却仅凭别人的一句话就可以投下几万美元买一个股票。"总之，不劳而获的心态有很多种，甚至可以说无处不在，根深蒂固，不付出艰苦的劳动，是不可能从市场上获得相应的回报的。

2."愿"

"愿"是一厢情愿的心态。它的主要表现有：

首先，寻求对自己有利的消息。投资者由于自己患得患失，而不能客观地评估市场。对市场走势加入了个人感情，抱有主观期盼，因而特别愿意得到对自己有利的小道消息，但却不了解市场上所谓"新闻""消息"都是为了某些特别利益集团的利益而散布出来的。

其次，输了不认赔，还要加码。不少投资者在明知道已经做错了以后，还不愿认错，而在所谓"套牢"的借口下硬挺，这些人犯的错误就是不尊重市场。当一个人输了的时候就是市场明确告诉你犯了错误的时候，要避免人性的弱点，否则就会对抗市场，结果是早晚会被市场所吞没。

最后，忠言逆耳。人性有一种倾向，只愿意相信潜意识中愿意相信的事，而不是真实的事，只愿意听舒服的话，而不是真话。一个投资决策过程就是选择的过程，而往往一个并不舒服的决策都是一个明智的决定。

3."贪"

人人都知道贪不好，可人性的弱点注定戒不了贪。在股票市场上，有很多所谓的大户都抵挡不住透支的诱惑；而一些法人机构甚至动用银行信贷资金从事证券买卖。在这种杠杆效应面前，许多人的贪欲暴露无遗。绝大多数投资者在股票市场上彻底失败的首要原因往往是下手过重，或交易过量。在一夜暴富的心理驱使下，面对巨大的利润，铤而走险，结果却被杠杆的另一头——对应的巨大风险所撬动。要有正确的风险管理，前提就是戒贪。

贪欲的另一种表现就是交易过于频繁,或者说是一种称之为"投资癖"的毛病。如果哪一天不能去证券公司看盘,就会有失落感,心情特别烦躁,甚至茶饭不思,这种表现也较为普遍。还有一种我们常看到的"赚小钱赔大钱"现象,那就是赚钱的时候只贪图眼前所得,当赔钱的时候却又死不认账,企图扳回而导致越亏越大。可以说在赢的时候戒贪比输的时候更难。

4. "怕"

证券投资者在市场涨到最高点时害怕踏空而买进,却不怕市场已经过热,在市场一跌再跌接近最低点时,又害怕会血本无归而卖出。但奇怪的是,他们对市场却毫不畏惧,因而一而再,再而三地犯高点买进,低点卖出的错误。假如在 20 元买入一只股票,这只股票第二天涨到 22 元,会很高兴。第三天涨到 23 元,还是没有问题。问题就在第四天发生,当这只股票跌到 22 元,投资者会开始患得患失。最危险的第五天来了,股票跌到 21.8 元,几乎没有一个例外,投资者都会在这里选择卖掉,结果错过了赚几倍甚至数十倍的机会。这与成功的投资者正好相反,一名成功的投资者对自己十分自信,然而却敬畏市场。这种怕还表现在决策时既犹豫不决,又冲动草率,这都是与成功投资所需要的决策果断相违背的。这并不奇怪,因为"大将风度"本来就不是每个人都能学会的,这种恐慌在群体中有时还会传染,它和狂热一样是失去理性的表现。

以上阐述人性中的"懒、愿、贪、怕",要想完全克服它们是不可能的,因为它们是人性弱点的表现,是与生俱来的。但我们要做的只是对它们的显现程度加以控制,成功的投资者能够成功地把它们控制在一个适度的范围内,不使其影响理智的思维。

7.3 证券投资中如何克服人性弱点

根据国外证券投资专业人士研究,全球投资者都具有相同的无法克服的人性弱点。本书总结了如下 4 个原则,来克服与生俱来的人性弱点。虽然市场不是绝对的,这些招数不能说百分百准确,但是如果能严格遵照执行,一定会克服人性弱点而引起的证券投资操作失误。

7.3.1 "闻"

"闻道有先后,术业有专攻"。这里的"闻",就是要求投资者勤于学习,打好基础,谨慎入市。学习投资知识,不可能一蹴而就,需要不断地学习、实践和总结才能不断地提高技巧,增长经验。

以学习股市操作方面的指导书为例,开始可以通览一遍,有一个大概的印象,然后有重点地掌握几条容易理解的方法,尝试着运用到股市实际操作中去,再掌握几条,运用于实际分析,这样以"蚂蚁啃骨头"的方法基本掌握了全书的主要内容,再回过头去认真通读全书,一定会有许多新的感想和体会,以书中的理论对照以往的实践,会发现自己的许多不足与疏漏,在今后的实践中有意加以改正,不断地总结实际操作中的成功经验和失败教训,使自己的操作越来越符合股市的内在客观规律,成功率也会提高,这时重新再读原书的理论,就会

发现书中的内容"浅"了,许多理论知识早已被自己领会并实际应用,化为自己头脑中的思路和技巧,对理论有自己的理解,甚至对书中的某些理论会有不同看法。

7.3.2　"稳"

"稳"就是坚持"自己的投资"原则。无论市场怎样风云变幻,都不被外界干扰,坚持投资操作原则,来降低风险。以下常用的投资操作原则,旨在降低成本、降低投资风险,都体现了"稳健"的原则。主要有如下几种。

1. "固定比例投资"原则

为了既能增加收益又能降低风险,投资者可将自己的资金分别购买股票和债券,并且使两者长期保持一个固定比例关系。当股票价格上涨时,股票与债券的比例就会失去平衡,此时可出售部分股票并买入债券,以恢复股票与债券的原有比例;反之,当股票价格下跌时,为维持原有的比例关系,就可以出售部分债券并买入股票。

这种投资技巧的最大好处在于,投资者可在高价位卖出股票,低价位买进股票,只要买卖时机掌握得当,就可获利。例如,某投资者有资金100万元,他决定采用固定比例投资,将资金按6∶4的比例分为两部分,其中60万元投资于股票,40万元投资于债券,并确定当股价上升20%时卖出股票而购入债券,当股价下降20%时卖出债券而买入股票。当然,当债券价格发生变化时,也需做买入或卖出的调整。

假定债券价格不变,来看一下当股价变动时应如何调整比例。当股价上升20%时,股票的市值为72万元[60×(1+20%)],原有6∶4的比率发生了变化,为使之恢复原有水平,就将股价增值部分(12万元)的4/10(债券所占比例)卖出去,计4.8万元,债券的总额为44.8万元,两者比率仍为6∶4。相反,如果股价下降20%,股票的总金额为48万元[60(1−20%)],原有6∶4的比率遭到破坏,为恢复原有比率,此时应卖出的债券为4.8万元(40×20%×6/10),然后购入股票。这样,股票的总额为52.8万元(48+4.8),债券的总额为35.2万元(40−4.8),两者比例仍为6∶4。

运用这种投资技巧,必须先确定自己的目标,然后再确定两部分资金所占的比例。喜欢冒险的投资者,可将股票所占的比重定得大一些,而较稳健的投资者则将债券的比重定得大一些。此外,还要选好股票和债券的种类。

2. "固定金额投资"原则

固定金额投资技巧,也叫常数投资计划法,是将持有股票所需的资金保持在一定水平上的一种投资技巧。为了确定固定的投资总金额,就要通过股票的买卖抵消股价升降的影响,即在价升时卖出,价降时买进,从而保持投资总金额的不变。

按照美国股票投资专家史密斯的观点,首先应该把用于股票的投资固定在一个常数上,其余的资金用来购买债券。当股价上升时,将超额部分转让出手,其收入转向债券投资;当股票价跌受损时,便卖出债券来购买相当于损失部分的股票。这种操作技巧完全遵循了"低进高出"的原则,操作方法简单,不必过多地考虑投资的时机问题,安全性较高,风险性较小。

3. "金字塔投资"原则

金字塔投资技巧,也叫三角形操作技巧,它是西方国家股票投机商使用的一种股票交易

方法。其基本原理是:以正三角形的变化作为购入股票数量的依据,以倒三角形的变化作为卖出股票数量的依据。

在正三角形状态下,即在购买股票决策时,用底边线的长度代表购买股票的数量,以底边线的高低位置代表股票的价位,以三角形的角度代表影响股票价格的各种因素。在角度不变的情况下,底边线位置的高低决定了底边线的长短,这就是说,在其他条件不变的情况下,股票的价位越低,投资者购入的股票数量越大。随着股票价位的提高,股票的购买量越来越小,从而形成一个正三角形或正金字塔形。这种正三角形的购买方法有两点好处:其一,如果市场预测准确,股价一直处于上升趋势,那么每次投入资金购入股票,都会获得差价收益;其二,由于股市多变,并不会总如人意,如果投资者第二次、第三次买入后,股价下跌了,但由于第二次或第三次买入的股数较少,其损失会少一些,或者盈亏相抵,甚至略有赚头。可见,金字塔买入法是增加获利机会而又尽可能减少风险的一种股票投资的方法。

在倒三角形状态下,即在出售股票决策时,用上底边线的长度代表出售股票的数量,以上底边线的位置代表股票的价位,角度含义同前,在角度不变的情况下,上底边线位置的高低同样决定了它的长短。也就是说,在其他条件不变的情况下,股票市场价格的高低决定了股票持有者出售股票的数量多少。当股票价格由高到低下跌时,股票持有人就应逐渐减少出售量;反之,在股价逐渐升高时,就可以相应地放大出售量,从而赚取更多的差价。这种倒三角形投资技巧是一种既能把握更大机会又能减少风险的致胜战术。当然,当持股已有足够的差价利润时,切不可贪求过高的出售价格而坐失良机。

关于金字塔投资技巧,人们将其基本要领归纳为:愈买愈少,愈卖愈少。例如某一投资者以 3 元买入 5 000 股,当股票价格涨到 3.5 元时可买入 3 000 股,如果再涨到 5 元,他仍然看好后市,则相对减少购买量,比如买入 2 000 股,如此等等,他应根据自己资金及该股票质量等因素,来决定何时停止购入该股票。相反,当市场上该股票价格达到 6 元时,他认为时机已到,可以出售,则一次卖出 5 000 股,当该股票降到 5 元时,仍可再出售 3 000 股。如果股价依然下跌,投资者无利可图,甚至亏本,则要停止出售。

4. 坚持"投资三分法"原则

任何投资活动都面临风险,为确保投资收益,降低投资风险,采用投资三分法不失为上策。该法是将自己的资金分成三部分,分别投资于低、中、高三种风险的投资对象上,以求在降低风险的同时获得较为满意的收益。其中,选择低风险的投资对象是为了给自己设立投资准备金,以便在投资亏本时补充资金,争取翻本。

在美国,比较流行的投资三分法是:资金 1/3 存入银行;1/3 购买有价证券(包括股票和债券等);1/3 购置不动产。在股票投资上,一般美国人也是采取三分法,即 1/3 的资金购买风险较低的债券和优先股;1/3 的资金购买有发展前景的成长股;1/3 的资金购买收益较高的普通股。

对我国投资者来讲,为防范风险,同样可采用三分法来进行投资。具体其做法是:将 1/3 的资金存入银行;1/3 的资金用来购买风险相对较小的债券;1/3 的资金投资于能带来高收益的股票。这样的好处是,股票赔了还有存款和债券做后盾,不至于因为股票投资亏损而造成"弹尽粮绝""全军覆没"的后果。可以说,用这种方法投资是相对明智的。

5."回避风险"操作原则

回避风险是指事先预测风险产生的可能性,判断导致其出现的条件和因素,在行动中尽可能地驾驭它或改变行动的方向以避开它。股票投资新手尤其应注意回避投资风险的问题。具体来说,在实战中可以采取以下操作:

(1)当判断股价进入了高价位,随时可能跌落时,应卖出手中股票,等待新的投资时机。

(2)当股价处于盘整阶段,难以判断股价将向上突破还是向下突破时,不要采取投资行动,需先观望一下。

(3)当多次投资失误,难以作出冷静判断时,应暂时放弃投资活动,调整好投资心态。

(4)当对某种股票的性质、特点、发行公司状况、市场供求状况没有一定了解时,不要急于买进。

(5)如果不具备较高的投资技术,最好不要进行期货交易、期权交易等风险更大的交易。

(6)将部分投资资金作为准备金。其目的在于:一是等待更好的投资时机,当时机到来时,将准备金加进去,以增强获利的能力;二是作为投资失利的补充,一旦预测失误,投资受损,将准备金补充进去,仍可保持一定的投资规模,并且可以弥补损失。

(7)不做帽客和短线客。帽客是在股市中当天买进卖出、赚取差价收益的抢帽子者。短线客是在几天之内赚得差价收益就获利了结的短线投资者。利用股价的日常波动,在很短的时间内买进卖出的做法适合于经验丰富、精通操作技术、反映机敏的投资者,这不是一般的投资者能够胜任的。所以,一般投资者最好不要涉足。

(8)不碰过冷或过热的股票。过分冷门的股票虽然价格低,但价格不易波动,上涨乏力,成交量小,变现困难,购入后长期持有,本身就有一个机会成本的问题。所以,一般不要染指过冷的股票。过分热门的股票,价格涨跌猛烈,成交量大,一般投资者很难把握住时机,搞得不好,就会为别人"抬轿子",沦为"套牢族"。

(9)该舍则舍,不要抓住不放。在激烈的市场竞争中,有些企业失败了,面临破产的境地,其股票价格就会大跌,这无疑会给这些企业股票的所有者造成损失。面对这种情况,投资者要忍痛割爱,坚决把股票抛出去,千万不要心存侥幸,抓住股票不放;否则,一旦企业破产,其后果不堪设想。

拓展阅读 7-1　　　　巴菲特的投资理念

关于投资,"股神"巴菲特有一句话让人印象深刻。他说,投资是一场马拉松赛,获得冠军的前提是跑完全程。简单的话语道出了投资的实质,作为职业投资者,投资并非短期行为,而是伴其一生的长期行为。他以简单的投资策略与原则,不做短线进出,不理会每日股价涨跌,妥善管理手上的投资组合,创造出一套独特的投资策略,被华尔街誉为"当今世界伟大的投资者"。巴菲特的投资理念主要有以下几点:

1. 在自己熟悉的领域内投资。

2. 选择优质企业投资。优质企业是指由稳定的经营史;经营者理性、忠诚,并始终以股

东利益为先；企业的财务稳健，经营效率较高，并由此获得良好的收益；资本支出少、现金充裕。

3. 长期持有，凸显复利增长的魅力。

4. 集中投资。如果投资者对企业不很了解而进行的所谓的分散投资，显然并不会降低资金的风险。相反，如果对企业有了充分的认识，分散投资的同时实际上也分散了利润的获取。在巴菲特的整个投资生涯中，曾经购买的股票有上百种，而最终使其获得最大成功的实际上不到十家，如美国运通、可口可乐、吉列、穆迪、华盛顿邮报以及富国银行等。

巴菲特的投资铁律是"三要三不要"：要投资资源垄断行业；要投资易了解，前景看好的企业；要投资始终把企业利益放在首位企业；不要贪婪；不要跟风；不要投机。

所谓巴菲特的投资理念，从本质上来说，就是要遵循价值投资理念，而价值投资理念的核心，就是遵循经济周期发展的客观规律，选择在当前经济发展阶段最有发展潜力的行业和企业进行中长期投资。而获取投资回报的主要方式，不是通过证券价格的低买高卖，而是通过长期持有公司的股票，获取公司业务高速增长带来的高额利润。当然，价值投资理念在具体实施的时候，本质上就是利用基本的证券研究方法，分析买入证券的最佳时点和最佳投入行业。在今天选择投资企业的时候，巴菲特有其独特的投资风格。例如，投资资源垄断行业就是其投资长期成功的原因之一。正是遵循这一原则，巴菲特与2004年买入中石油H股多达23.39亿股，斥资约38亿港元。3年后的2007年7月，巴菲特清空了所有中国石油的股票，获利约277亿港元。其投资垄断性资源行业的原则给他带来了丰厚的回报。

7.3.3 "狠"

低买高卖是股市中赚钱的铁律。在实际投资中，盲目追求"买在最低点，卖在最高点"的观点是不可行的。对交易时机选择正确的观点应该是低价买、高价卖，而不是追求最低价买、最高价卖。对买入股票而言，在股票市场趋势尚未达到谷底但已接近谷底，或已经走出谷底开始回升时买入股票都是可行的。实际上，在市场已经走出谷底，止跌回升之后买入股票，是一种比较现实和可行的买入股票时机，而且体现了顺势操作的正确投资策略。因为，在股市下跌尤其是暴跌过程中，投资者很难判断股价是否已经达到最低点，而且投资者也没有把握肯定股价能够止跌回升。

大多数股民都出现过这种情况：决定买入时，战战兢兢、犹犹豫豫，生怕后面还有新低价；买入后提心吊胆、生怕下跌；决定卖出时生怕赚少了，总想卖出最高价才觉满意。这种优柔寡断在股市中是失败者的轨迹。犹豫不决会使你丧失最有利的时机。比如在买入时犹豫不决，过一会儿股价上升了，就会产生"还不如刚才买，股价更低"的想法，以至于更犹豫，再次错过新的机会。眼瞧着股价直线上升却没有收益。这种坐失良机的恶性循环在股市中屡见不鲜，几乎人人都有过这样的经验。不加改变是不能赢利的。

如果一旦投资失误了，那就每一交易要做到大赚小赔。比如，在实际操作中，每购买一只股票将向下10%作为割肉点，向上30%作为盈利点。如这只股票10元，则13元作为盈利点，9元作为止损点，哪个点先到就卖哪个。没有达到"一定要把手捆起来"。据统计，几

乎所有好股票涨 30％都会修整一下，所以休息一下以后再把它买回来也没关系。一只好股票如果跌了 10％，就往往是出了问题，或者这只股票和投资者没有缘分，切莫强求。

丢卒保车是撤退时的坚决果断。当不幸买到高价后，股价却开始了一轮下跌过程，这时需要"壮士解腕"的勇敢，坚决果断地割肉了结，避免损失扩大。战争史的无数事例说明：强敌压境时，要想主力安全撤退，不付出小部分掩护部队的代价是不行的。有所失才能有所得。在不少股民中确实有这种思想：我不卖就永远不赔。这将会使你付出巨大的代价。军事思想中有一条：伤其十指，不如断其一指。这一句可以把对象调过位置，反向思维：我宁可割肉伤皮，不可断臂伤筋。把眼光放长远，有"大丈夫报仇十年不晚"的气魄。要有信心我们早晚会打回来的。投资者在买入股票时，可以根据自己的风险承受能力给自己定一个临界点，如遇到股价跌至此点时，立即将股票卖出去。这个临界点应视自己的损失承受能力而定，可以是 5％，也可以是 10％或 15％，但不能定得过低，应以收回大部分资金为原则。股票市场充满获利的机会，只要自己有资本，总有机会去获利。遇到套牢，用停损了结法解套，自己虽然损失了一些，但保住了实力，将来定有机会东山再起，正所谓"留得青山在，不怕没柴烧"。

俗话说，"买股靠信心，卖股靠决心"，就是这个道理。相对低价买入股票，无论是否还有新低；相对高价卖出股票，无论是否还创新高。这种操作过程，贯穿一个"狠"字，狠心买入，坚定信心持有；狠心卖出，下定决心，无论失去多少潜在的利润空间。

7.3.4　"准"

经过经验的积累，利用一些量化了的投资原则来指导投资，并认真执行，会大大提高投资成功的准确率的。

1. "赚 10％投资"原则

"赚 10％投资"技巧是一种短期投资技巧，严格地讲，属于趋势投资法的一种。它的发明人是美国著名投资专家哈奇，在 1882—1936 年的 54 年间，哈奇利用这种投资方法使自己的财产由 10 万美元增加到 1 440 万美元，这个投资技巧直到哈奇逝世后才公之于众。

这种投资技巧的根据在于，股票市场价格经常处于波动之中，在一个较短的时期内，许多股票的价格波动幅度均超过 10％，投资者可利用这一点，把握住 10％的上下限，在低价时买进，在高价时卖出，这样就可以从中获利。比如，投资者可以将自己所买入的股票价格按周加以平均，求出平均数，到月末时再将各周的平均数相加，求出一个月的平均数，如果本月的平均数比上月升了 10％，就将股票全部卖出去，不再买进，一直等到卖出股票的价格下降了 10％以后再买进，买进以后若上涨 10％，再抛出，如此反复进行下去。

毫无疑问，赚 10％投资技巧也有其不足之处：其一，投资者按这种技巧卖出股票后，如果股票价格继续上涨，他就会失去机会，无法获得更高的收益；相反，当遇到股市不景气，股票价格涨幅长期达不到其要求时，股票无法按原定计划抛出，至少在短期内无法获利。正是由于这个原因，哈奇本人有些股票持有时间就长达 6 年。其二，运用这样的投资技巧，还应将投资成本考虑在内，如缴纳税金、支付佣金等，如果成本过高，则投资获利较少，甚至无利可图。

2. 利用"地心引力指标"帮助投资决策

大盘指数的"地心引力指标"就是指 30 日移动平均线＋72 日移动平均线)/2。以此线为标准,涨过 10％就卖出,跌过 10％就买入,准确率可达到 95％。个股则因为有庄家相对麻烦。对于个股,也可以通过此方法划出"地心引力指标",并同时配合成交量来作出判断。

3. 利用"1/2 法"帮助投资决策

根据统计,如一只股票从 30 元上涨到 60 元,那么 45 元[(30＋60)/2]就是股价的第一个强烈支撑点,如果 45 元支撑不住,意味着该股票走入弱势格局。第二道关卡则是 37.5元,[即:(30＋45)/2],一旦跌破则是下跌的开始。个股如此,大盘也如此。一旦这只股票跌破第二道关卡,就要坚决出货。通过补仓摊低成本是不对的。反弹也可以通过此方法来判断。如 60 元的股票下跌到 30 元,则第一道反弹关卡是 45 元,若反弹超过 45 元还往上涨,就是强势反弹。第二道关口则是 52.5 元[即:(60＋45)/2],如超过则进入牛市。虽然市场不是 100％绝对,但从长期来看"1/2"法非常有价值。

7.3.5 "韧"

"韧"就是要顽强忍耐,用坚韧不拔的精神来应对风云变化的证券市场。

股市中有得必有失,只有顽强的人才能经受住股市长期征战的心理压力,不少老股民比新股民在行情波动面前显得沉稳,是由于在长期的股战中锻炼出了顽强的精神,对股价的涨涨跌跌已见多不怪,有少部分人已达到视若不见的程度,这已经是较高层次的心境修养,不是短时间内能达到的。需要"修炼"才能"成仙"。

有时经过分析确认可以买进,但买进之后股价并未立刻按预想上涨,仍然在买入价附近小幅波动,这时就需要忍耐;如果股价反而出现下跌更需要坚韧不拔的精神。只要你认为自己的判断正确,就要敢于坚持。有一位股民遇到这种情况时的处理是:离开交易所,去办其他事情;或在交易室内找个边座睡觉。曾有股友问过他:股价波动那么大,你睡得着?他回答道:心静自然平,为什么睡不着?

顽强和忍耐到了心静如水、古井无波的程度确是一种境界。

拓展阅读 7-2　　　　　彼得·林奇的投资策略

彼得·林奇是当今美国乃至全球最高薪的受聘投资组合经理人,是麦哲伦 100 万共同基金的创始人,是杰出的职业股票投资人、华尔街股票市场的聚财巨头。彼得·林奇在其数十年的职业股票投资生涯中,特别是他于 1977 年接管并扩展麦哲伦基金以来,股票生意做得极为出色,不仅使麦哲伦成为有史以来最庞大的共同基金,使其资产由 200 万美元,增长到 84 亿美元,而且使公司的投资配额表上原来仅有的 40 种股票,增长到 1 400 种。林奇也因此而收获甚丰。惊人的成就,使林奇蜚声金融界。美国最有名的《时代》周刊称他第一理财家,《幸福》杂志则称誉是股票领域一位超级投资巨星。林奇的选股原则是:分门别类,与众不同。林奇分析公司业务的方法主要是根据公司销售或产量的增长率将其划分为 6 种类型公司的股票:缓慢增长型、大笨象型、快速增长型、周期型、资产富余型以及转型困境型。

　　林奇认为,所有经济实体的"增长"都意味着它今年的产出比去年更多。衡量公司增长率有多种方法:销售量的增长、销售收入的增长、利润的增长等。稳定缓慢增长型公司的增长非常缓慢,大致与一个国家 GNP 的增长率相等。快速增长型公司的增长非常迅速,有时一年会增长 20%～30%,甚至更多。在快速增长型公司中你才能找到价格上涨最快的股票。需要注意的是,一家公司的增长率不可能永远保持不变。一家公司并不总是固定地属于某一种类型。在不同时期,在公司发展的不同阶段,公司的增长率在不断变化,公司也往往从最初的类型后来转变为另一种类型。林奇在分析股票时,总是首先确定这个公司股票所属的类型,然后相应确定不同的投资预期目标,再进一步分析这家公司的具体情况,分别采取不同的投资策略。因此,林奇认为:"将股票分类是进行股票投资分析的第一步。"

　　请记住林奇的忠告:"绝对不可能找到一个各种类型的股票普遍适用的公式。不管股市某一天下跌 50 点还是 100 点,最终优秀公司的股票将上涨,而一般公司的股票将下跌,投资于这两种不同类型公司的投资者也将得到各自不同的投资回报。"

　　关于选股,林奇一再告诫投资者要独立思考,选择那些不被其他人关注的股票,做真正的逆向投资者:"真正的逆向投资者并不是那种在大家都买热门股时偏买冷门股票的投资者(例如当别人都在买股票时,他却在卖股票)。真正的逆向投资者会等待事态冷却下来以后再去买那些不被人所关注的股票,特别是那些让华尔街厌烦的股票。"林奇认为自己成功的主要原因在于与众不同的选股策略:"在我掌管富达公司麦哲伦基金的这 13 年间,尽管有过无数次的失误,但每只个股还是平均上涨了 20 多倍。其原因在于我仔细研究之后,发现了一些不出名和不受大家喜爱的股票。我坚信任何一位投资者都可以从这样一种股票分析的策略中受益。"

　　林奇的选股策略的与众不同之处主要在于以下几个方面:

　　1. 不选热门股,只选冷门股。人们往往对热门股追捧得趋之若鹜,林奇却对热门股回避得惟恐不及:"如果有我不愿买的股票,那它一定是最热门行业中最热门的股票。"热门股之所以如此热门,是因为其股价涨得很快,快得总是让人觉得不可思议。遗憾的是热门股跌起来也很快,甚至比涨得还快,快得让你找不到脱手的机会。林奇对无人问津的冷门股却热情无限:"如果你找到了一只几乎不曾被机构投资者问津的股票,你就找到了一只有可能赚钱的股票。如果你找到一家公司,它既没有被分析家们访问过又没有专家会承认知道它,你赚钱的机会就会大了一倍。"林奇发现找到冷门股的一个规律是:那些业务让人感到乏味、厌烦、甚至郁闷的公司股票,一般是少人问津的冷门股,却最终会成为股价不断上涨的大牛股。

　　2. 避开高增长易变行业。关注低增长稳定行业,投资于高增长行业几乎是股市中投资策略的一个主流,林奇却对此不屑一顾:"很多人喜欢投资于让人激动的高增长行业;这里总是人潮如涌,但不包括我。我喜欢投资低速增长的行业,例如生产塑料小刀和叉子的公司,但是我也只有在找不到像葬礼服务业这种没有增长的行业时才会这么做。正是在这种零增长行业中才最有可能找到能赚大钱的股票。"那么,林奇为什么如此与众不同呢?因为他发现高增长行业吸引了大批想进入该行业分享奶酪的聪明人和强势企业,而众多竞争对手的进入使该竞争变得非常激烈,公司很难持续保持利润率,股价相应会下跌。而低增长行业同时是低竞争行业,公司容易持续保持利润率,股价相应会随着利润的上升而上升。

3. 远离高科技公司,关注低技术公司。1995—1999 年更是一次史无前例的牛市,指数上涨一倍,连续 5 年股票的回报率都在 20% 以上。这次大牛市中,人们对网络股等高科技企业的狂热是最大的推动力。但是,在人们的狂热中,林奇却再次宣称自己是科技厌恶者:"一直以来,我都是科技厌恶者。我个人的经验表明,只有那些不盲目追赶潮流的人才能成为成功的投资者。事实上,我所知道的大多数有名的投资人(首屈一指的就是沃伦·巴菲特)都是科技厌恶者。他们从来不会买入那些自己不了解其业务情况的公司股票,我也同样如此。"林奇和巴菲特一样,从来不会买入那些自己不了解其业务情况的、变化很快的、未来发展不稳定的公司股票。他同样坚持只投资于自己能够完全理解的传统稳定行业的公司股票。林奇说:"当周围有如此多的稳定行业时,为什么要购买易变行业的股票呢?"

4. 别选多样化公司,关注专业化公司。林奇将多样化公司讽刺地称为"多元恶化"。相反,林奇喜欢寻找专业经营的优秀公司。比如,他非常关注筹资独立型公司,尤其是兼并和收购浪潮中成为恶意收购对象的公司。

5. 不选竞争对手多的公司,只选竞争对手少的公司。人们往往关注那些在激烈竞争中脱颖而出的著名公司,而往往忽略了那些长期独霸行业却默默无闻的隐形冠军企业。但林奇却与众不同:"相比较而言,我更愿意拥有一家地方性石头加工场的股票,而不愿拥有 20 世纪福克斯公司的股票。因为电影公司的竞争对手非常多,而石头加工场却有一个'领地':在它占据的领地内没有什么竞争对手。"林奇对拥有市场领地的优势企业情有独钟:"我总在寻找这种拥有'领地'的公司,理想的公司都有一个'领地'。"这种领地使公司获得了能够在所在市场领地形成的一种排他性独家经营权。这种排他性独家经营权正是林奇寻觅的阿拉丁神灯:"没有什么可以描述排他性独家经营权的价值……一旦你获得了排他性独家经营权,你就可以提高价格。"林奇发现巴菲特和他一样,非常钟情于寻找具有独家经营权的优秀企业。林奇敬佩地说,巴菲特通过向"独家经营权"型公司投资赚了数十亿美元。

6. 别听内幕消息,只看其内部员工买入行动。对于一般投资人来说,有一种正大光明却比内幕消息更为准确可靠的方法,那就是观察该公司员工买入自己公司的股票及公司回购自身股票的行动。这种行动代表公司员工、公司本身对未来充满信心,他们对公司有着最内部的消息,最直接、最全部的理解,其买入行动是一个非常积极的信号。林奇认为,公司回购自身股票是对公司未来充满信心的重要表现,而且回购股票长期而言会提高股票的价值。

7. 林奇主要采用市盈率进行股票估值。按照林奇对股票的 6 种分类,不同类型公司的股票市盈率差别也很大。许多投资者通过对不同行业之间、同一行业不同公司之间的市盈率比较,寻找市盈率偏低的股票,从中获取超额投资利润。但林奇提醒我们,低市盈率股票并非就一定值得投资:"一些投资者认为不管什么股票只要它的市盈率低就应该买下来。但是这种投资策略对我来说没有什么意义。我们不应该拿苹果与橘子相比。因为能够衡量道氏化学公司股票价值的市盈率并不一定适合沃尔玛。"

8. 股市变动走势的依据是收益线。林奇认为,最终公司股价的走势取决于公司价值。尽管有时要经过数年其股价才能调整到与公司真实价值相符的水平,但是有价值的公司即使股价下跌很久,也最终会上涨,至少在多数情况下是这样。投资者在任何一张既有股票价格走势线又有收益线的股票走势图上都会看到这种股票价格走势与收益走势基本相符的情

形。林奇这样总结股票价格波动的规律："股票的价格线与收益线的变动趋势是相关的,即使股票价格的波动偏离了收益线,它迟早是会恢复到与收益线的变动相关的趋势上。人们可能关心日本人在做什么、韩国人在做什么,但最终决定股价涨跌情况的还是收益。人们可能会判断出市场上股价短时间的波动情况,但从长期来看股价的波动情况还是取决于公司的收益。"

7.4　投资名言

正如之前所述,投资成功与否,最终与其心态直接相关,体现的是一种综合素质的竞争,已经不再是具体的、繁杂的、精细的投资技巧了,而是投资理念。所以出现了格雷厄姆、巴菲特、彼得·林奇等等投资风格、投资理念截然不同,但都取得傲人成绩的投资家。投资名言,正是总结古今中外投资经验,提炼出的投资智慧,对投资者投资理念的养成大有裨益,这需要一个见仁见智的过程。本书摘录部分投资名言,以飨读者。

★ 不愿投资未来的人也不会拥有未来。

★ 没有勇气承担风险的人终将一事无成。

★ 成功的投资就是预期别人的预期。

★ 今天的市场正在被许多没有经历过熊市的年轻人所主导。

★ 他们不是被市场打败的,是被自己打败的。这帮人挺聪明,就是不能坚持。

★ 智力的真正表象不是知识,而是想象力。

★ 某种程度上,股市估值高启反映了我们经济体愈加灵活有弹性。

★ 风险来自你不知道自己在做什么。

★ 拥有一只股票,期待它下个星期就上涨是十分愚蠢的。

★ 错误并不可耻,可耻的是错误已经显而易见了却还不去修正!

★ 顺应趋势,花全部的时间研究市场的正确趋势,如果保持一致,利润就会滚滚而来!

★ 经验显示,市场自己会说话,市场永远是对的,凡是轻视市场能力的人,终究会吃亏的!

★ 如果你没有做好承受痛苦的准备,那就离开吧,别指望会成为常胜将军,要想成功,必须冷酷!

★ 始终遵守你自己的投资计划的规则,这将加强良好的自我控制!

★ 承担风险,无可指责,但同时记住千万不能孤注一掷!

★ 大多数人高估了他们在 1 年内能做的事情,而低估了他们在 10 年里能做的事情。

★ 金融导师的家财应当至少是你的 10 倍。

★ 绝不以临时方案解决长期问题。

★ 你必须在两者之间选择:你想拥有一部造钱机器,还是将自己变成造钱机器。

★ 你必须为富有付出的代价是时间。

★ 成为一个百万富翁比拥有 100 万财富更令人满足,因为前者是一个能够创造奇迹

的人。

★ 你的今天取决于你昨天的决策,你的明天取决于你今天的决策。

★ 只有弱者才会推卸责任。并非要你对所有事件承担责任,但你总要对如何判断、如何反应承担责任。

★ 只有当你可以靠利息生活时,你才算富有并获得了经济自由。

★ 知识能对抗致富的两个敌人:风险和恐惧。

★ 投资成功其实很简单,但这并不容易。就像做一个仰卧起坐很简单,在你今后的生命中每天做一个仰卧起坐也很简单,但却不容易。

★ 东西没有人要的时候,就产生了机会。

★ 借钱不一定是坏事,一个不会借钱的人一定不是投资理财的高手。只要通过借钱能赚更多的钱不管付多少利息都是对的,否则就是错的。

★ 对自己的账目尽可能随时做到心中有数。

★ 一点风险都不冒就是最大的风险之一。

★ 不要拼命地为了赚钱去工作,要学会让金钱拼命地为你去赚钱。

★ 股市里的失败者都是单维的不知变通的固执者,股市里的成功者都是顺应市场趋势的多维方向准备者。

★ 破市场敌易,破心中敌难。投资者在股市中的最大敌人,其实就是自己!

★ "三无股民"指的是:无投资技术,无投资心态,无投资信息渠道。三无时间过长就会变成四无,或者五无。

★ 在跌势中即使大盘没有转熊,我们也要防止"如来熊掌"把我们压在五行山下。否则,投资者的资金除了眼耳口鼻,全身不能动弹,每天只能喝树汁吃树皮,还要经受风吹日晒,接受"孤枕难眠"的磨难。

★ 即使做多,也时刻警惕风险;看空也做好翻多的准备,不会固执已见。有主见但不固执,三十日均线是多空生命线。

★ 投资者空仓时股市是博弈场,刚买股时股市是梦工厂,被套后股市是神经病院!

★ 在股市中要想赚钱,成为高手,必须要两手硬:一手赚钱,一手防范风险!龙的传人不能是独眼龙,只有牛眼没有熊眼的独眼龙。

★ 股市是投资的场所,大家来股市是来投资赚钱的,不是来消费花钱的!大家要做投资者,不要做股市消费者,更不能做高消费者!

★ 冬天有三个月,第一个月很残酷,下个月会更残酷,第三个月会很美好!关键是我们不能在第二个月的月底被冻死!

★ 证券市场就是这样,在前一轮的行情中被套者,在下一轮行情中还会踏空机会。左边挨了一巴掌,右边还得挨!所以不能发生被重套的事情!

★ 股海人生的意义是什么?只有两个:第一个是做梦!第二个是实现梦想!做人生梦,用股市收益来实现梦想!

★ 你想得罪人,最好的方法就是荐股,因为人们习惯于把对的结果归结于自己的聪明,把失误归给替罪羊。

★ 优秀的操盘手是练出来的,是杀出来的,不是学出来的,但是学习也很重要,没有学习的拼杀,常常杀的是自己人。

★ 复杂的事情简单做,简单的事情认真做,认真的事情重复做,重复的事情创造性地做。坚持不断地做下去,你会成为高手,你就会得到财富,而且不仅仅是物质上的财富。

★ 心若改变,态度就会改变;态度改变,习惯就会改变;习惯改变,人生就会改变,越变越好。男性会因此更智慧,女性会因此更漂亮!

★ 他们的天性是贪婪的,永远做多,不见黄河不死心,见了黄河也不一定死心,还想游过去。这是最后亏钱的最本质原因。

★ 买的时候要忍受冲动!持的时候要忍受折磨!卖的时候要忍受贪心!卖了之后要忍受后悔!票票在涨要忍受狂喜!连续涨停不要笑的太厉害,小心乐极生悲!

★ 股市实战操盘,当作打麻将,有杠就开,见炮就点,别指望门前清和一条龙,也不能轻易给基金经理点炮!

★ 被套不可怕,不是咱们无能,而是"庄家"太狡猾了,但是市场反弹给出路,你还不缴枪,这就是你的不对了。

★ 没有头脑,不能自担责任的人不要跟随娱乐盘操作,空仓会有赚不到钱的风险,有股票会有亏钱的风险,没有买到涨幅第一名的股票有生气的风险,愚蠢人操作不当有发神经降智商骂人的风险。

★ 先有基础智慧,才有专业智慧,有了专业智慧就有人生智慧;只有智慧的心,才有勇敢的心,就必然有幽默的心。

★ 顺境时赢钱是胜利,逆境时不亏钱同样是胜利。

★ 在震荡市中,多头空头恐怕都赚不到钱,只有"滑头"才能赚到钱。

★ 炒股票像打仗一样,既要打击敌人,还要保存自己。

★ 炒股赚钱就是为了提高生活质量,如果生活质量受到了影响,不如江湖金盆洗手。我们长脑袋是用来思考的,不是用来得脑血栓的!

★ 股票也是打仗,也应该非常的敬业,该买股票就买,该卖股票就卖,革命工作不能挑肥捡瘦。买时积极、卖时消极,这是错误的。

★ 投资者不是股奴,也要会生活,只有生活多姿多彩,浪漫的情绪很多,才能管得住自己的手不乱买股票。

★ 股市投资者在牛市中赚的钱是其他行业不可比拟的。股市消费者在熊市亏的钱更是其他行业拼死也扳不回来的。

★ 股市投资的成功是一种胜率,持续的胜率,而不是某一仗的完美。

★ 盈利模式的打法,买卖时机很重要,比选股更重要!

★ 即使资金被股票套牢了,但生活没有被股票套牢,智慧也不能被套,不能变成神经病。所以,女性要稳健投资,否则会没有原来漂亮的!

★ 股票江湖其实是一条金色的大道,看上去似全部是金银珠宝,上了阵却需流血拼杀。

★ 大题材造大黑马,中等题材造中黑马,眼前题材造眼前的快马。在股市中科技不是第一生产力,题材是第一生产力。

★ 趋势是最好的朋友，不要和趋势做对。

★ 赚自己能看到的钱，看不懂就出来，股市不会关门。

★ 建立自己的交易系统，机械化操作，做一个熟练工。

★ 大盘指引方向，趋势抉择命运，位置决定买卖。

★ 打猎之前先把自己藏好。找好入场点，要不很被动，搞不好成了别人的猎物。

★ 依据大盘做个股，绝大多数股票要看大盘脸色的。

★ 一招鲜，吃遍天。做精一种手法少一些浮躁，多一些安稳。

★ 建立自己的盈利模型。

★ 抄底不急，逃顶要快。

★ 建立交易档案，在交易中进步。

★ 做热点板块，抓龙头个股，是快速盈利的捷径。

★ 大道至简，想法要简单，操作要简单。

★ 历史永远是对的，历史是最好的老师。

★ 铁一般的纪律，犯纪要流血的。

★ 没有完美的理论和方法，股市还是个赌场，胜率大时下大注，胜率小时下小注，没有把握不下注。

★ 量价分析是技术分析的根本，不要南辕北辙。

★ 炒股最大的敌人是自己人性的弱点：贪婪和恐惧。

拓展阅读 7-3   杨百万——中国第一股民

1. 从"杨百万"到"杨千万"，"第一桶金"靠的是念报纸

"很多人到今天都不知道，杨怀定当年为什么会变成'杨百万'，其实是靠念报纸念出来的……"这是杨怀定在接受记录采访时说的第一句话。

追溯到上世纪 80 年代，新中国逐步开放证券交易。1988 年春，国库券转让从 7 座城市开始试点，逐步增加到在 61 座城市放开，还出现了异地差价。坚持每天读报的杨怀定在报纸上反复研究起交易的奥妙。

"这不就和青菜、萝卜一样了呀，利用国库券的差价，你一买一卖就可以赚回一个月甚至一年的工资。"这一年的 4 月 21 日，也就是国库券开放交易第一天，杨怀定用东拼西凑的 2 万元人民币，赢得了"第一桶金"——800 元。

几个月后，他斗胆取出国库券投资收益中的 1 万元，购买了 100 股真空电子，这只股票后来又为他带来了丰厚收益。

当年最多时，他订了 70 多种报纸，还甚至把茅盾的小说《子夜》当作股市入门"教科书"。这样"念念不忘"，念出了一个"杨百万"。

"今天我不订报纸了，但用'阿派'(IPAD)看报。这个是我自己买的，每天看几十个权威网站，找各种经济、政治新闻很方便，加上看电视新闻，每天四五个小时下来，你要进行深度分析，不愁找不到股市机会。"杨怀定捧起 IPAD，在记者面前熟练地戳着屏幕。

2. "改革到了'深水区'，可能没法摸到石头了"

"改革到了'深水区'，可能没法摸到石头了，要靠更大的胆子和更好的脑子，才能推动新的改革。"杨怀定坦言自己关注十八届三中全会，也关注新一轮改革正在和即将释放的每个信号。

2007 年以来，中国股市经历一轮罕见的见顶、探底、再调整。一些股民认为，今天的上证指数很难与世界第二大经济体的经济实力"等量齐观"。杨怀定说，股民通过中国股市来分享改革红利的期盼，还得通过金融领域进一步深化改革来实现。

"这是一个较长的过程，我们的股改与'全流通'几乎同步，整个市场承受了巨大考验，股民通过二级市场不仅参与了国有企业改革，可以说也为之付出了一定的代价，整体的改革任务也还没有完成。"在他看来，股市繁荣与改革深化都任重道远，"改得好，一起分享红利；改不好，很可能重回老路"。

过去 30 多年来，中国改革开放每到闯关时刻，往往是从经济领域入手，才逐步推动。杨怀定认为"这是规律"，因为经济领域对新鲜事物反应最灵敏。

他关注进入"深水区"的一系列改革，比如有关利率市场化的问题，他观察许久后推断，一旦政策松动，今后可能就会出现"银行的生生死死"，银行股可能也会出现波动，但这都是改革的必然。而对讨论许久的 A 股"国际板"，他则认为这是大势所趋，是迟早的事，"相信条件成熟了，就会推"。

3. "每个时代，都有属于你的机会"

"现在每天（交易日）上午 9 点，雷打不动，我从家里散步到办公室，炒股不是工作、也不是负担，已经变成了休闲娱乐，就好像我养了一只宠物。"年过六旬的杨怀定觉得现在过得挺舒服。"比起当年的 2 万块本钱，今天我股市的 2 000 万，资产增加了 1 千倍，钱够用就好，养老也可以不靠国家、靠自己了，除了抽根烟、喝个茶，没有什么奢侈的爱好。"

"每个时代，都有属于你的机会；我老了，我特别想告诉年轻人，一定要捕捉到属于你们这代人的机会。"他很认真地说。

如今，他和儿子合开的炒股软件公司一直在低调运营，"杨百万股票决策操作系统"的全国销量大约上万套。杨怀定的孙子今年 10 岁了，老杨设想，"让他好好上学，我买了几只稳健的股票，一直留着不抛，将来传给他吧"。

今天，中国股市已非 20 多年前"杨百万"们"点券成金"的状态，更多股民要实现发财梦，除了要有"胆子和脑子"，背后还要有更加系统的制度支撑。

杨怀定觉得，未来中国股市的改革方向应该是更趋法制化、规范化的。比如预防上市公司信息造假、增加信息披露的公信力、透明度等，还有很多机制性的工作要改、要做。

他还说，跟着改革开放的脚步走，总会有收获。

拓展阅读 7-4　　　　中国私募教父——赵丹阳

2010 年，赵丹阳在内地的投资业务平台——深圳赤子之心投资公司被正式注销。在没有开展业务 2 年后，赵丹阳"告别"了 A 股市场。此次离去，他没有接受媒体采访。

对于股民而言，赵丹阳和其他明星投资经理一样，头顶上有着神秘光环。他在 2004 年初市场一片哀鸿之际投身 A 股市场,预言牛市来临;2008 年年初,市场掉头前夜果断清盘旗下所有信托,成为他"独具慧眼"的象征。而其 2007 年间业绩平平和遭遇的市场奚落则已无人记得。

不过,在他的朋友看来,赵丹阳最大的特点是"特立独行"。这个身体壮实、穿着随便、戴着金丝眼镜、喜欢思考问题的中年男人很少接受采访,也甚少出席行业内的商业活动,甚至很少和市场其他机构有过一致观点。无论是上证综指 3 500 点处卖光股票,还是在雷曼危机之后宣告投资机会来临,赵丹阳做起和市场共识不同的决定来完全没有障碍。来自实业的阳光私募,在私募基金经理中,赵丹阳的经历十分奇特。

20 个世纪 90 年代,赵丹阳毕业于厦门大学自动化系,获系统工程学士学位。1994 年赴南非从事贸易和实业,两年后回国,继续从事实业的投资和管理工作。较长的实业投资经验,成就了赵丹阳日后投资理念的一个清晰特点——用实业投资家的眼光审视证券投资。20 世纪 90 年代中后期,赵丹阳退出实业,进入港股市场,开始证券投资生涯。据说,其时他在香港的一个"据点"就是君安(香港)公司。这成为后来有人传说的,赵曾加入君安的由来。而实际上,有人士证实,赵当时更多的是以客户的身份在君安打理自己和朋友的资产。

2002 年,赵丹阳正式介入资产管理业,开始其投资神话。他先是出任赤子之心(英文名 pure heart)中国成长投资基金(香港)基金经理,后在深圳创立赤子之心资产管理公司。2004 年赵丹阳的深圳赤子之心资产管理公司和深国投成立"赤子之心(中国)集合资金信托",开创了中国阳光私募信托的先河。

即便今天来看,这种由信托公司担当投资管理人,而私募资产管理公司担当投资顾问的阳光私募模式仍然具有很强的创新意义和智慧。在当时的政策框架内,这个模式使得私募资产管理人得以曲线获得一个"阳光"的身份,光明正大地从事资产管理行业。这一举改变了此前民间资产管理业十多年徘徊于地下的灰色境遇。

今天,这样的模式已经成为数百家民营资产管理企业、近万名从业人员投身的事业平台。截至 2010 年 11 月末,业内阳光私募行业已拥有上千只信托产品,资产规模上千亿元。这一切的起点正是赵丹阳的信托产品和他"尽量守规矩"的事业初衷。

某种程度上,这样的选择也和赵丹阳的投资理念相印证,既无券商、基金等"投资正规军"的工作履历、也无金融财经的专业学历。赵丹阳这个"草莽"的身份,恰恰使得他得以跳出一些旧有机构的思维窠臼。

2002 年,在整个市场主流机构还陷于强烈的"庄股思维"不能自拔的时候,赵丹阳鲜明地提出了"以实业眼光看待投资","寻找长期确定的投资机会"等投资理念,成为业内价值投资旗号的倡导者之一。

在投资中,赵丹阳也是较早采用草根调研方式的一批,获得了很大的成功。比如,他通过调查企业每月的用电额度核实公司业绩是否造假;蹲点公路收费站前,计算实际车流量,以核对高速公路股票的内在价值等做法。有些如今已成为行业调研的经典操作。

对绝大多数投资者来说,痛苦是在熊市里的感受,但赵丹阳的压力却是在牛市中达到顶峰,2006—2007 年的大牛市,A 股市场连续大涨两年,股市成为诸多投资者心中赚钱的圣地。但对赵丹阳和他管理的赤子之心系列产品来说,牛市中持续落后的业绩,已经成为他投资生涯的重大考验。

在 2006 年前，赵丹阳管理的产品屡屡跑赢市场，好评无数。2004 年其管理的首只阳光私募产品，年收益率达到 13.98%，而同期上证指数下跌了 26%。2005 年赵丹阳管理的信托产品再次跑赢市场 31 个百分点，并被一家机构评选为 2005 年度中国表现最好的投资产品。

但进入牛市后，赵丹阳的投资业绩排名开始后移。2007 年年初，他发行成立了两只信托产品，当年仅取得 20% 出头的收益，远低于同期 70% 的指数涨幅。这个业绩，不仅无法和大部分公募基金、私募产品相比，也无法和其旗下产品两年前的辉煌纪录相比肩。

而赵丹阳在 2006 年年末的致投资者信中所称的"2007 年我们最重要的事情依然是风险控制，在适当的时机有些估值偏高的股票，我们会考虑套现"的策略，和当时火热的市场氛围也完全不合。他在 3 500 点一线就保持轻仓、重点申购新股的做法，被一些投资者认定为"不合时宜""顽固""不肯认错"。

据当时其产品所在的信托公司人士透露，有一些客户在敦促赵丹阳加仓不成后，最终选择在 2007 年下半年赎回其产品，转投其他公司。这样的压力在上证指数向上突破 5 000 点后更是达到最顶峰。

不过，赵丹阳并没有改变他的看法，在市场一片非议声中，他坚持轻仓近一年。2008 年年初，赵丹阳再出惊人之举，宣布清盘旗下所有内地信托产品。"今天，就我们的投资能力，已找不到既符合我们投资标准又有足够安全边际的投资标的……经过慎重考虑，并和两个信托公司沟通后，赤子之心作为顾问的所有信托将尽快清盘。"这段文字，成为了当年的经典，在此后被反复引用。尤其是当年年末，在 A 股市场暴跌 50%、部分基金亏损 70% 后，人们恍然大悟赵丹阳话语的真正所指。但熟悉他的人更钦佩的是赵丹阳的言行一致，看空就能做空。"在当时的氛围下，大部分机构都被迫做多了，只有他。"他的一个友人日后感叹。事实上，"人生"和"做人"一直是他投资语言中的关键词。他曾经邀请一位年逾花甲的老记者，给公司员工作讲座，讲座的内容无关股市，而是"人生的坎坷"和"对人生和财富的理解"。

2008 年 6 月，赵丹阳再次成为焦点。在 6 月末的一次网络拍卖中，赵丹阳以 211 万美元的代价，获得了次年和巴菲特共进一次午餐的权利。这个天价也刷新了巴菲特拍卖午餐价码的历史纪录。以时价 1 600 万元人民币，比前一年度多 2 倍的价格竞标得中，显示了赵丹阳的志在必得，但也迅速引发了极大关注和争议。网络上的评论一时铺天盖地，有人认为这是他为了理念一掷千金，有人认为他应该把钱捐做慈善，甚至有网友认为，此为赵丹阳打造"中国巴菲特"品牌的做法，"在和巴菲特午餐后，赵会迅速推出其的最新一只信托产品，大笔圈钱"。有人在网络上言之凿凿的预言，赵丹阳再次选择不回应。直到次年午餐后，他在一次采访中才简略透露他的收获："我今年 37 岁，在中国没有经历过很多经济周期，但巴菲特经历过很多经济周期，我向他问一些关键的观点之后，就不需要等到下一轮周期来确认这件事，这个太值了。"

在每年岁末，赵丹阳致投资者信的结尾，他也都会提到："我们需用一生的时间去完善自我的投资理论体系""做好的投资人，是需要用一生去努力的事情"。这或许就是赵丹阳，对他来说，投资是个跟人生更紧密连接的东西，至于市场和其他人的观点，则无足轻重。从他的很多话中，我们不难看出巴菲特理念的影子。某种程度上，这是整整一代投资经理的精神

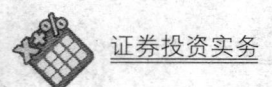

印记,他们举着巴菲特的投资大旗起步,随后慢慢走出自己的步伐,渐渐地,渐渐地,越走越远。

拓展阅读 7-5　　石开——一个成功散户的真实神话

1. 13 个月时间资产从 4.8 万元到 40 万元

石开是股市中一个地地道道的散户,从年头做到年末:牛市在做,熊市也做;一下子满仓吃进,一下子又满仓杀出。结果一年下来,成交量竟超过了 1 400 多万元,为国家交税 10 万元。他的资金也从年初的 48 356 元增值到同年 5 月 19 日的 8 万元,再到 6 月 30 日的 15 万元多一点,到第二年 2 月的 40 万元。从 4.8 万元到 40 万元仅用了 13 个月的时间,这不能不说是股市中的一个神话。据了解,相当多股民中的中小散户不亏的只有 15%(其中只有 7%～8% 是打成平手的),赢利的只有 7%～8%,而盈利能够翻一番的更少,而石开第一年的收益率竟是原始资本的 8 倍。这在牛短熊长的中国股市中不能不说是一个奇迹。

2. 石开的风格:稳、准、狠、短、平、快

石开是他的笔名,写文章时用上了,又被众多散户传开来,他自己觉得这个名字也很好。慢慢地,人们也就把他真名给忘了。

石开 90 年代毕业于湖南大学化工专业,到广东某研究所干了两年,然后辞职。他先是在台湾人办的公司做过进出口生意,后来又帮朋友推销过化工机械。直到 1999 年年初他才决定全职炒股,因为他觉得自己性格不圆滑,不适宜做生意,同时他又希望能多赚点钱,以后全家移民新西兰。他的妻子美丽而贤惠,激励他,支持他。石开第一次买股票是在 90 年代,当时"广船国际"发行新股,他买了 2 000 股,因为朋友们都说,买新股,保证发。可是结果他却亏了。当时"广船"的发行价是 6 块多,在上市的瞬间曾经高过发行价,但后来却长期跌破发行价。过了一段时间,石开等钱用,没法子就只好斩仓了。拿了一部分钱出来,剩下的他又认购了新股"粤照明",这回则赚了钱。那几年石开炒来炒去,总的来说还是亏的,但却赚回了经验。有得必有失,不少人是一朝被蛇咬,十年怕草绳,从此就洗手不干了;而石开却不声不响地从亏钱中寻找感觉。他说,学游泳呛了几口水,不学下去就白呛了,他很有毅力,一定要学会。职业股民的生活十分艰辛,他每天起来买报纸,看大势及股评人士的文章,然后自己就坐下来静心细想。他声言自己是专做短线的,按照游击战的打法,打得赢就打,打不赢就走。他炒股的特点是频繁地操作,快进快出,一般只持股 3～5 天,每一次赚一点,积少成多,不祈望抓一匹长期黑马——他认为那是偶然的,靠不住。他的钱不多,因而只有高速运转才能让它迅速增值,正如《史记·货殖列传》中夸奖陶朱公"无息币……终成千金"。而在这个过程中,他的技术越来越好,水平越来越高,成功率也越来越高。

渐渐地,石开形成了自己的操作风格:稳、准、狠、短、平、快。他也一次次喜获丰收:清华紫光每股赚了 15 元,中原油气赚了 10%,浙江医药赚了 10%,中国服装赚了 10%,焦作万方赚了 5%。当然这中间也有过失败的经历,每失败一次,他就彻底苦想,最后发现自己的失败基本上是因为贪便宜过早抄底引起的。比如深科技,它从 42 元跌到 32 元,石开想成功抄底,结果当天就套住了,由于一直没有上行的趋势,只好在 30 元时抛出止损——它最后跌到

22 元多。石开由此总结出,在弱市中抄底是很难成功的,这是一条教训。

3. 石开的七点"秘诀"

石开在炒股的过程中,不断地探索、学习、总结经验,最终抓住了市场跳动的脉搏,并总结出了 7 条操作策略。

策略一:石开制定了"短、平、快"的投资战术。几乎每个交易日都有成交,资金快进快出,以快周转率换取资金规模扩张,追求资金效率的极限。一年下来,交易对账单居然有厚厚一摞,达二十页之多。

策略二:把握板块轮涨节奏,紧跟强庄股。因为强庄股里是活钱,而这些钱最有进攻性。

策略三:紧密跟盘,时刻关注个股异动,设立 10% 的止损、止盈点。当他发现有些个股价量突然发生变化,庄家出逃迹象显现时,都会及时斩仓,避免被套牢。他一天在开盘的 4 个小时里精神高度集中。别人在弱市里往往心不在焉,打打扑克牌,织织毛衣,他却能在弱市里一边体会市况、总结经验,一边主动出击,结果反而赚得比牛市时候还多。

策略四:利用技术分析结合个股的基本面,再用自己的一套方式分析、整合、筛选有价值的信息,以此判别股票的质地是否优良。石开认为在选新股时,只看招股说明书是不够的,因为有些股票的上市包装是为了高定位而作的形象宣传,不足为信,所以还应观察它的新股定位、流通盘大小、有没有题材、上市第一天前半个小时的换手率、有无主力收集迹象,再与同一板块其他股票类比,综合起来选择。换手率在 5%～20% 的股票要重点关注。石开根据自己的分析方法,有一次发现上海、深圳 4 个指数中走势最强的指数如上证指数开始向下探,5 日、10 日均线出现死亡交叉后,他判断大盘将走弱,决定及时出货,从而成功逃顶。

策略五:关注资金流向,挖掘成交量背后的秘密。石开认为必须密切留意资金的流向,尤其是要关心热钱,因为热钱是市场里最有活力的、投机的、敏锐的资金。

策略六:实践"高效市场理论"。石开认为股价会及时反映公司变化,市场会揭示问题的实质。许多个股在利好、利空消息传出来之前,股价早就开始攀升或下跌,市场已经反映出即将公开的消息。石开提醒一般投资者,最好不要碰问题股,像那些"ST"的、惹官司的,他认为,散户很难搞清楚里面的奥秘。作为散户,信息获取一般是慢半拍的,可以依靠的东西很少。石开每天必读《证券时报》和《广州日报》,从中获取可参照的信息,并以此建立了自己的数据库。

策略七:运用 β、γ 系数来判断个股投资风险大小,是否具有投资价值。β 系数是个股与大盘的背离程度,在弱市和调整市中比较有用,但在牛市中却不大适用。

石开的生活仍然很简朴,他和很多正在奋斗的年轻人一样,不奢求于现实,却憧憬于未来。他相信自己未来一定会成功。石开曾应邀到北京大学与复旦大学来讲课;受到了同学们热烈的欢迎!他的讲座教室每次被同学们挤得水泄不通;人们对他报以长时间热烈的掌声,深深地感谢这位来自广州的青年投资人。

 **本章小结**

1. 证券投资是风险大、难度高的投资方式。一个成功的投资者要想使自己的投资获得成功,除了掌握股票投资的基本知识外,掌握投资策略非常重要。

2. 在证券投资过程中,由于人性弱点的客观存在,使得本来正确的投资策略出现了偏差,可总结体现在"懒""愿""贪""怕"4个方面。

3. 根据成功者的投资经验,克服人性弱点的几点经验,可总结为"闻""稳""狠""准""韧"5个方面,据此来指导投资实践,减少投资失败的可能性。

4. 关于投资的格言很多,本教材提炼出一小部分,有助于读者在投资实践过程中扩大视野,增长见识。

 练习题

一、名词解释

固定比例投资　　固定金额投资　　金字塔投资　　投资三分法

二、简答题

1. 根据教材的介绍,"回避风险"原则都有哪些?

2. 如何利用"1/2法"帮助投资决策?

三、思考题

巴菲特、彼得林奇、赵丹阳、杨百万、石开的投资风格中,都有哪些值得我们借鉴学习,并帮助我们形成自己的投资理念和投资风格?

第8章 证券市场及其监管

学习目标

1. 掌握证券市场的含义
2. 了解证券市场的分类、特征和功能
3. 掌握证券市场的结构及分类
4. 了解证券市场发展历程
5. 了解证券市场监管机构、监管的主要内容

8.1 证券市场概述

8.1.1 证券市场的含义、特征及功能

1. 证券市场的含义

证券市场是股票、债券、证券投资基金、金融衍生工具等各种有价证券发行和买卖的场所。证券市场通过证券信用的方式融通资金,通过证券的买卖活动引导资金流动,有效合理地配置社会资源,支持和推动经济发展,因而是金融市场中的最重要组成部分。

证券市场有广义和狭义之分。广义证券市场是指有价证券与交易以及与此相适应的组织与管理方式的总称,包括货币证券市场和资本证券市场。狭义的证券市场则是资本证券市场,它是以通融资金(通常在1年以上)为目的的有价证券发行与交易关系的总和。证券是资金供需双方通融资金的媒介和载体,资金需求者通过发行或销售有价证券筹集资金,资金供给者或投资者通过购买有价证券以获得收益,因此,筹资者和投资者共同构成了证券市场的主体,而股票、债券等有价证券则构成了证券市场的客体,加上市场组织和监管机构,这些因素之间相互制约、相互依存,构成了证券市场的完整内涵。证券市场通过证券信用的方式来通融资金,有效地配置社会资源,支持和推动经济发展,是资本市场的核心和基础,是金融市场的重要组成部分。

2. 证券市场的特征

证券市场作为证券发行和交易的场所,与一般商品市场相比具有以下明显的特征:

(1) 交易对象不同。一般商品市场的交易对象是各种实物商品,人们购买商品的目的

是获得其使用价值,证券市场的交易对象则是股票、债券等金融商品,人们购买的主要目的是获得股息、利息和买卖证券的差价收入。

（2）决定价格的因素不同。证券市场上证券价格的实质是所有权让渡的市场评估,或者说是预期收益的市场价格,它取决于市场利息率、公司股息率以及供求关系等多种因素,而商品市场的商品价格则是商品价值的货币表现,它直接取决于生产商品的社会必要劳动时间。

（3）价格波动的幅度不同。证券市场的风险较大,影响因素复杂,具有较大的波动性和不可预测性。而商品市场的风险较小,实行的是等价交换原则,在一定时期内商品价格起落不大,而且对政治、经济形势的变化和企业经营状况的反应比较迟缓,市场前景具有可预测性。

（4）目的不同。证券市场上的股票,债券等有价证券具有多种功能,对发行者而言,它是一种集资工具,对投资者来说,它既可以带来股息、红利等方面的收益,也可以通过低进高出赚取差价,还可以用来保值。而普通商品市场上的商品,通常只能用于满足人们的特定消费需求。

3. 证券市场功能

证券市场是金融市场的重要组成部分,是市场经济条件下资源合理配置的重要机制。证券市场通过信用的方式通融资金,通过证券交易活动引导资金的合理流动从而成为经济社会发展的强大推动力,发达国家发展的经济历程表明,证券市场不仅对本国经济迅速发展具有重要的推动作用,而且对国际经济一体化具有深远影响。

（1）筹集资金功能。证券市场的筹资功能是指证券市场为资金需求者筹集资金的功能,这一功能的另一作用是为资金供应者提供投资对象。在社会经济生活中,资金供给者与资金需求者各有其不同的需求。资金需求者希望将大量分散的资金汇集起来,解决自身的资金短缺问题,而资金供给者则希望获得高于银行同期存款利息的收益。证券市场可在较短的时间内满足投资者与筹资者各自不同的需要,高效地完成巨额资金的通融工作。

（2）合理定价功能。证券市场的第二个功能是为资本决定价格。证券是资本的存在形式,所以证券的价格实际上是证券所代表的资本的价格,证券交易价格是由在证券市场上通过证券需求者和证券供给者的竞争所反映的证券供求状况最终确定的。

（3）资金向导功能。证券市场可以通过利率的变化和导向作用来引导社会资金的流动,从而达到优化资源配置,合理利用社会资金的目的。在市场经济条件下,资源配置主要是通过资金流动从而带动生产要素来实现的。国家和企业通过证券的发行和转让将社会闲置资金集中起来,转化为政府财政资金和企业生产资金,同时在证券交易过程中,证券市场又可通过其引导作用使投资者将其投资方向从长线部门转向短线部门,从低效率的企业部门转向高效率的企业部门,从而实现资源的有效合理配置。

（4）分散风险功能。在证券市场上筹资者可以通过发行证券筹集资金,将经营风险部分地转移给投资者,证券市场的投资者应该对自己的投资行为负责,而证券市场交易品种的多样化也为投资者根据风险最小化原则进行投资组合,为分散风险提供了条件。因为只有

投资品种多样化,才谈得上进行投资的组合,所以,证券市场对投资方和筹资方来说都具有分散风险收获较好收益的功能。

(5) 信息传递功能。证券市场是各类信息汇聚的场所,因为任何相关信息都会对证券市场参与者的投资行为造成影响,投资者必须了解和掌握宏观经济发展形势、市场行情、企业的生产经营状况和财务变动情况,这样才能确定有效的投资策略,获得较好的投资收益;而筹资者也必须了解上述情况,才能制定灵活的筹资策略,做到既能筹措到所需的足额资金,又可以使筹资的成本最低。

(6) 产权组合功能。证券的发行与交易直接影响到企业的产权结构,根据市场的要求重新进行产权组合,企业产权主体朝着多样化的方向发展,股东作为企业自产的所有者,不仅具有收益分配权,而且具有参与企业经营决策的权利,从而对促进完善企业生产经营,推动国民经济的健康发展都具有重要作用。

在市场经济条件下企业可通过联合,发展企业集团等形式实现资产和产权的优化组合,也可以通过兼并、收购、拍卖等产权交易形式,实现企业产权的重新组合,还可以通过吸纳外资的形式来缓解自己压力,完善经营管理,从而促进我国现代企业制度的建立完善,因此严格地说,通过证券市场所实现的企业的产权组合,其目的也是达到社会资源的优化配置。

8.1.2　证券市场的发展阶段

从世界证券市场发展的历程来看,大致可分为三个阶段:

1. 自由放任阶段(17 世纪初至 20 世纪 20 年代末)

随着市场经济和股份制的发展,证券市场的规模和影响也在不断扩大。1891—1900 年世界证券发行金额为 1 004 亿法郎。20 世纪初,资本主义自由竞争阶段过渡到垄断阶段,证券市场适应了资本主义经济发展的需要,有效地促进了资本的积累,从而获得了巨大发展。证券市场的结构也发生了很大变化,在证券市场中占主要地位的已不再是政府公债,而是股票和公司债券,它们占证券发行总额的 60%。

当时的证券市场缺乏相关的法律、法规,证券的发行和交易基本上处在自由放任的阶段。证券业呈现出无序竞争的局面,证券交易所纷纷成立,各种证券鱼龙混杂,证券价格远离其实际价值,证券欺诈和投机现象十分严重。1929 年 10 月 29 日,美国股市发生大跌,后被称为"黑色星期一",股票市场的暴跌对经济危机起到了推波助澜的作用。在危机过后的相当长的时间内,证券市场仍然处在萧条之中。

2. 法制建设阶段(20 世纪 30 年代初至 60 年代末)

20 世纪 30 年代大危机过后,各国政府加强了对证券市场的监管。因此,证券业的法律、法规纷纷出台,并对证券发行和交易活动进行了全面的规范和限制。这些证券法律和法规的制定,为证券市场的健康发展奠定了坚实的基础,证券市场逐步走上了规范发展的道路。

3. 迅速发展阶段(20 世纪 70 年代至今)

从 20 世纪 70 年代开始,世界证券市场进入了高速发展的阶段。随着资产证券化趋势的不断发展,从西方发达国家到新兴的发展中国家,各国的证券市场都呈现出蓬勃繁荣的景象,证券市场在世界经济中的作用和地位愈加突出。

新中国证券市场的发展的时间节点是 1990 年 12 月 1 日,深圳证券交易所开始试营业。1990 年 12 月 19 日,上海证券交易所正式开业。1991 年 7 月 3 日,在试营业 7 个月后,深圳证券交易所正式营业。1998 年 12 月 29 日,第九届全国人民代表大会常务委员会第六次会议审议通过《中华人民共和国证券法》,并于 1999 年 7 月 1 日正式实施,2003 年 10 月 28 日,第十届全国人民代表大会常务委员会第五次会议审议通过《中华人民共和国证券投资基金法》,该法于 2004 年 6 月 1 日正式施行。

相关法律法规的完善以及针对一些制度性缺陷改革的完成使我国证券市场在近些年取得了飞速发展,已成为世界上重要的证券市场,并为我国企业改制和宏观经济的发展起到了重要作用。

8.2　证券市场构成及分类

8.2.1　证券市场的构成

证券市场主要由发行主体、投资主体、交易对象、交易场所、中介机构、监管机构、自律组织等要素构成。

1. 发行主体

发行主体是证券的发行者即筹款人,它不仅是资本市场资金的需求者,也是各类有价证券的供给者,发行主体一般有以下 4 类。

(1) 政府及其所属机构。中央政府、地方政府及政府有关部门发行债券主要是为了弥补财政赤字,或为重点项目筹资。中央政府发行的债券有国库券、财政债券和国家重点建设债券等,即国债;地方政府发行地方政府债券,为本地公用事业的建设筹措资金。政府债券由财政作担保,信用程度高、风险很低、筹资成本低,容易销售。

(2) 金融机构。金融机构包括商业银行、政策性银行和非银行金融机构,它们经过有关部门的批准,即可发行金融债券,以扩大经营规模,改变金融资产内部结构,拓宽资金来源途径,发行债券和股票是金融机构一种筹资成本较高的方式,发行时应谨慎从事。

(3) 股份公司。股份公司通过证券市场发行债券或股票,以满足公司多种方式筹集资金的需求,降低筹集风险,壮大公司实力,维持对公司的控制。在我国,只有少数经营水平较高,条件较好的公司才可向社会公开发行股票。

(4) 企业。这里的企业是指非股份制的公司企业。企业的发展壮大必须以资本为第一推动力。企业的资本来源主要有两种途径:一是自有资本的积累,二是外部资本的筹措,即向社会筹集资金,包括向银行申请贷款和在证券市场上发行并推销债券、股票。企业通过发行股票、债券这种直接融资形式,获得自己所需的资本,以方便投资,促进资源优化配置,实

现预期的经营目标。

2. 投资主体

投资主体即证券投资者,是指在证券市场上出资认购证券的个人或机构,他们是证券的需求者,也是证券的发行对象。证券投资者在证券市场上买卖有价证券的动机有多种,大部分是为了获利,部分是为了保值或控制股份公司的股权。

(1) 个人投资者。居民个人作为一个独立的社会经济单位,把自己的合法财产投资于有价证券,是将自己的净收入(即收入大于支出)部分转化为投资加以运用的一种方式。个人投资者的闲置货币资金数量虽小,但却存在较大的社会潜能。发行主体发行各类有价证券,迎合了个人投资者投资于证券的各种动机,把小额的闲散资金集中起来,形成一笔巨大的资金,为企业或有关机构所用。

(2) 中央银行。中央银行作为国家的银行和政府的银行,负责货币政策的制定和执行,承担着宏观调控的任务。中央银行调控经济,干预市场的一个重要手段就是通过公开市场业务的操作来调节市场货币供应量。中央银行在证券市场上买卖有价证券,主要表现为两个方面:当市场货币供应量不足时就从证券市场买进有价证券,增加货币供给;当市场货币供应量过多时,就向市场抛售有价证券,减少货币供给。

(3) 商业银行。商业银行虽以营利为目的,但由于受经营原则的制约,其盈利性资产必须具有高度的安全性和流动性,必须对储户负责。所以,商业银行以保护储户资产的安全为首要职责,投资收益则放在次要位置。和贷款收益相比较,证券投资收益较高,但风险也较大;从变现能力来看,有价证券比较灵活主动,正好符合商业银行金融资产流动性和风险分散性的需要。因此,商业银行投资于有价证券是资金运作的理想途径。

(4) 非银行金融机构。以保险公司为例,由于保险公司收入稳定,准备金率低,投资成本小,免交所得税,而且负债期限长,对流动性要求不高,故可投资于期限长、收益高的证券。保险公司的投资活动也受到政府有关政策和法令的制约,加上自身业务的性质,其可自由买卖国家债券;但在买卖地方政府债券、公司债券时受到限制。而且不能进行房地产投资,政府限制甚至禁止保险公司直接购买股票。

(5) 企业(公司)。股份公司和非股份制企业均可利用自己闲置的资金,在证券市场上进行证券投资,他们还可以通过购买股票以达到参股、控股的目的。股份公司和企业拥有雄厚的闲置资金,在证券投资中,长期稳定投资、短期投资交易量大,对证券市场具有较大的影响。根据我国法律规定,企业单位和自收自支的预算包干事业单位,可以利用自有资金和预算包干节余资金在证券市场上买卖有价证券。

3. 其他结构要素

1) 交易对象。交易对象即证券投资对象,也就是证券市场上进行交易的信用工具。这里所指的交易对象主要指资本证券,即能获得收益的权益性证券,主要有公司股票、公司债券、金融债券、国家债券、地方政府债券等。

2) 交易场所。证券交易场所除了高度规范化,组织化的证券交易所外,还有柜台市场、第三市场和第四市场等,通常把在证券交易所内的证券买卖活动称为场内交易,而把在市场等场所进行的证券买卖活动称为场外交易。

3）中介机构。中介机构主要包括证券承销商,证券经纪商和证券自营商三种,另外还有监管机构与自律组织。

（1）证券承销商。证券承销商是在证券发行市场上代理政府或企业发行证券并协助销售的中介机构,它是证券发行主体和证券投资主体的中介人,即通常所说的证券发行中介机构。

（2）证券经纪商。证券经纪商是指接受客户的委托,代理客户买卖有价证券并从中收取佣金的证券交易市场的中介机构。

（3）证券自营商。证券自营商是指运用自有资金,在证券市场上开设自有账户,自行从事证券买卖并自负盈亏的证券经营机构。

（4）监管机构与自律组织。各国证券主管机关依据证券法规,运用经济、法律和行政手段,对证券的发行、买卖等交易行为进行监督管理,以确保证券市场健康有序的运行。

4）证券监管机构。在我国,证券监管机构是中国证监会及其派出机构。中国证监会是国务院直属的证券监督管理机构,按照国务院授权和相关法律规定对证券市场进行集中、统一监管。它的主要职责是:依法制定有关证券市场监督管理的规章、规则,负责监督有关法律法规的执行;负责保护投资者的合法权益;对全国的证券发行、证券交易、中介机构的行为等依法实施监管,维持公平而有序的证券市场。

5）自律性组织。证券市场的自律性组织主要包括证券交易所和行业协会,部分国家（地区）的证券登记结算机构也具有自律性质。在我国,按照《证券法》规定,证券自律管理机构是证券交易所和行业协会。根据《证券登记结算管理办法》,我国的证券登记结算机构实行行业自律管理。

8.2.2　证券市场的分类

1. 按照证券市场功能的不同,可分为一级市场和二级市场

（1）一级市场（又称发行市场）。一级市场是通过发行股票进行筹资活动的市场,一方面为资本的需求者提供筹资的渠道,另一方面为资本的供应者提供投资场所。发行市场是实现资本职能转化的场所,通过发行股票,把社会闲散资金转化为生产资本。由于发行活动是股市一切活动的源头和起始点,所以称发行市场为"一级市场"。

一级市场的发行方式可以分为公募与私募两种方式。所谓公开募集也称为公开发行,是发行人向非特定的社会公众发行证券,任何人都可以购买该证券。其特点是发行面广、筹集成本较低。由于其发行面广,为了保护公共利益,政府需要介入对公募方式的管理,使得该种发行方式条件较为严格,且要进行社会公告。私募是面向少数的、特定的投资者进行证券发行,也称为定向募集,其特点是发行量少、管理相对简单,不能上市交易。

拓展阅读 8-2　　　中国的股票发行与交易制度

《股票发行与交易管理暂行条例》中对股票发行的有关规定主要有:

1. 股票发行人必须是具有股票发行资格的股份有限公司。

2. 设立股份有限公司申请公开发行股票,应当符合下列条件:

(1) 其生产经营符合国家产业政策。

(2) 其发行的普通股限于一种,同股同权。

(3) 发起人认购的股本数额不少于公司拟发行的股本总额的 35%。

(4) 在公司拟发行的股本总额中,发起人认购的部分不少于人民币 3 000 万元,但是国家另有规定除外。

(5) 向社会公众发行的部分不少于公司拟发行的股本总额的 25%,其中公司职工认购的股本数额不得超过拟向社会公众发行的股本总额的 10%;公司拟发行的股本总额超过人民币 4 亿元的,证监会按照规定可以酌情降低向社会公众发行部分的比例,但是最低不少于公司拟发行的股本总额的 10%。

(6) 发起人在近 3 年内没有重大违法行为。

3. 原有企业改组设立股份有限公司申请公开发行股票,除应当符合上述条件外,还应当符合下列条件:

(1) 前一次公开发行股票所得资金的使用与其招股说明书所述的用途相符,并且资金使用效益良好。

(2) 距前一次公开发行股票的时间不少于 12 个月。

(3) 从前一次公开发行股票到本次申请期间没有重大违法行为。

《股票发行与交易管理暂行条例》中对股票交易的有关规定主要有:

1. 股票交易必须在经有关部门批准可以进行股票交易的证券交易所进行。

2. 股份有限公司申请其股票在证券交易所交易,应当符合下列条件:

(1) 其股票已经公开发行。

(2) 发行后的股本总额不少于人民币 5 000 万元。

(3) 持有面值人民币 1 000 元以上的个人股东人数不少于 1 000 人,个人持有的股票面值总额不少于人民币 1 000 万元。

(4) 公司有最近 3 年连续盈利的记录;原有企业改组设立股份有限公司的,原企业有最近 3 年连续盈利的记录,但是新设立的股份有限公司除外。

(2) 二级市场(又称交易市场)。二级市场是有价证券的交易场所。二级市场是有价证券的流通市场,是已发行的有价证券进行买卖交易的场所。二级市场为有价证券提供流动性,使证券持有者可以随时卖掉手中的有价证券,用以变现。由于二级市场为有价证券的变现提供了途径,所以二级市场同时还可以为有价证券定价,向债券持有者表明债券的市场价格。二级市场可以促进短期闲散资金转化为长期建设资金;调节资金需求,引导资金流向,为商业的直接融资提供渠道;二级市场的股价变动能反映出整个社会的经济情况;维持股票的合理价格,交易自由,保证买卖双方的利益受到严格的保护。

(3) 二级市场与一级市场的联系。一级市场提供的证券及其发行的种类、数量与方式决定着二级市场上流通证券的规模、结构和速度,而二级市场作为证券买卖的场所,对一级市场起着积极的推动作用。两者关系密切、相互依存、相互制约。

2. 按上市条件的不同,可以分为主板市场和二板市场

(1) 主板市场。主板市场也称为一板市场,是指传统意义上的证券市场,是一个国家或地区证券发行、上市及交易的主要场所。主板市场是资本市场中最重要的组成部分,在很大程度上能够反映经济发展状况,有市场的"晴雨表"之称。主板市场对发行人的营业期限、股本大小、盈利水平等方面的要求标准较高,上市企业多为大型成熟企业,具有较大的资本规模以及稳定的盈利能力。

(2) 二板市场。二板市场又称为创业板市场。它的定位是为具有高成长性的中小企业和高科技企业融资服务,是一条中小企业的直接融资渠道,是针对中小企业的资本市场。与主板市场相比,二板市场上上市的企业标准和上市条件相对较低,中小企业更容易上市募集发展所需资金。二板市场的建立能直接推动中小高科技企业的发展。二板市场的主要功能表现在能够承担风险资本的退出窗口作用、起着优化资源配置、促进产业升级等作用。建立二板市场,是完善风险投资体系,为中小高科技企业提供直接融资服务的重要环节。

3. 按交易对象的不同,可以分为股票市场、债券市场和基金市场

(1) 股票市场。股票市场是进行各种股票发行和买卖交易的场所。股票市场按其基本职能划分,又可分为股票发行市场和股票交易市场,两者在职能上是互补的。股票交易市场也称为流通市场、二级市场,是已发行股票的交易与转让市场。发行市场则是股票发行人向投资者进行发售股票、进行筹资活动的市场。

(2) 债券市场。债券市场是进行各种债券发行和买卖交易的场所。债券市场按其基本职能来划分,也可分为债券发行市场和债券交易市场,两者也是紧密联系、相互作用的。发行市场是交易市场的存在基础,发行市场的债券条件及发行方式影响交易市场债券的价格及流动性。交易市场能促进发行市场的债券价格及流动性,直接影响发行市场新债券的发行规模、条件等。

(3) 基金市场。基金市场是指进行基金证券发行和转让市场。投资基金是一种利益分享、风险共担的集合投资制度。它通过发行基金证券,集中投资者的资金,交由基金托管人托管,由基金管理人管理,主要从事股票、债券等金融工具投资。基金证券本身作为一种投资工具,也可以自由买卖和转让,从而也就形成了投资基金的流通市场。

8.3 证券市场的监管

8.3.1 证券市场监管的原则、方法

1. 证券市场的监管

证券市场的健康发展离不开证券市场的监管,证券市场监管是指政府设立专门机构或由证券交易所及协会等自律机构采用的行政的、经济的、法律的手段和方法,对证券市场参与主体及其行为所进行的旨在促进证券市场公平、有序、高效运作的一系列管理活动。

2. 证券市场监管原则

为促进证券市场公平、有序、高效运行,证券市场监管一般应遵循以下基本原则:

(1) 依法治理原则。这一原则是指证券市场监管部门必须加强法治建设,明确划分各方面人员的权利与义务,保护市场参与者的合法权益,即证券市场监管必须有充分的法律依据和法律保障。

(2) 保护投资者利益的原则。由于投资者是拿自己的收入来购买证券,且大多数投资者缺乏证券投资的专业知识与技巧,因此只有在证券市场管理中采取相应的措施,使投资者得到公平的对待,维护其合法权益,才能充分调动人们参与投资的积极性。

拓展阅读 8-3　　　　　　　　证券市场的"三公原则"

(1) 公开性原则。公开性原则就是在法律和规章制度的基础上,保证有关证券发行和上市企业的信息公之于众,保证这些信息的真实性,防止出现弄虚作假。

(2) 公平性原则。公平性原则就是通过有关法律和法规,保证每个投资者都享有平等的权利和地位,严禁内幕交易和一部分人的内部交易,其目的就是使公众享有平等的投资权利与竞争地位,保护全体投资者的利益。

(3) 公正性原则。公正性原则就是通过相应的法律和法规,保证证券的发行和交易能够规范进行,证券经营机构能够依法从事证券经营活动,证券管理和监督机构要依法对其进行管理和监督。

---

3. 证券市场监管的方法

为了履行证券市场监管的职责,证券监管组织必须采用合理的监管方式和相应的监管手段。证券市场监管的主要方法有:

1) 行政监管方法。行政监管方法主要是指国家有关行政机构依法发布行政命令,实施对证券市场的监管。行政监管方法具有以下特点:

(1) 法律性。行政监管所依据的法规必须符合国家的基本法规,被监管对象有违法行为,监管部门有权依法处罚,或提起法律诉讼,由司法部门制裁。如果监管机构违反法律或执法不当,被监管的对象可以按照法律程序提起诉讼。

(2) 强制性。证券市场监管组织和被监管对象都必须无条件地接受监管,证券市场的参与者发生违法乱纪行为,必须受到法律的惩治。

(3) 全面性。与证券市场活动相关的一切组织和个人,与证券市场有关的一切活动都必须纳入行政监管的范围。

2) 自律性监管方法。自律监管一般通过行业章程的制定和推行,引导和制约业内组织和人员的行为,实现监管目标。它有两类:一类是证券交易所证券经营组织、证券行业协会等市场参与者的自律性监管;另一类是具有证券从业资格的律师事务所、会计师事务所、资产评估事务所等社会中介服务机构的自律性监管。

3) 社会公众监管方法。是指证券投资者、社会舆论机构对证券市场的监管。例如,投

资者可以通过公开电话举报证券交易中的违法乱纪活动；新闻媒体等公众舆论也可以监督证券市场的活动。

拓展阅读 8-4　　　　　证券市场违法违规行为

1. 证券欺诈行为

（1）内幕交易。内幕人员和以不正当手段获取内幕消息的其他人员违反法律法规的规定，以获取利益或减少损失为目的，泄露内幕消息，根据内幕信息买卖证券，或者向他人提供信息、买卖证券的行为都属于内幕交易。

（2）操纵市场。操纵市场是指以获取利益或者减少损失为目的，利用资金、信息等优势或滥用职权影响证券市场价格，制造证券市场假象诱导投资者在不了解事实真相的情况下，作出证券投资决定以及扰乱证券市场秩序的行为。

（3）欺诈客户。欺诈客户是指证券经营机构、证券登记和清算机构以证券发行人或发行代理人等，在证券发行、交易及相关活动中，诱骗投资者买卖证券以及其他违背客户真实意愿，损害客户利益的行为。

（4）虚假陈述。虚假陈述是指行为人对证券人发行、交易及其相关活动的事实、性质、前景、法律等事项做出不实、严重误导或重大遗漏的陈述或者报道，致使投资人在不了解事实真相的情况下作出证券投资决定的行为。

2. 其他违规行为

（1）擅自发行证券。是指未经国家有关主管部门的批准，擅自发行股票或者公司、企业债券的行为。

（2）为股票交易提供融资及透支交易。透支交易又称信用交易，是指证券经营机构以鼓励或默许的方式，允许投资者透支购买股票或者延长交割时间，以收取高额利息的行为。

（3）上市公司违规购买本公司股票。是指上市公司违反《公司法》的有关规定，未经有关部门批准，擅自回购、买卖本公司股票的行为。

（4）银行资金违规入市。是指银行为了追求高额利润，违反国家有关规定，为他人的股票申购、交易提供融资的行为。

8.3.2　证券市场监管模式、范围与内容

1. 证券市场的监管模式

各国证券市场管理体制，大体上有 3 种模式：法定监管模式、自律监管模式和分级监管模式。

1）法定监管模式。法定监管模式又称为集中监管模式或美国模式，指国家通过立法对证券的发行、交易的整个过程进行监督和管理的体制。这种模式的最大特点在于政府通过立法积极参与和干预证券市场的活动，而各种自律性组织，如证券交易所、证券商等

只起协助管理的作用。这种模式以美国为典型代表,美国对证券管理制定有专门的法律,包括 1933 年颁布的《证券法》、1934 年颁布的《证券交易法》等,这些法规由美国联邦证券管理委员会负责统一执行。另外,美国各州也制定自己的证券法。各种自律性组织在政府的监督下,也保留有相当的自治权。日本、韩国、加拿大、印度、新加坡等也采用了此种模式。

该模式具有的优点:①建立起了全国统一的证券法律法规体系,使市场活动纳入法律规范,市场行为有法可依,有利于证券市场的稳定发展。②政府在监管中起绝对主导作用,能更加严格、公正、客观地发挥监管作用,保护投资者的利益,使得监管行为更具有权威性和有效性。

该种模式存在的缺点有:①容易产生对证券市场过多的行政干预。②自律组织与政府主管机构的配合难以完全协调。③缺乏快速反应能力、监管成本高。

2) 自律监管模式。自律监管模式又称为英国模式,是指政府除了必要的国家立法外,很少干预证券市场,证券市场的监管主要由证券交易所以及证券业协会等组织进行自律监管。实行这种管理模式的国家和地区有荷兰、中国香港等。

自律监管模式的特点是对证券交易所及其会员采取自由放任的态度,既没有指定单行的证券市场管理法规,又没有设立证券管理监督机构。

该模式具有的优点有:

① 允许证券商参与制定市场管理条例,使市场管理更切合实际,并有利于促进其自觉遵守和维护相关条例。

② 市场规则由市场参与者制定和修改,比政府制定的证券法规更具灵活性、针对性和创造性。

③ 自律组织能对市场违规行为作出迅速反应,并及时采取有效措施。

该模式的缺点有:① 不重视对投资者的利益保护。② 公正原则难以充分体现。③ 监管手段软弱。④ 没有专门的机构协调整体证券市场的发展,区域市场间很容易产生摩擦,容易导致无序竞争和不必要的混乱局面。

3) 分级监管模式。分级监管模式又可以称为中间型监管模式或欧陆模式,是指国家立法管理和证券交易所等机构自律管理相结合,对证券市场多采取严格的实质性管理,且在公司中对新公司成立和证券交易作出具体规定。属于这一模式的主要是欧洲大陆的国家,另外还有少数拉美和亚洲国家,其中德国和意大利是典型代表。分级管理又包括二级管理和三级管理模式:二级管理指政府和自律机构相结合的管理;三级管理指中央和地方二级政府加上自律机构的管理。

分级监管将前两种监管模式进行有机结合,克服了其实施过程中的缺陷,使得证券市场的管理更具有效率。因此,目前世界上多数国家和地区都开始采取分级监管模式。

2. 证券市场监管的内容

证券监管部门通过制定各项制度、政策、法规和办法对证券市场进行监督和管理,其监管的内容归纳起来大致可分为以下几个方面:

1) 资格审核。资格审核是指证券监管部门对从事证券业务或从事与证券业有关的某

项业务资格的确认和撤销,具体包括下面几个方面:

① 对证券交易所设立的审查。我国《证券法》第一百零二条和第一百零三条规定,证券交易所是为证券集中交易提供场所和设施,组织和监督证券交易实行自律管理的法人,证券交易所的设立和解散由国务院决定,设立证券交易所必须制订章程,证券交易所章程的制定和修改,必须经国务院证券监督管理机构的批准。

② 对上市公司的资格审查。我国《证券法》规定,申请证券上市交易应当向证券交易所提出申请,由证券交易所依法审核决定,并由双方签订上市协议,其中股份有限公司申请股票上市,应当符合下列条件:股票经国务院证券监管机构核准已公开发行;公司资本总额不少于人民币 3 000 万元;公司发行的股票达到公司股票总数的 25% 以上;公司股本总额超过人民币 4 亿元,公开发行股份的比例为 10% 以上;公司最近 3 年无重大违法行为,财务会计报告无虚假记载。

(3) 对证券商的审查。证券商是指专门经营证券业务的机构。我国目前的证券商主要分为两种:一种是综合类证券公司,另一种是经纪类证券公司。在对其进行资格审查时,应对其资本金总额规模、公司管理层状况、资产质量、经营业绩、历史情况等进行全面审查,在此基础上再次进行资格认定。

2) 公开制度。公开制度主要包括以下两个方面:一是发行公开。公司发行新证券,必须首先提出申请,申请材料中最重要的部分是股票上市招股说明书和债券集资章程,主管机关认为披露不充分时,可要求发行公司将其他相应文件补充公告;二是持续公开。公司证券发行和上市以后,公司经营状况必须持续不断地公之于众,公司要定期向证券管理部门递交各种报告,对公司的重大变化和重大事件也要及时公开,股份公司的扩股和拆股均须经主管部门确认后方可执行。

3) 交易管理。证券交易管理的主要内容有两个方面:一是禁止内部交易,即内部人员利用公司信息和情报所进行的以获利为目的的交易;二是防止交易中的蒙骗、欺诈和操纵行为。

4) 场外市场管理。证券监督部门对有价证券的场外交易(又称柜台交易)有一些规定:凡章程规定可转让的政府债券、金融债券、公司债券和可转让大额存单,原则上均可在批准经营证券转让买卖业务的金融机构办理柜台交易。股票必须进场交易,不得进行场外交易。

8.3.3　中国证券市场的监管体系

1. 中国证券市场监管体系的演进

中国证券市场监管体系的演进大致可分为 3 个阶段:

第一阶段,1992 年 10 月之前以地方监管为主。这是中国证券市场监管的起步阶段,股票发行仅限于少数地区的试点企业。如上海、深圳分别颁布了一些有关股份公司和证券交易的地方性法规,建立了地方的证券市场监管机构。中央政府只是进行宏观指导和协调。

第二阶段,从 1992 年 10 月至 1998 年年底,《中华人民共和国证券法》(以下称《证券法》)正式颁布,国务院证券委员会和中国证券监督管理委员会(下称中国证监会)相继成立,从分散的地方管理向集中的中央管理过渡。

第三阶段，《证券法》颁布至今，国务院撤销"证券委"，其职能并入中国证监会，中国证监会在各地按照大区设立派出机构，并对地方证管部门实行垂直领导，在完全实现集中统一的监管体系下运作。

2. 中国证券监督主体框架

(1) 中国证券监督管理委员会。中国证监会为国务院直属正部级事业单位，依照法律、法规和国务院授权，统一监督管理全国证券市场，维护证券市场秩序，保障其合法运行。

(2) 市场及行业自律组织。市场及行业的自律组织包括以下组织：①证券交易所。②证券业协会。③社会监管机构。④省直辖市、自治区的主管部门。

3. 中国证券监管法律框架

中国证券市场的发展历史较短、缺乏经验，与证券市场发达的国家相比，立法较为滞后，法律体系也不成熟。但是，经过多年来的努力和探索，中国证券监管立法已经取得了一定成果，形成了一个初步的法律框架体系。目前，中国证券市场的国家法律、行政法规、部门规章和规范性文件共有近 300 多种。

(1) 与证券市场相关的国家法律包括《证券法》《公司法》《证券投资基金法》《刑法》等。

(2) 有关证券市场的行政法规主要有《国库券条例》《国务院关于进一步加强证券市场宏观管理的通知》《股票发行与交易管理暂行条例》《企业债券管理条例》《证券交易所管理办法》《证券、期货投资咨询管理暂行办法》等。

(3) 有关证券市场的部门规章和规范性文件有《禁止证券欺诈行为暂行办法》《股份有限公司国有股权管理暂行办法》《证券公司管理办法》《证券从业人员资格管理办法》《证券发行上市保荐制度暂行办法》等。

以上 3 部分构成了中国证券市场法律制度的基本框架，奠定了中国证券市场规范和发展的法律基础。一个以《证券法》为核心，以国务院行政法规和国务院证券主管部门规章为补充的全国统一的证券市场法规体系已经基本形成。

8.4　证券市场监管典型案例

案例 1：CX 公司短线交易主体范围的探讨

我国《证券法》第 47 条对上市公司董事、监事、高级管理人员和持有上市公司股份达 5% 以上的股东，在 6 个月内反向交易上市公司股票的短线交易行为认定为违规。但在实际操作中，对其他如公司股东（或实际控制人）及其一致行动人之间、上市公司董事、监事、高管的亲属、（控股）股东和重组方的董事、监事、高管及其他相关人员的该类交易行为一直缺乏直接的规定，这导致在日常监管中对于上述各方在重大信息披露前的敏感期内频繁短线交易公司股票缺乏处罚依据，从而无法对其行为进行规范。本文以 CX 公司相关股东涉嫌短线交易为例，对该类交易所存在的问题进行分析，并提出了相关的政策建议。

1. 案情介绍

2007 年 4 月 25 日，CX 公司（以下简称"公司"）实际控制人买入公司股份 7 800 股，其妻

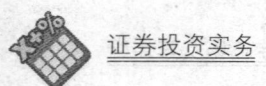

于 2007 年 4 月 23 日和 27 日合计买入 15 400 股,因前述股票买入行为触及了要约收购的条件,2007 年 5 月 25 日,公司实际控制人向证监会提交了要约收购豁免申请,申请豁免要约收购。同时,自 2007 年 5 月 25 日起,其控制的 A 公司、B 公司、C 公司合计减持了 18 251 207 股,占比为 10.824%。公司律师认为,公司实际控制人及其一致行动人前述买入股票的行为不再属于《上市公司收购管理办法》第二十四条规定的继续增持股份情形,此后根据证监会向公司出具的行政许可申请中止审查通知书,公司实际控制人撤回了豁免要约收购的申请,并于 2008 年 11 月 20 日予以公告。

值得注意的是,2007 年 5 月 10 日,公司因涨幅偏离值超过 20%,披露股价异常波动公告后申请停牌,并称实际控制人拟将其持有的资产注入上市公司。2007 年 5 月 24 日,公司披露,取消资产注入计划并复牌。经查在该资产注入重大信息披露之前,存在较多的相关人员频繁买卖公司股票的情况。除了前述实际控制人本人及其妻子买卖公司股票外,公司股东之一的 C 公司(实际控制人的一致行动人)的某执行董事(实际控制人母亲)于 2007 年 4 月 19 日和 30 日合计买入 A 公司股票 37 300 股,于 5 月 24 日全部卖出。2007 年 4 月 23 日,即将正式出任公司副总经理的某高管于 2007 年 3 月 28 日和 30 日分两次买入 20 000 股,于 4 月 5 日全部卖出,4 月 25 日和 30 日又买入 20 360 股。公司另一高管于 2007 年 4 月 4 日买入公司股票 2 000 股,4 月 30 日买入 3 000 股。

此外,公司的大股东 D 公司、B 公司和 A 公司在减持过程中也都存在短线反向交易公司股票的情况。前述三者分别于 2007 年 3 月 6 日、7 月 30 日和 8 月 6 日买入公司股票150 000股、10 000 万股和 110 000 万股。

在对该事项的审核过程中,主要采取了 3 方面的监管措施:

(1) 对公司实际控制人与一致行动人之间在 6 个月内进行反向交易是否属于短线交易进行了关注,要求律师对该事项发表补充意见并予以披露。公司律师认为,公司实际控制人及其一致行动人在本次股权买入、卖出过程中,以及在本次申请撤回公示中不存在证券违法行为。

(2) 启动联合监管程序,请求协助核查公司前述大股东在减持过程中是否存在相关的违法违规行为,并获取了前述相关各方及人员买卖公司股票的事实。

(3) 要求公司董事会对前述买卖公司股票行为是否属于内幕交易或短线交易进行核查。公司董事会随后就前述事项的核查结果及已采取的处理措施出具了专项说明。

2. 监管思考

本案例凸显了目前的法律法规存在着监管漏洞和上市公司保密制度建设薄弱两个方面的问题。在法律法规方面,《证券法》第四十七条只规定了上市公司董事、监事、高级管理人员在持有上市股份达 5% 以上的股东,将其持有公司的股票在买入后 6 个月内卖出,或者在卖出后 6 个月内又买入,由此所得收益归公司所有。公司董事会应当收回其所得利益,而对于公司股东(或实际控制人)及其一致行动人之间、上市公司董事、监事、高管的亲属、(控股)股东和重组的董事、监事、高管及其他相关人员 6 个月内买卖公司股票的行为并未进行规范。由于内幕信息传递的隐秘性,导致内幕交易行为往往难以认定和查处,前述各方往往可以利用内幕信息的优势牟利。而该种交易又不受《证券法》第四十七条的规范,前述各方的交易在买卖时间上不受限制,就可以利用内幕信息进行短线获利,这就导致我们在日常监管工作中对一些明显属于不正常的行为或交易无法进行认定和查处。在实际工作中也确实发现较多的未受规范的前述各方在重大信息披露前的敏感期内频繁买卖公司股票,却因无处罚依据从而无法对其行为进行处罚的情况。

本案例凸显了的另一个问题是上市公司保密制度建设方面的薄弱,在公司重大事项披露前,实际控制人本人及其妻子、母亲、公司的高管都出现买卖公司股票的现象是极为不正常的。对于实际控制人本人及其妻子买卖公司股票行为,公司董事会称实际控制人的股票账户乃由其妻子管理,在实际控制人不知情的情况下其妻买入了公司股票,随后实际控制人即向证监会提交了豁免邀约收购的申请。而对于上述其他人买卖公司股票的行为,公司董事会认为都不属于内幕交易,上述人员都未参与重大事项的筹划,不属于内幕知情人范围,其买卖行为都属于正常的市场交易行为,从而将其排除在内幕交易的范围之外。虽然公司董事会未将上述人员买卖公司股票的行为界定为内幕交易,但鉴于上述人员与实际控制人及公司关系的特殊性,及上述人员分别为实际控制人的妻子、母亲(同时也为实际控制人一致行动人,公司股东的执行董事)、公司的高管及即将成为高管的人员,公司董事会简单地以上述人员未参与重大事项的筹划为理由,从而将其排除在公司内幕信息知情人范围外的解释令人难以信服。在公司披露重大信息之前发生如此多不正常的买卖公司股票行为,显示了公司重大信息保密制度有效性的欠缺,同时也显示了目前相关法规制度对该类买卖公司股票行为的约束力和威慑力较弱,以及董事会在该方面的职能弱化。

3. 完善建议

针对上述反映出来的问题,笔者认为以下问题值得思考。

1) 扩大短线交易主体范围的必要性。本案例中反映出来的短线交易有两种:一种是实际控制人及其一致行动人之间的短线交易;另一种是其他相关人员的短线交易。由于 A 公司、B 公司、C 公司 3 家上市公司的股东同属实际控制人控制,属于一致行动人,其合计持有的股份超过上市公司总股本的 30% 并对上市公司事实控制,从控制的角度来说与某个股东的持股并无差异。由于股东,尤其是控股股东或实际控制人在掌握上市公司重大信息方面拥有别人无法比拟的优势,如果与其一致行动人之间的交易在时间上未受限制,其就可以在一致行动人之间通过一方买一方卖的方法进行短线交易并牟利,这将严重地侵害市场的公平性交易原则。因此,为避免存在监管漏洞,相关的法律法规有必要进一步明确短线交易股东及其一致行动人的概念,将股东(或实际控制人)及其一致行动人买卖公司股票行为纳入短线交易的主体。

对于其他人员,如上市公司董事、监事、高管的亲属、(控股)股东和重组方的董事、监事、高管及其他相关人员买卖公司股票的行为,需加强对内幕交易的监管力度,对于严重的内幕交易行为需坚决查处,绝不姑息。但鉴于内幕信息传播具有隐秘性以及内幕交易行为难以认定和查处,也可考虑将重大信息披露前买卖公司股票的前述人员纳入短线交易监管范围,其买卖受短线交易时间的限制,并参照短线交易的标准进行处罚。

若将上述买卖公司股票的行为纳入短线交易监管范围,则尚有两个问题需要进一步明确:

（1）短线交易收益的计算。由于相关法律法规没有规定短线交易收益的计算方法，实际操作中采用的方法各不相同，但通常由公司或违规人员自行选择标准来计算收益，且一般计算出来的违规收益均比较低或没有收益。如本案例中公司董事会对股东短线交易的违规收益就以其第一次卖出的价格为标准。这容易使违规方的违规成本降低，相关的规定对其约束力不强。因此，有必要统一制定短线交易违规收益的计算标准，而且该标准需从重从严，使得对短线交易的惩处具有威慑力。

（2）股东（或实际控制人）及其一致行动人之间短线交易违规收益由谁缴纳的问题，由于股东（或实际控制人）及其一致行动人之间的短线交易往往以一方买入另一方卖出的方式出现，从单方面来看各一致行动人都不存在短线交易问题，但由于各一致行动人之间总有一方控制或存在终极的控制人。因此，该类短线交易收益由事实控制的股东或事实最终控制的实际控制人缴纳为宜。

2）强化上市公司的保密制度和董事会的职能。为防止该类内幕交易和短线交易成为一种普遍现象，在要求上市公司严格实施内幕信息知情人等级制度的同时，可要求上市公司董事会有义务在重大信息披露前后采取定期的方式对前述目前未受限制的相关各方买卖公司股票的行为进行检查，若发现上述各方在重大信息披露前有买卖公司股票的行为，上市公司董事会则有义务核实发生的交易是否属于内幕交易和短线交易，向监管机构出具核查结果的专项说明，并按相关的规定进行处理。

另外，为防止董事会对该类事项的处理采取消极的态度，可以要求公司的律师对该类事项明确发表意见，并辅之以信息披露措施，将前述各方买卖公司股票的事实、公司董事会的核查及处理结果连同公司律师的法律意见一并披露，使之接受公众和媒体的监督，以便加强前述各方的自我约束力，强化上市公司董事会该方面的职能。

案例来源：上海证券交易所公司管理部《上海证券交易所上市公司监管案例汇编2007～2009》[M].上海：立信会计出版社，2011.

案例 2:ST 方源股东权争夺案例分析

ST方源的实际控制人以"不可撤销的委托"转让公司控制权，其行为不仅未及时披露和公告，也存在让渡股东权的瑕疵，由此引发多方对上市控制权的持续争夺。本文是在此案例基础上对上市公司控制权市场的规范、重大资产重组启动申请程序要件、上市公司股东大会征集投票权等一系列监管难点和制度规定的思考。

1. 案例过程

ST方源，公司原名为ST源药，前身为浙江省凤凰化工有限公司，股票代码为600656。2008年年底，受全球金融危机影响，公司出口业务基本处于停滞状态。公司股东勖达投资及其实际控制人麦校勋背负巨大的担保压力，其债务危机进一步传导，引发上市公司违规担保、投资款纠纷、股权转让纠纷等一系列严重违规问题。

为解决上市公司经营困难，麦校勋与深圳市国恒实业发展有限公司（以下简称"深圳国恒"）在2009年6月2日签署《关于重组东莞市方达再生资源产业股份有限公司的框架协议》（以下简称《框架协议》），双方就深圳国恒代麦校勋完成有关违规事项整改、收购麦校勋间接持有的 ST 方源股权、对公司进行重点资产重组等事项进行了约定。2009 年 6 月 10 日,深圳国恒又与余蒂尼签署《＜关于重组东莞市方达再生资源产业股份有限公司的框架协议＞的权利义务转让协议》,将上述《框架协议》中其所有的权利、义务转让给余蒂尼,并已征得麦校勋先生同意。2009 年 6 月 16 日,麦校勋与余蒂尼签署《不可撤销授权书》,约定自签署之日至麦校勋间接持有的上市公司股权过户至余蒂尼或其指定的第三方名下之日止,由余蒂尼行使麦校勋作为勋达投资股东的股东决定权、股份受益权、股份处分权、董监事提名权,并将包括公章印鉴等经营管理资料交付余蒂尼。2009 年 6 月 19 日,勋达投资法定代表人变更为余蒂尼。其后,余蒂尼根据《框架协议》约定代表麦校勋完成有关资金违规划转、违规担保的整改。

上述框架协议以及转让、授权行为均未及时履行上市公司披露义务。而在 2009 年 8 月,经上市公司董事会和股东大会审议表决并公告,余蒂尼及其推荐的 4 名董事会成员陆续进驻公司董事会,组成上市公司新的管理团队。

2009 年 9 月 11 日,公司实际控制人麦校勋发布公告,申明解除余蒂尼女士委托人资格及撤销《不可撤销授权书》授权其行使的勋达投资相关权利。随后勋达投资要求召开临时股东大会改选公司董事会。由此引发了公司股东与公司董事会之间关于公司控制权的争夺,导致公司董事会决议是出现"异议之声"。

公司董事会认为,《不可撤销授权书》所取得的授权不可以单方面撤销,在未通过双方当事人协商一致或人民法院依法裁决前授权依然有效。据此,董事会进而否决了公司股东勋达投资要求召开股东大会改选公司董事会的提议。与此相对应,勋达投资则认为新的公司董事会未能完成并违反框架协议达成的初衷,未能履行应尽的资产管理职责,不能代表公司股东的意志,应予以更换。双方争执的焦点表面在于不可撤销的授权是否能够单方面撤销,其实质是为了争取"公司重组提名权",以谋求自身最大利益。

2. 监管过程及措施

案例发展期间,以余蒂尼为代表的公司董事会与公司股东勋达投资双方围绕着同一部分股权下的股东权归属问题,就"上市公司是否能够启动重组程序"与"股东方自行召开临时股东大会的合规、合法性"两个议题进行了长时间的角力,不断向监管部门各自举证,以获取支持。在这一过程中,交易所有针对性地采取了若干监管措施。

首先,对于公司控制权之争,交易所根据辖区监管责任制的分工要求,与广东省证监局进行了及时的沟通,提示监管问题和风险。

其次,交易所迅速约见公司董事会代表、重组方代表以及公司股东勋达投资代表进行监管谈话,以取得第一手信息,便于监管判断。经过与上述相关人员约见谈话后,交易所发现各方在重组议案、股东是否有权自行召开股东大会以及股改承诺履行等重大问题方面分歧巨大,公司极有可能出现类似"ST 宏智的双头董事会"的情形。因此,交易所将该公司监管风险等级调至最高级,在涉及各方为争夺控制权而进行的事项上,重点关注其公告内容的准确性,避免错误信息可能误导投资者并引起市场波动;同时,强调各方行为应遵守法律法规及《上市规则》相关程序性规定。

再次,由于公司控制权争夺各方的分歧明显,争夺行为还导致公司经营陷入混乱,极有可能伤害中小股东的基本权益。交易所根据案例的这一实际情况,运用自律监管权限,遏制相关各方可能滥用制度,以拖延解决问题的有效时间、获取不当利益或"挟持"监管机构的行为倾向。例如,争夺过程中,公司董事会申请进入重大资产重组程序。而交易所经会商后认为,公司控股股权的争执问题极其复杂,只能等待最终司法判定。在公司控股股东极有可能变更且董事会结构不稳定的情况下,公司不适合启动重大资产重组事宜。

第四,在公司控制权的争夺过程中,对上市公司治理相关规则的理解和运用上,不生搬硬套,结合案例实际情况,形成监管意见。例如,对于 ST 方源董事会能否在公司股东自行召开的股东大会上作为征集人征集投票权,交易所经会商后形成两种意见:第一种意见认为,根据《上市公司治理准则》第 10 条规定,ST 方源董事会可以作为征集人,向全体股东征集本次股东大会的投票权;另一种意见认为,鉴于本次股东自行召开的股东大会审议事项为《关于改选董事的议案》,董事会作为利益人,可能造成利益冲突的情形,且考虑到公司的治理情况混乱,征集投票权的过程难于控制,故认为 ST 方源董事会不适宜作为征集人。随后,交易所在会商相关部门意见后,提出了董事会不宜作为投票权征集人的建议。公司董事会接受了该建议。

最后,在对可能形成"双头董事会"的监管问题上,交易所督促律师事务所等中介机构履行职责,强调司法裁判机制对股东权益的保障作用。勋达投资在 12 月初自行召集上市公司股东大会,选举产生了部分新的董事,鉴于现任董事会只针对该股东大会的合规性、合法性的质疑。为及早针对可能出现"双头董事会"情况采取监管措施,交易所要求勋达投资聘请的律师针对现任董事会的质疑内容发表补充法律意见书。交易所还要求公司及时披露股东大会决议并复牌,同时披露相关法律意见书及补充法律意见书。通过上述监管措施,确保中小股东知情权和公司维持基本运作,在自律监管上有效披露和固定公司控制权争夺过程的事实,保障异议股东依法行使根据我国《公司法》第 22 条请求人民法院撤销股东大会决议的权利。

3. 问题与思考

(1) 控制权转让程序的合法性要求。由于 ST 公司控制权归属直接决定了上市公司"壳价值"转让的受益方,ST 方源这一案例客观反映了目前上市公司控制权市场的特殊情况。案例中,勋达投资是上市公司大股东,麦校勋为勋达投资的股东并实际控制上市公司,因此,麦校勋将其在勋达投资的股东权"不可撤销地委托"给第三方余蒂尼,尽管受托行使股东权的第三方的根本目的是想通过这一方式取得上市公司的控制权。但这一行为过程是否构成实际控制权的转让?

根据我国《公司法》第三十三条的规定要求,公司股东权的转让和取得应履行登记机关的变更登记手续,否则无法取得对抗第三人的公信力。案例中,勋达投资始终未进行股东变更登记程序,余蒂尼未能取得登记机关登记在册的勋达投资股东资格。此外,约定进行股东权委托的双方也未就股东变更事项进行约定。因此初步可以判断,勋达投资的股东权未发生转移。

而勋达投资的法定代表人曾变更登记为余蒂尼,是否可以作为公司控制权转移的依据?根据我国《公司法》规定,公司的法定代表人仅仅是公司对外发生法律关系时,由法律规定代表其作出法人意思表示的人。法定代表人依公司章程规定并在公司登记机关依法登记,可以是公司董事长、执行董事或经理。因此,在某些情况下,公司法定代表人与公司自然人股东发生重合,但《公司法》规定代表人的取得并不代表取得公司的股东权和控制权。

将股东权"不可撤销地委托"他人行使,是否构成股东权和控制权的转移? 委托人和受托人之间属于代理法律关系,我国《民法通则》规定代理人在代理权限内,以被代理人的名义实施民事法律行为,被代理人对代理人的代理行为,承担民事责任。根据民法原理及我国有关规定,代理关系中,实际上委托人承担被委托人在委托事项范围内进行代理行为所产生的法律责任,被委托人不承担任何法律责任。此外,还有观点认为,由于代理权的授予为单方法律行为,即委托人可以单方意思表示随时建立或终止委托关系,即授予或撤回代理权。因此,很难认定,将股东权"不可撤销地委托"他人行使构成了股东权和控制权的转移。

本案例中,余蒂尼虽然通过一系列协议和麦校勋《不可撤销的委托书》,在一定阶段代理麦校勋行使勋达投资的股东权。但从维护股东登记制度的社会公信力、保持证券市场公平性和透明性等角度看,这一试图取得上市公司控制权的行为模式,潜藏着诸多权利瑕疵。

(2) 明确重大资产重组启动要件。本案例中,在勋达投资自行召集股东大会并改选董事会前,已由余蒂尼控制的上市公司董事会曾提出上市公司进入重大资产重组,但此时上市公司的控制权争夺正进入白热化,董事会结构和控制权极度不稳,实际上难以判断公司及相关重组方是否具备重组上市公司的条件,或其仅仅是利用重大资产重组停牌程序和时间完成个人利益的争夺。这一案例给目前的规则提出了一个问题,即如何明确并完善重大资产重组的启动要件。

目前我国《上市公司重大资产重组管理办法》第 19 条规定:"上市公司进行重点资产重组,应当由董事会依法作出决议,并提交股东大会批准。"该条款是对上市公司重大资产重组的程序性要求,即重组方案应经过董事会决议和股东大会批准通过,那么是否应进一步明确规定进入重组停牌程序的"申请权"由且只能由公司董事会行使? 信息披露监管部门对上市公司董事会提出的重大资产重组申请进行形式审核的同时是否有必要关注公司治理架构?

从字面含义理解,公司董事会履行对重大资产重组方案的审议职能,并在其审议通过后承担提交股东大会批准的义务,但在公司董事会审议重大资产重组预案方案之前,按照目前规定及监管要求,可以申请一定期间的停牌来保证方案经过相关重组方的充分讨论,因此尽管目前实践案例中通常由上市公司董事会秘书向交易所提交重大资产重组预案基本情况表并申请停牌,文件盖有公司董事会章,但公司股东是否能直接提出进入重大资产重组程序的要求和申请? 部分公司董事在其提名股东的授意下是否能申请停牌并进入重大资产重组程序? 上述种种假设情况极有可能出现在上市公司董事会意见严重分歧或相关各方争夺控制权的极端情形下,而在目前相关规定未进一步明确之前,监管部门对重组停牌申请的形式审查义务不得不包括了对公司治理稳定性和经营持续性的考量,以防止争夺资产重组程序的不当滥用。

(3) 股东会议征集投票权制度的完善。ST 方源案例还对监管实践提出一个挑战,即公司董事会是否能够作为征集投票权的征集人? 征集投票权的程序应如何规范? 目前关于征集投票权的规则并不完善,除我国《公司法》的原则性规定外,仅有少数条文涉及程序性要

求,如《上市公司治理准则》第 10 条规定:"董事会可以作为征集人,向全体股东征集本次股东大会的投票权。"但对于如何保证征集投票权程序的规范,并未明确规定。

在美国及其他成熟的证券市场中,股东投票代理权征集规则的根本目的在于保证股东特别是中小股东能够在充分知情的情形下委托征集人行使表决权,防止大股东及内部人的操控行为。因此,规则通常强调征集人积极资格和消极资格、征集信息披露内容的监管要求。其中,投票权委托书征集人的资格要求并无一定范式,如美国主要证券市场规则对征集人的资格没有限制,无论是异议股东还是公司管理层都可以征集委托书,这些征集人可以是股东,也可以不是股东。但也有国家对征集人的持股数量和持有时间进行明确要求。上交所在未来制定相关规则时可以从我国证券市场新兴加转轨的特点出发,适当限定征集人的主体资格,并对各类主体在征集程序中的权利义务进行适当区别,如公司董事会在作为征集人时,应考虑其作为内部人的特点,要求其董事会对征集事项形成决议,并要求特别决议须代表 2/3 以上表决权的股东审议通过,以平衡信息披露不对称。

除征集人的资格认定外,征集投票权的监管应围绕信息披露要点和范围展开。授权人一旦决定将投票权让渡给征集人,将失去对投票结果的控制。因此,是否可以考虑通过规则进一步明确征集投票权的强制披露义务,认定所有不经过披露的征集事项均为非法。在披露要求上,对提交给监管部门和股东的征集委托说明书,则需考虑必须记载内容的强制规定,还应考虑对董事会选举、并购、分立、重大投资事项的征集披露要求进行细化和分类。

在责任承担上,如征集人违反征集委托说明书的,应承担多重责任,除通过司法和有权部门认定的民事责任和行政责任外,也应通过自律规则加以惩戒。

案例来源:上海证券交易所公司管理部《上海证券交易所上市公司监管案例汇编 2007~2009》[M].上海:立信会计出版社,2011.

案例 3:XS 公司重组信息披露规范案例分析

国贸三期项目注入 XS 公司事项经一波三折,最终以 XS 公司"发行股份购买资产暨重大资产重组(关联交易)"的模式得以实现。应该说,国贸三期项目注入 XS 公司是符合各方利益最合理的博弈结果,总体效果不错。通过定向增发,XS 公司的大股东 B 市国资公司取得绝对控股地位,解决了原来控股比例较低的问题,避免了同业竞争;XS 公司通过本次资产注入更加确保其在当地市场中的主导地位,有效降低了负债率,就市场规模而言,相当于"再造"一个 XS 公司,同时更重要的是当地政府与上市公司利益更趋于一致,有利于上市公司的长远发展。但回顾 XS 公司重大资产重组的整个过程,笔者以为公司应保证信息披露的前后一致,加强内幕信息管理,政府部门作为上市公司的控股股东或实际控制人应切实履行信息披露的配合义务和保密责任。

1. 案情介绍

1)相关当事人。

资产购买方——XS 公司:1993 年 12 月,XS 公司(以下简称"XS 公司")由 B 市市场开发总公司(以下简称"开发总公司")、A 省财务开发公司和 B 市财务开发公司等 6 家单位作为发起人以定向募集方式设立,定向增发前注册资本 124 968 637 元,控股股东开发总公司

持股比例为 34.58%。

资产出售方——B 市国资公司:B 市国有资产投资控股有限公司(以下简称"B 市国资公司")为 B 市国资委全资子公司,于 2001 年 10 月成立,是 B 市政府批准,并由 B 市国资委授权,对 B 市政府所属国有资产统一进行管理和经营的国有独资有限责任公司。B 市国资公司主要从事市政府管理权限范围内的国有资产经营管理、投资,其投资范围为市场、基础产业、基础设施等。B 市国资公司为 XS 公司控股股东开发总公司的控股股东,其持有开发总公司 91.7% 的股份。

2) 重大资产重组的背景和原因。本次定向增发之前,XS 公司拥有 B 市国际商贸城一期及二期的所有权及经营权。近几年,全国及 B 市周边城市兴建市场日盛,且采取低价竞争手段,为应对竞争,B 市政府决定兴建国际商贸城三期项目(以下简称"国贸三期项目"),在未来的竞争中,可能采取灵活的竞争策略,如较低的租金价格等。但是,B 市政府决定由 B 市国资公司而不是 XS 公司取得国贸三期项目的土地使用权并承建该项目。

但从长期来看,国贸三期项目必将注入上市公司。因为从客观角度分析,假使短期不注入对地方有利,但从长期发展看,弊多利少:一是多头管理市场带来成本增加、效率低下,不利于地方经济长期持续发展;二是多头管理必将导致同业竞争,不符合法律法规的要求;三是重伤投资者,失信于民,这对于 B 市和上市公司形象都是极大的伤害。从各方面分析,国贸三期项目注入 XS 公司是符合各方利益最合理的博弈结果。

国贸三期项目 I 阶段项目于 2008 年 10 月完工并投入使用,该项目投入使用后将和 XS 公司构成同业竞争。随着竞争态势的明朗,即周边城市新建市场竞争能力的削弱,并考虑国贸三期项目运营后可能存在的同业竞争问题,于是 B 市政府又决定将国贸三期项目注入上市公司。

3) 重大资产重组方案的主要内容及实施情况。目标资产的基本情况:国贸三期项目由 B 市国资公司拥有,建设总投资约 234 741.79 万元,土地使用权面积 488 553 平方米。截至 2007 年 12 月 31 日,国贸三期项目经审计的账面价值 1 295 370 615.31 元(包括土地使用权账面价值)。目标资产的评估结果是:以 2007 年 12 月 31 日为评估基准日,国贸三期项目在建工程账面价值 1 295 370 615.31 元。调整后账面值为 1 295 370 615.31 元,评估值为 3 407 000 000 元,增值 2 111 629 384.69 元,增值率为 163.01%。

方案的主要内容:采用发行股份购买资产暨重大资产重组(关联交易)的模式,根据目标资产的评估结果,本次向 B 市国资公司非公开发行的股份确定为 45 131 806 股。发行定价及定价原则是:XS 公司就本次非公开发行事宜决议的董事局会决议公告日(2008 年 3 月 5 日)前 20 个交易日公司股票交易均价,即 75.49 元/股。

方案的实施效果:

(1) 市场规模效果。B 市国贸一期项目总建筑面积 34 万平方米,二期项目总建筑面积约 106 万平方米。一期、二期商位已经全部租出,市场营运情况良好。由于一期、二期商位一直处于供不应求的状态,市场迫切需要三期项目为 B 市国内外贸易的快速发展提供支撑。国贸三期项目建设规模宏大,国贸三期项目合计建筑面积近 150 万平方米,是 XS 公司前期所有市场的面积之和,相当于"再造"一个 XS 公司。国贸三期项目功能更完善,布局更合理,

一旦建成,B市国际商贸城将成为全球单体面积最大的小商品批发市场,并形成三位一体的巨型市场格局。

(2) 财务效果。XS公司增发前的负债率较高,通过本次发行,可以有效降低公司的负债比率,降低公司的财务风险,同时也提高公司债务性融资能力。本次非公开发行股票完成后,公司的营业收入和净利润有明显的提高,相应增厚了每股收益。根据预测,国贸三期项目第Ⅰ阶段于2008年10月开始产生效益,2009年后收益进入稳定期,2009年后的几年内,每年产生的净利润都在14 000万元左右。XS公司2007年营业收入、净利润实际实现数分别为290 618.86万元和37 444.84万元,目标资产第Ⅰ阶段2009年营业收入、净利润的预测实现数就分别相当于2007年的24.45%、38.31%,盈利可观。

(3) 避免同业竞争,使政府与XS公司利益更趋于一致。B市政府对于XS公司的发展一直给予积极政策支持,当地的经济也主要依托XS公司市场的繁荣而发展。国贸三期项目注入不仅符合XS公司控股股东提高控股比例的意愿,政府实现了对XS公司的绝对控股,而且将使国际商贸城一期、二期、三期形成一个整体,有效避免了同业竞争,有利于B市经济发展,有利于B市市场的建设,有利于市场的统一管理布局,有利于当地政府、上市公司各方利益。随着XS公司非公开发行股票认购国贸三期项目资产暨重大资产重组事项的实施完毕,政府支持XS公司发展的利益基础更加牢固,并为政府未来借助资本市场平台、盘活存量国有资产、使国有资产保值增值、XS公司发展壮大夯实了基础。

2. 交易所采取的监管措施

(1) 紧急停牌,避免股价继续异动。2007年12月10日,XS公司董秘突然电话通知交易所:B市政府决定将国贸三期项目注入XS公司。鉴于XS公司股价在开盘后不久即涨停,为避免公司股价继续异动,交易所决定对XS公司股票实施紧急停牌,同时要求XS公司依据证监会《关于规范上市公司信息披露及相关各方行为的通知》(证监公司字〔2007〕128号)及交易所《关于重大事项停牌通知》等有关规定,在次日刊登重大事项停牌公告,并及时向证监会报告并履行预沟通等相应程序。

(2) 交易所核查是否存在内幕交易等异常行为。由于XS公司股价在交易所实施紧急停牌当日开盘不久即涨停,同时剔除大盘因素和同行业板块因素影响,在该重大资产重组信息公布前20个交易日内累计涨跌幅度超过20%,因此交易所对该重大资产重组信息公布前是否存在内幕交易等异常行为进行核查,并将"核查结果"上报证监会,提请证监会关注。

(3) 交易所每周督促公司尽快推进重大资产重组事项。对XS公司股票实施长期停牌后,为了让XS公司股票早日复牌交易,交易所每周向证监会有关部门和XS公司了解公司重大资产重组进展情况,督促XS公司尽快推进重组暨定向增发工作,以便早日复牌交易,并要求XS公司刊登每周长期停牌期间的重大事项进展公告,以便投资者了解XS公司重大资产重组进展情况。

3. 思考与建议

虽然此次XS公司非公开发行股票认购国贸三期项目资产暨重大资产重组顺利完成,相关各方各取所需,基本实现了原定目标,但在事后回顾整个过程,仍存在一些值得思考的问题,仍存在值得改进的不完善之处。

　　(1) 信息披露前后反复,不利于树立和维护上市公司的诚信形象。关于 B 市国贸三期项目是否注入 XS 公司的事项,可谓一波三折。首先,XS 公司在其 2006 年年度报告"年度经营计划及主要工作"中表示,要积极参与 B 市国贸三期项目建设。但是随后,在 2007 年 8 月 23 日,XS 公司却刊登公告称,公司不符合 B 市国土部门规定的国贸三期项目Ⅰ号、Ⅱ号地块国有土地使用权受让对象的条件,虽经争取,但已无法取得国贸三期项目的产权份额,公司正在研究作适当的战略调整,尽量使由此而导致的市场经营收入减收对业绩的影响降至最低程度,以实现可持续发展。国贸三期项目由公司控股股东开发总公司的控股股东 B 市国资公司取得并建设。然而,到了 2007 年 12 月 10 日,XS 公司又突然以 B 市国资公司决定将国贸三期项目注入公司为由申请紧急停牌。

　　国贸三期项目是否注入 XS 公司一直是市场十分关注的重大事项,从 2006 年年底开始,XS 公司股价的大幅上涨或下跌基本上都与国贸三期项目是否注入有关。由于有关方面为了自身利益(比如 B 市国资公司为取得较低的增发价格)在此事项上前后出现反复,直接引起了 XS 公司股价的异动。这给市场造成了不良影响:对普通投资者而言,他们完全有理由合理怀疑部分"内幕消息灵通人士"可以乘机实施内幕交易和进行市场炒作,而且前后有好多次机会;对上市公司而言,则损害了自己应有的独立地位和诚信形象,有沦为大股东操纵的"棋子"之嫌;对大股东和实际控制人而言,则未尽到自觉维护上市公司形象的义务和责任,"出尔反尔"不是一种负责任的做法。因此,针对这种情况,以后应要求公司在相关信息披露中明确相关重大事项,不能模棱两可,应保持信息披露的前后一致性,让上市公司作出相应具体明确的承诺,如存在有关方面为达自身利益而有意在信息披露中前后反复的,则按规定坚决予以处置。如此,方能树立和维护上市公司的诚信,取信于投资者,维护诚信股市。

　　(2) 停牌不及时,亟待强化管理重大内幕信息,提升作为控股股东或实际控制人的政府部门对信息披露义务和责任的重视度。此次非公开发行股票暨国贸三期项目注入重大事项,除了存在前述信息披露前后不一造成股价异动的情况外,还存在内幕信息泄露的嫌疑。2007 年 12 月 10 日,XS 公司在被交易所紧急停牌前股价已经不正常地突然涨停,且重大资产重组预案公告前 20 个交易日的股价在剔除大盘和同行业因素后涨幅超过 20%。这是事出有因的,B 市政府有关部门是先开会讨论并决定将国贸三期项目注入 XS 公司,之后 XS 公司再申请紧急停牌,而非先申请停牌,由此导致信息很可能已被泄露,进而引起股价异动。事实上,按照交易所《股票上市规则》的有关规定,对于股价敏感重大事项信息应做好保密工作,在重大事项难以保密或已经泄露或市场出现传闻时,相关信息披露义务人应及时申请紧急停牌,之后及时披露相关信息。B 市政府有关部门在决定讨论国贸三期项目是否注入 XS 公司之前,就有义务让 XS 公司申请紧急停牌,而不应等到开会讨论作出决定后再由 XS 公司申请停牌,因为这时该重大敏感信息的知情人早已扩散开,难以控制,内幕交易时刻有发生的可能。出现这种情况的根本性原因在于,当前有些决策部门由于种种原因,没有摆正自己的位置,往往不甚重视信息披露,对其作为上市公司大股东或实际控制人的信息披露义务和责任视为"鸡肋",甚至根本没有信息披露的观念,而以强势的姿态出现,我行我素,置市场反应和上市公司形象于不顾。鉴于此,应加强信息披露观念的培养,同时更需要出台强有力的措施保障信息披露规则真正得以贯彻实施,以使信息披露规定不是只约束"小公司",而是

也能促使大公司和作为上市公司大股东或实际控制人的政府部门能带头重视并做好信息披露工作,维护证券市场的诚信和健康。

案例来源:上海证券交易所公司管理部《上海证券交易所上市公司监管案例汇编2007～2009》[M].上海:立信会计出版社,2011.

案例 4:国有产权整体转让中的问题与建议

现有法律法规为上市公司国有股权退出涉及控制权变更提供了明确的操作步骤和审批程序,但其漫长的招拍挂及审批程序与现有的停牌规则和证券市场的效率产生了较大的矛盾。控制权变化这一敏感信息导致的股价上涨增加了要约收购成功的风险,公司希望能在股价相对稳定的环境下实现控制权变更,迫切需要相关部门就政策的可执行性协调一致,减少投资者投资的不确定性。

第一轮国有企业股份制改造至今,形成了一大批国有控股上市公司,它们构成了我国证券市场的主体。随着股权分置改革的逐步完成和限售承诺的履行完毕,第二轮国有企业的改制伴随着"国退民进"和"国进民退"的国有控股股东的改制也提上议事日程,采取的的方式既有整体转让,也有收购控制权、减少控制层次,注入资产增加控制力等方式。虽然国有股东所持上市公司股份也可以通过证券交易系统转让,但一方面转让的数量和程序有严格的限制;另一方面交易系统转让损失了控制权的价值,而选择国有产权的整体转让不仅使上市公司股权可以市价转让,而且可以通过上市公司控制权这一形式解决国有企业的其他问题。国有股东要保持控股地位,决定了其所能自由支配的股份比例是不高的,加上短线交易和增持股份的限制,公司无法灵活运用该部分股权进行有效的市值管理,整体转让就成为一种现实的选择。本文仅就国有控股股东整体改制转让中相关问题进行探讨。

1. 案情介绍

(1) 公告转让信息。根据《国有股东转让所持上市公司股份管理暂行办法》(国资委、证监会令〔2007〕19号,20070630)的规定,国有股东转让所持有上市公司股份,或国有股东因产权转让或增资扩股等原因导致其经济性质或实际控制人发生变化,国有股东在履行内部决策后,在报批的同时,应书面告知上市公司,并由上市公司依法公开披露信息,上市公司股份价格的确定原则应当以上市公司股份转让信息公告日前30个交易日的每日加权平均价格算数平均值为基础确定。因而首次公告日对于证券市场、股权转让的各方来说意义极为重大,一是上市公司的实际控制人将发生改变;二是上市公司股权的价格已基本锁定。

(2) 确定受让方。根据《企业国有产权转让管理暂行办法》(国资委令3号,20031231)的规定,国有产权决定转让后,转让标的企业应清产核资、全面审计、资产评估,这一过程依据不同企业的情况,时间差异较大。在确定国有产权转让的基准价格后,经过20个工作日的公示,广泛征集受让方,此时,不仅仅是考虑转让价格,更重要的是综合考虑受让方各方面的条件,最后选定一家企业作为受让方,签订国有产权转让合同。合同签订后,受让方因可能的权益变动需按相关规定履行信息披露义务。多数情况下,公示只是为了满足法规的要求,走个程序。

(3) 完成转让。根据《关于企业国有产权转让有关问题的通知》(国资发产权〔2004〕268

号)的规定,涉及上市公司国有股性质变化事项需报国务院国资委审核批准。除此之外,国有产权的整体转让往往涉及上市公司的收购问题。非国有受让方拟让受让国有股权的,由于不符合《上市公司收购管理办法》(证监会令〔2006〕35 号)规定的收购豁免条件,只能向全体股东发出收购要约,待审批手续和要约收购行为完成后,受让方才能办理产权变更登记或股份登记手续。

2. 监管思考

由于国有产权从决定转让至最终完成转让要经历众多环节,有些还有严格的工作日时间间隔,因而整个转让过程耗时较长,期间股票市场的价格变化也比较快,给转让过程带来了较多不便。

(1) 国有产权转让信息与上市公司股票停牌时间的矛盾。受让方为锁定要约收购价格,希望自国有产权拟转让信息公告之日起股票长期停牌,直至发出要约收购的提示性公告。这一期间单就国有产权转让的公示期间就需要 20 个工作日,更不要说清产核资、审计评估等环节所需要的时间,确定受让方大约需要半年时间。目前我们原则规定上市公司股票停牌时间最长为 30 天,与上市公司希望的时间差距很大,只能按照上市规则分阶段披露的原则,要求上市公司披露实际控制人拟变更的公告后股票即复牌。但由于此时尚未确定收购方,无人发出要约收购的提示性公告,在收购预期效应下,复牌后的公司股价一路上扬,为要约收购埋下了风险隐患。

(2) 要约收购价格随着受让方确定时间的推移逐步走高。《上市公司收购管理办法》规定“要约价格不得低于要约收购提示性公告日前 6 个月内收购人取得该种股票所支付的最高价格,要约价格低于提示性公告的日前 30 个交易日该种股票的每日加权平均价格算数平均值,……财务顾问应说明要约价格的合理性”。也就是说,要约价格衡量的基准是要约收购的提示性公告日,并且有下限的规定,如果收购人之前 6 个月没有买入该种股票或购买价格很低,则要约价格可以由收购人自行确定,只是需要财务顾问发表意见。要约价格定得过低,无人接受要约,使要约收购流于形式;对于受让方来说,买壳已经付出了真金白银,不希望再有额外的现金负担,而不顾股权拟转让推高股价的事实,以较高的价格发出要约,无疑会大大增加要约收购的风险。虽然发出了全面要约收购的提议,但窘于现金的压力和维持公司上市地位的考虑,并不希望要约收购真付诸行动。

因此,在确立基准日时,受让方认为,国有产权拟转让的信息披露后,市场对此作出了反应,股价稳步上扬,其中一部分溢价是对新股东入住后资产注入的预期,以最后确定的拟受让方发出要约收购提示性公告日为基准日不利于受让方的受让行为,因而提出了一些折中的办法,具体来说,有以下几种:一是转让信息公告日;二是国有产权转让挂牌公告起始日;三是国有产权转让签约公告日。在现有的法律框架内,我们更倾向于第二种方法作为价格锁定基准日。第一种价格明显偏低,不能真实反映上市公司的公允价值,且拟转让信息至正式进入转让程序间隔时间可能会很长,而挂牌日的意义在于国有产权正式进入转让程序,虽然产权转让公告中提出的受让条件不得出现具有明确指向性或违反公平竞争的内容,但挂牌日通过挂牌条件的披露,市场对于受让方的情况有了一个大概的了解,可以说受让方已有意向,第三种日期与第二种日期相比,时间间隔固定,与第二种日期确定的价格相比变化不

会很大,因而在不明显违反收购管理办法相关规定的前提下,第二种价格相对合理,但是能否取得监管部门的无异议尚存在变数。此外,还应当将受让股份行为与拟受让方以资产换股份锁定的价格严格区分,不能将两者绑定在一起考虑相应的市场行为,否则将会增加国有产权转让的难度。

（3）首次公告日即锁定上市公司股权的转让价格虽然为审批提供了依据,但价格明显偏低。随着上市公司实际控制人拟发生变化的信息披露后,往往伴随着上市公司股价的飞涨,这种飞涨相当于一部分是控制权价值的体现,至最终转让时,实际的市场价格已远远超过了当初锁定的价格,受让方在完成过户的那一刻起就已经获得了巨大的账面收益,这种锁定实际上也是一种国有资产的流失,从而不利于有国有股权的成功转让。

（4）间接收购与工商变更登记的矛盾。受让方是整体受让国有股权,上市公司的股权只是其中的部分资产,在国有产权整体转让的国资审批程序结束后,受让方就可以办理国有产权的工商变更登记手续,完成产权转让行为。由于涉及上市公司的是间接收购,按照收购管理办法的要求,虽然对于实际控制人变化并持股超过30％的应当发出收购要约,但由于是间接收购,可能在要约收购行为发生之前,受让方就已经完成了股东变更的工商登记手续,这种工商变更登记先期完成与要约收购行为滞后的脱节可能会影响上市公司股东权利的正常行使,不利于公司治理和规范发展。

3. 完善建议

（1）国资部门和证监部门的政策制定应加强协作,共同促进证券市场的发展。证券市场具有其特殊性,国资在制定相关规定时应考虑其规则在证券市场的可操作性。国资的立法有利于证券市场信息披露规定的执行,提高国资立法的执行力。如资产重组在证券市场有重大和不重大之分,表现为后续的程序也不尽相同。应该说《关于规范国有股东与上市公司进行 重组有关事项的通知》（国资发产权〔2009〕124 号,20090703）是国资管理的一大进步,国资管理的端口前移减少了上市公司资产重组的不确定性,但不区分资产重组是否属于重大,一律将预审核的时间规定为收到申请报告后的 10 个工作日内,对于没有达到重大资产重组标准的公司,现有规定只能同意公司停牌 5 个工作日。5 个工作日对于上市公司完成相关的重组预审是根本不够的,而分阶段披露原则可能导致股价的异常波动,相同资产换取的股份数量减少,不利于国有企业的资产重组,因而对于一些预审事项,可以在上市公司信息披露后,国资利用股东身份和资产评估确认等手段行使其股东权或监管者的职能,由事前控制变为事后监管,以提高市场的运作效率。

根据上海证券交易所 2008 年年报统计,864 家上市公司中,国资委控股、政府控股、国有企业控股的上市公司以及集体企业控股的上市公司占 37％,因而相关规则制定时一定要考虑到有关部门的实际操作情况。

（2）加强国有产权管理。无论是否涉及国有产权转让,有序地对国有资产清产核资,全面审计,首先是从国有控股上市公司的国有产权做起,这些事情迟早都要做的,可以未雨绸缪,尽量减少因上市公司控股股东权的突然转移而引起上市公司股价的异常波动。

虽然证券监管部门要求上市公司建立内幕信息知情人登记制度,但内幕交易监管成本高、难度大,使得这一制度实际执行效果有限,更多的只是表现为一种自律。在信息高度发

达的今天,上市公司要想实施一项重大的资本运作,涉及政府部门、中介机构、资产的相关当事人等,想要做到信息保密几乎不可能,为了做到信息披露的公开、公平、公正,只能采取分阶段披露的原则,但这一原则一方面造成了公司运作成本的增加;另一方面也有可能造成一些公司利用分阶段披露原则进行内幕交易和操控股价。在目前只能采取效率优先的前提下,通过先期准备,按需决定国有产权出让工作不失为一个好的选择。

曾有一家上市公司在公告国有股权拟转让至确定的受让方,虽然也经过了公开征集受让方的程序,但由于只涉及国有股权转让,价格以市场价格作为参照,期间公司股票自 5 月 8 日起一直停牌,因而其价格锁定较好,减少了各方的压力,使要约收购得以顺利完成。

国资拟注入资产的重大资产重组,也同样需要未雨绸缪,掌握国有资产的确切价值。如果根据股票价格决定是否启动重大资产重组,必然处于一种患得患失的境地,为了保证注入资产获得既定数量的股权,只有在股价平稳时才有注入的动力,但这种机会稍纵即逝。股票市场低迷,觉得没有体现出资产价值,不愿注入;市场高涨,不能取得既定数量的股份,只能借助于抬高评估价格,但又面临盈利补偿的压力,不敢注入。而充分准备后,就可以把握主动,觅得合适的注入资产时机,实现股东的共赢。

(3) 检讨招拍挂程序。目前国有产权转让基本不会出现竞标的情况,原因有多方面,从而导致招拍挂程序流于形式,而每个关键节点都会有内幕信息产生,助长了股价的异常波动。国有产权转让形式上满足了相关的法律规定,但实际上仍然是一种协议转让,从符合条件的受让方属量身定做就可见一斑,其实公示 20 个工作日,其目的不在于征集更多的受让方,更在于让职工知晓产权即将要发生变更,便于产权转让平稳地进行。

由此,也可以考虑是否不将预先锁定股价,待股份转让的相关审批程序完成后再确定股份转让价格。以拟转让首次公告日至全部批准完成日期间股价的加权平均价作为转让价格,既可以避免承担国有资产流失的风险,也可以顾忌到市场变化的影响和参与各方的利益。

案例来源:上海证券交易所公司管理部《上海证券交易所上市公司监管案例汇编 2007~2009》[M].上海:立信会计出版社,2011.

案例 5:明星电力:实际控制人利用关联交易"掏空"上市公司案例分析

四川明星电力股份有限公司(以下简称:"明星电力"或"公司")案例中,实际控制人为了实现对上市公司资产的侵吞,恶意"掏空"上市公司,通过关联交易安排上市公司违规关联担保,伪造虚假投资交易和非法拆借上市公司资金。在本案例中,关联交易完全成为实际控制人掩盖非法目的的幌子。可以认为,明星电力是关联交易滥用和蓄意逃避证券监管最为极端的案例。

1. 公司基本情况

明星电力是一家从事地方性水电、天然气和自来水生产及销售的企业。公司主营电力生产、开发、供销,水电工程建设,电力设备安装,电器设备、材料的生产销售,房地产开发等。

1988 年 3 月 8 日,根据四川省人民政府川府发〔1988〕36 号《关于扩大全民所有制大中型企业股份制试点的意见》精神,经遂宁市人民政府遂府函〔1988〕3号文批准,由遂宁电力公司独家发起设立"遂宁电力股份有限公司"。1993年2月13日,经遂宁市转换企业经营机制领导小组的[遂转企发〔1993〕04号]文批准,公司更名为"四川明星电力股份有限公司"。1993年,公司根据国家和省、市有关文件精神,对公司的股份制试点进行了规范,并于1993年12月获国家体改委体改生〔1993〕269号文批准,成为继续向社会公开发行股票的股份制试点企业。1997年6月,公司在上海证券交易所上市。

2002年上半年,遂宁市委、市政府决定转让所持的国有股、法人股,希望通过股权转让引进新的资本,提升该公司的实力,这为后来实际控制人周益明及其控制的明伦集团的入主提供了契机,其通过欺诈手段取得明星电力控制权后,又通过一系列或直接或间接地占用明星电力的资金、违规担保等犯罪行为掏空明星电力。

2. 违法违规事实

1) 假借明伦集团欺诈获取明星电力控制权。2002年七、八月份,周益明得知明星电力国有股、法人股准备转让的消息后,为获取上述股权成立深圳市明伦集团有限公司,周益明任董事长,并聘任赖某等人负责办理收购明星电力股权事宜。2002年10月,赖某在周益明授权下制作出《明伦集团投资重组明星电力方案》,称明伦集团是集科技、金融、房地产等多产业的大型企业集团,注册资本1亿元,总资产50亿元,净资产20亿元;2002年12月,赖某又在周益明的指示下修改《明伦集团重组明星电力股份有限公司方案》,将明伦集团总资产修改为30亿元。该方案对股份转让价格、职工安置及发展壮大明星电力等方面的承诺进行了调整,使之符合遂宁市政府转让明星电力国有股、法人股的条件。

2003年1月,周益明聘请深圳市中喜会计师事务所为明伦集团出具2001年度和2002年度财务报告,要求会计师事务所将相关财务报告中2001年度净资产提高到10亿元以上、总资产20亿元以上,2002年度净资产要达到12亿元以上。经查,实际上截至2002年12月31日,明伦集团及控股公司的汇总财务状况的审核、结果为净资产-17 106 241.13元。

通过上述虚假手段,2003年3月20日,明伦集团受让了明星电力国有股3 578万股和法人股1 200万股,共计占有明星电力总股本的28.14%。由于明伦集团不具备资金、资产实力,无自有资金支付明星电力股权转让款3.807 6亿元,2003年3月21日至5月20日,明伦集团以本公司及深圳市索琪实业发展有限公司、深圳市溢时丰实业有限公司等公司流动资金贷款名义,在2个月内分两轮向广东发展银行深圳市春风路支行、上海浦东发展银行深圳罗湖支行、华夏银行广州分行三家银行共计贷款4.22亿元,用于收购股权款3.807 6亿元。在控股明星电力后,明伦归还三家银行贷款2.705亿元,但其中违规使用明星电力资金2亿元,剩余未归还贷款1.515亿元由上市公司明星电力担保。

2) 明伦集团非法占有明星电力资金。在取得对明星电力的控制权后,明伦集团及周益明等人,通过对外投资、非法拆借、做转口贸易、国际贸易等方式,非法占有明星电力所有的或控制、管理的资金共计4.63亿元人民币和1 074万美元,其中通过对外投资方式占有3.55亿元;通过非法拆借方式占有6 890万元;通过做转口贸易、国际贸易方式占有3 974万元人民币和1 074万美元。分别用于明伦集团及其关联企业归还银行贷款、日常经营开支和其他的投资项目。

（1）以对外投资方式占有明星电力资金 3.55 亿元。2003 年 8 月 1 日,经明星电力董事会(董事会 11 名成员中明伦集团提名 8 人)审议通过,在明伦集团的操控下,明星电力投资 1.5 亿元注册成立了深圳市明星综合商社有限公司(以下简称"明星商社")明星商社由周益明从明伦集团派驻负责人和财务管理人员,完全掌握了明星商社资金的控制、调配权,致使明星电力对明星商社投入的 1.5 亿元到账后,立即被明伦集团及其关联公司占有控制。2005 年,在明星电力检查明星商社财务时,明伦集团虚构并制作了虚假的销售合同、付款委托和财务记账,致使 1.5 亿元资金全部被明伦非法占有。

前述董事会还审议通过增资 3.7 亿元(直接增资 2.7 亿元,担保贷款 1 亿元)成立了深圳市明星康桥有限公司(以下简称"明星康桥")。明星电力对明星康桥投资的 2.7 亿元到账后,有 1.5 亿元被立即转入明伦集团控制的公司,随后资金被不断转出、转入。

明星电力对明星商社及明星康桥的 5.2 亿元投资款,案发前,经遂宁市政府、明星电力追收,明伦集团以收购明星康桥股权的形式,归还明星电力 1.65 亿元,其余 3.55 亿元被明伦集团非法占有。

（2）通过非法拆借占有明星电力所有的或控制、管理的资金 6 890 万元。2003 年 7 月至 2005 年 1 月期间,明伦集团及周益明等人利用对明星电力及该公司绝对控股并对其资金统一管理的四川万通燃气股份有限公司、四川明星药业股份有限公司、遂宁市电力物资公司的控制权,在未经董事会和经理办公室研究的情况下,擅自将明星电力所有的或控制、管理的巨额资金拆借到与上述公司无实际业务关系的明伦集团及其控制的深圳市合讯网络技术有限公司、深圳市申润康实业发展有限公司等公司,其中大部分资金用于明伦集团归还其贷款和日常经营开支,案发前仍占有 6 890 万元。

（3）通过转口贸易、国际贸易占有明星电力资金 39 739 830.22 元人民币、10 742 597.36 美元。2004 年 4 月,明星电力在明伦集团的安排下与香港柏银资源有限公司(以下简称"柏银公司")和明伦集团控制的香港力亿有限公司(以下简称"力亿公司")开展电解铜贸易业务,贸易方式为转口贸易。从 2004 年 4 月 18 日至 2005 年 10 月 9 日期间,明星电力与柏银公司及力亿公司共做电解铜贸易 19 笔。已执行完毕的 15 笔合同中,明星电力从柏银公司购进、力亿公司从明星电力购进、力亿公司销售给柏银公司的电解铜总量均为 16 098.6 吨;三家公司对电解铜转口贸易业务进行购销循环,结合业务交易中存在重复使用相同的仓单作为购销对象的现象,三家公司之间的转口贸易是虚构的销售贸易行为。最后 4 笔业务金额共计 12 625 979.04 美元,力亿公司在贸易完成后,未按合同要求将货款汇回明星电力,而是根据明伦集团付款指令将款项汇入了明伦集团及其关联公司,改变资金用途,最终实质造成明星电力 10 742 597.36 美元被明伦集团非法占有。

2005 年年初,周益明安排杨某等人用虚假的方式注册成立天津杰超进口贸易有限公司(以下简称"杰超公司"),杰超公司在代理明星电力出口焦炭贸易过程中,用看假货、制假仓单的方式,将明星电力的预付款 4 100 万元,骗至杰超公司的账户上,后周益明等指令杰超公司将该款项转入明伦集团及其关联公司,用于明伦集团及其关联公司的经营、使用,至案发前有 39 739 830.22 元被非法占有。

3) 操控上市公司进行违规担保。2005 年 3 月、8 月,明伦集团的关联企业深圳市明伦光电技术有限公司分别向华夏银行广州天河支行借款 1 950 万元、广州分行借款 3 350 万元;2005 年 6 月,深圳市日汇盛事业发展有限公司向华夏银行广州分行借款 3 800 万元;2005 年 6 月,深圳市索琪实业发展有限公司向华夏银行广州分行借款 2 000 万元。三家公司向银行借款时,公司董事长周益明在未报告公司、未经董事会审议的情况下,违规操控明星电力为三家公司的 1.11 亿元借款提供了担保,承担连带保证责任。

综上,周益明等人,采取虚构事实、隐瞒真相、提供虚假资产审计报告等手段,并与银行高级管理人员勾结,违规获得银行贷款,骗取了明星电力股份有限公司 28.14% 的控股权后,采取多种手段,非法占有公司资金 4.63 亿元人民币和 1 074 万美元,共计约 5.5 亿元人民币。2006 年 12 月 1 日,四川省遂宁市中级人民法院一审以合同诈骗罪,判处四川明星电力股份有限公司原大股东、深圳市明伦集团有限公司董事长周益明无期徒刑,并处没收个人全部财产,剥夺政治权利终身。深圳市明伦集团犯合同诈骗罪,判处罚金 5 000 万元人民币。其余 5 名被告犯合同诈骗罪分别被判处有期徒刑 3~5 年,并处罚金 10~20 万元。2007 年 4 月四川高院维持原判。

3. 案例分析和建议

从明星电力的案例来看,周益民成立明伦集团并获取明星电力股权转让的主要动机,就是为了能够通过上市公司的平台,违规获取银行贷款,转移并非法占用上市公司资金。其行为外观所表现出的通过侵占上市公司资金、违规担保来"掏空"上市公司的主观意图更为强烈。想要切实解决这类关联交易案件所反映出的问题,必须从严追究法律责任。但现有规制关联交易法律制度体系还存在一定问题。

1) 关联交易立法林立分散而不成体系。目前,我国已初步形成了以《公司法》为基础与核心的规制关联交易的法律制度体系,包括《证券法》《税法》《会计法》《国有资产法》《民法》《合同法》《担保法》《破产法》《刑法》等。出于不同的立法目标,各法对关联交易都进行了规范。例如,《会计法》主要是规范会计行为,保证公司财务资料和会计记载的真实和完整;《税法》主要规范税收征纳主体之间的关系等。但是,各法没有进行恰当的分工,而是根据各自调整的范围和立法目的,割裂地对关联交易予以规制,没有形成体系合力,导致执行中无所适从。例如,在关联方的界定方面,《国有资产管理法》有规定,《会计法》有规定,《公司法》也有相应的范围界定,各行其是。而对关联交易的基本概念、基本原则,则各法都不涉及。

2)《公司法》对关联交易规制过于原则。(1)《公司法》对关联方和关联交易等基本概念未作规定,导致实践中对关联方和关联交易缺乏基本的判断。

(2)《公司法》的多个制度规定还不够完善,执行中缺乏可操作性。

第一,股东和董事高管的诚信义务规定过于原则,或者缺乏违法后具体的赔偿机制。《公司法》规定的董事、高管的赔偿责任,在多数情况下只是一种无法实现的假设。由于我国缺乏严格的个人财产登记或监控机制,即使责任人有巨额财产,也无法掌握和追缴,即使规定再严厉的财产责任或处以再严厉的赔偿责任,也都无法实现。于是,相对于非公平关联交易所获得的巨大利益,在现有法律框架内几乎无法阻挡当事人趋利的冲动和冒险。当然,关联交易违法的低成本和软责任追究,主要不在于立法,而在于司法和执法,在于各种责任追究机制的配套和完善。

第二，缺乏违法行为的判断标准。对于如何证实违法关联交易,如何判断关联交易的公平性尚缺乏统一和具体操作性的标准。特别是公平交易标准,因为规制不公平交易行为是规制关联交易的核心,由于《公司法》并非明确规定有关公平性的判断标准,使得受害的当事人难以请求法院撤销非公平关联交易,从而得到相应的赔偿。

第三,异议股东股份回购请求权所适用的情形中,属于关联交易的情形非常少,目前只有吸收合并,没有包括重大资产重组等可能产生关联交易的全部情形。

第四,有利害关系股东的表决权排除制度的适用情形也非常有限,仅限于"公司为公司股东或者实际控制人提供担保",而实践中与股东有利害关系的事项不仅仅限于担保,还有对外投资、收购出售资产等。

（3）关联交易的事后救济措施不完善。《公司法》对关联交易的规制措施都侧重于事前预防。虽然规定了派生诉讼,控股股东、实际控制人赔偿责任,以及决议无效、可撤销制度等事后救济措施,但仅作了原则性的规定,这些措施并没有起到相应的法律救济作用。

3）《证券法》未涉及关联交易的规制。2005 年,国家对规范证券市场的基本法律《证券法》进行了大规模的修订,但有关规制上市公司关联交易方面的内容几乎未涉及,这不符合《证券法》作为证券市场基本法的地位和作用。从现有《证券法》对上市公司信息披露的规制来看,强调了信息的事后披露,这意味着对上市公司关联交易的监管主要集中在事后,从而大大增加了监管的成本,降低了监管的有效性。另外,《证券法》虽强调了对上市公司的监管,却忽视了对控股股东在关联交易中的行为的监管。

4）《刑法》对违法关联交易处罚偏低。《刑法》在对违法关联交易的处罚力度上与国内同类立法相比明显偏轻。如《中华人民共和国刑法修正案(六)》中有关占有上市公司资金的"侵占上市公司资产罪"与挪用资金罪和挪用公款罪,因对客体侵害的危害性认识上存在较大差距,使得《刑法》在处罚差异也较大。侵占上市公司资产罪最高量刑标准是 7 年以下有期徒刑,挪用资金罪最高量刑标准是 10 年有期徒刑,而挪用公款罪的最高量刑标准是无期徒刑。在违法程度基本相同的情况下,只因身份不同,客体不同,适用的刑罚就如此不相同,这不能不说是法律体制的缺陷。

5）行政法规未能发挥承上启下的作用。行政法规应当细化法律相关规定,起到承上启下的作用。但有关关联交易的行政法规由于制定的时间比较早,证券市场发生巨大变化后又未及时修改,导致对关联交易的定义非常简单,行文亦比较粗放,也就无从谈起对关联交易进行有效规制了。目前对上市公司关联交易的规制以证监会的部门规章、规范性文件和交易所的《股票上市规则》为主。由于部门规章、规范性文件不属于法的渊源,法院在处理关联交易案件时,只是作为参考,这样对关联交易规制的效果自然受到很大的影响。而交易所《股票上市规则》属于自治性、自律性的规范,难以从程序正义上来实现关联交易内容的实质性公正。

6）部门规章和自律性规则层次低,发挥的作用有限。证监会在关联交易行为规制方面,发布了不少规定,其中关于上市公司被大股东占用资金和担保问题,自 2003—2008 年间多次发文,对前述行为予以限制和禁止,甚至规定:"国有控股股东违反本《通知》规定的,国有资产监督管理机构对直接负责的主管人员和直接责任人依法给予纪律处分,直接撤销职

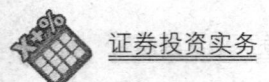

务;给上市公司或其他股东利益造成损失的,应当承担相应的赔偿责任。非国有控股股东直接负责的主管人员和直接责任人违反本《通知》规定的,给上市公司造成损失或严重损害其他股东利益的,应负赔偿责任,并由相关部门依法处罚。构成犯罪的,依法追究刑事责任。"但实践中很难执行。数据显示,2005年年底,沪深两市共有396家上市公司存在456亿元资金占用;到2006年年底,只有36家上市公司存在146亿元资金占用,比起2002年的最高峰967亿元,下降84%,下降幅度明显。但问题依旧存在,剩余的占用因无力归还或股东的变更,造成不了了之,且相关人员并未承担相应责任和受到相应处罚。新的占用又出现了,如2009年又有两家公司的资金占用和担保受到交易所的公开谴责:ST锦化2007年年底被占用资金余额为1亿元;2008年年底仍有被占用资金1 800万元;2008年和2009年,多次为资产负债率大于70%的公司提供担保未披露。禾嘉股份2003年的3 000万元担保直至2008年11月6日才披露。由于关联方掌握了相关部门规章制度处罚的标准,规则反倒成为了用来违法的工具。

交易所规制关联交易的重点在于信息披露的事前规范。上市公司拟与关联方进行关联交易,除依照证监会有关审议制度和回避制度履行相应程序外,还需按照交易所有关关联交易的披露标准和披露格式予以事前披露,交易所通过一线监管,一般能及时发现非公平关联交易,但由于交易所对非公平关联交易的事后纪律处分手段有限,除了公开谴责会影响上市公司和关联方的声誉,以及上市公司再融资申请外,低廉的违规代价根本无法抑制公司和关联人非公平关联交易的冲动。所谓的事前监管也就成了道义上的规劝,对刻意违规者倒显得束手无策了。

尽管上述明星电力的实际控制人是以合同诈骗罪判处无期徒刑。但从整个案例的角度分析,上市公司的实际控制人及其他关联方一旦蓄意脱离证券监管部门对其行为合理性的有效监管,就能通过各种方式,实现对上市公司资产的彻底掏空。因此,研究关联交易以及监管规则,除了完善前述法律制度体系,提高刑法处罚期限和罚金金额,还应该从包括银行在内的金融系统的角度,分析制度完善方向和可操作性,用以遏制实际控制人等关联方操控上市公司蓄意违规担保、骗取银行贷款、占用上市公司资金的行为,扩大有效监管的预防范围。

案例来源:上海证券交易所公司管理部《上海证券交易所上市公司监管案例汇编2007~2009》[M].上海:立信会计出版社,2011.

 **本章小结**

本章首先介绍了证券市场的一般性基础知识和证券市场的基本功能,具体包括证券市场的含义、发展和分类。在此基础上结合中国证券市场实际,系统介绍了证券发行市场和交易市场的基本理论和基本知识,以及证券市场监管机构、监管的主要内容。最后,本章介绍了上海证券交易所几例典型案例,结合所学知识进行综合分析。

练习题

一、名词解释

证券市场　　一级市场　　二级市场　　证券市场监管　　监管模式

二、简答题

1. 简述证券市场的分类。

2. 简述证券市场的参与者和监管者包括哪些?

3. 简述证券市场的基本功能。

4. 简述证券市场的监管模式和监管手段。

5. 简述我国证券市场监管的内容。

参 考 文 献

［1］吴晓求.证券投资学［M］.北京：中国人民大学出版社，2014.

［2］周正庆.证券知识读本［M］.北京：中国金融出版社，1998.

［3］张文武.证券理财理念教养［M］.长春：吉林大学出版社，2007.

［4］何岿.证券投资实训教程［M］.哈尔滨：哈尔滨工业大学出版社，2014.

［5］何孝星.证券投资理论与实务［M］.北京：清华大学出版社，2013.

［6］王军旗.证券投资理论与实务［M］.北京：中国人民大学出版社，2011.

［7］张忠慧.证券投资学［M］.北京：中国电力出版社，2008.

［8］中国证券业协会.证券交易［M］.北京：中国财政经济出版社，2012.

［9］中国证券业协会.证券投资分析［M］.北京：中国财政经济出版社，2012.

［10］中国证券业协会.证券市场基础知识［M］.北京：中国财政经济出版社，2012.